トウキョウ建築コレクション 2023
Official Book

JN073487

トウキョウ建築コレクション2023実行委」
建築資料研究社／日建学院

トウキョウ建築コレクション 2023 Official Book

トウキョウ建築コレクション

2023/3/7[火]-3/12[日]
11:00 - 19:00 初日14:00-/最終日-18:30
「守る建築、攻める建築」 代官山ヒルサイドフォーラム

全国修士設計展

設計展公開審査会 2023.3.11[土]
16:30-18:00 ヒルサイドプラザ

藤本 壮介 審査委員長

飯森 泰行　　伏見 唯
末光 弘和　　古澤 大輔

全国修士論文展

論文展公開審査会 2023.3.10[金]
13:00-18:00 ヒルサイドプラザ

池田 靖史 審査委員長

西田 司　　稲木 まどか
鈴木 伸治　　藤田 慎之輔

プロジェクト展

プロジェクト展公開審査会 2023.3.9[木]
13:00-17:30 エキシビジョンルーム

全国からの大学の研究者及び
学生団体が行う活動を集め、
展示会を開催いたします！

協賛　エーアンドユー株式会社 / 株式会社 日本設計
　　　/ 西松建設株式会社 / 前田建設工業株式会社
　　　/ 田島ルーフィング株式会社 / 清水建設株式会社
　　　/ 株式会社竹中工務店 / 株式会社 日建設計
　　　/ 株式会社三菱地所設計 / 大成建設株式会社
　　　/ 中央日本土地建物株式会社 / 株式会社 大林組
　　　/ 株式会社キャリアナビゲーション
協力　株式会社鹿島出版会 / 株式会社レントシーバー

後援　一般社団法人 東京建築士会
　　　一般社団法人 日本建築学会
　　　鹿島出版会
特別協力
　　　代官山ヒルサイドテラス
特別協賛／副賞提供

建築資料研究社 日建学院

HILLSIDE TERRACE

トウキョウ建築コレクション2023実行委員会

トウキョウ建築コレクション2023企画概要

全国の修士学生による修士設計・修士論文を集め日本初の全国規模の修士設計・論文展を行った2007年以降、展覧会を存続・発展させながら「トウキョウ建築コレクション」は今回で17年目を迎えます。

当展覧会は多くの来場者に恵まれると同時に、その成果が書籍化されたことにより、広く社会に開かれた展覧会にできたと感じております。また、出展してくださる学生も年々増え、その規模は国外にも波及する兆候を見せており、本展覧会は建築業界にとってますます大きな役割を担うと自負しております。

トウキョウ建築コレクションは初年度から一貫して「修士学生の研究をもとに、建築学における分野を超えた議論の場をつくり出し、建築業界のみならず社会一般に向けて成果を発信していくこと」を目標として活動してきました。

17年目のトウキョウ建築コレクションでは、「守る建築、攻める建築」をテーマに掲げました。建築物は本来、自然災害から私たちの人命や財産などを守ってくれるものです。しかし、時として私たち自身を攻めるものにもなり得ます。たとえば、昨今のニュースにおいてウクライナ侵攻に関する多くの破壊された建物が見られることや、発生確率70%とされる首都直下型地震によって約19万棟の建物被害と約6千人の犠牲者が想定されることが挙げられます。また一方で、歴史や文化を継承する「守る」建築に対して、革新的な意匠で「攻める」建築もあるといえます。さまざまな視点において「守る」と「攻める」の両面性を有する建築に対し、そのあり方を今一度深く考える場を目指します。

展覧会の成果は例年と同様、書籍化することを前提に活動しております。本展覧会が今後も長期にわたり持続し、時代性をもった「コレクション」が集積され「アーカイブ」としての価値をもつことで、建築の発展に寄与できる展覧会へと成長することを目指します。

トウキョウ建築コレクション2023実行委員一同

トウキョウ建築コレクション2023公式サイトでは、設計展と論文展の公開審査の模様、プロジェクト展応募作品の紹介動画などのコンテンツを公開しております。

全国修士設計展

「全国修士設計展」開催概要

全国から一堂に大学院修士学生の修士設計作品を集め、審査員による一次審査（非公開）で選ばれた9点の作品の展示と公開審査会、総括セッションを行います。

　作品は3月7日（火）– 3月12日（日）の期間、ヒルサイドフォーラム内で模型とパネルを展示、3月11日（土）には、建築分野の第一線で活躍されている方々を審査員としてお招きし、公開審査会（二次審査）を開催。公開審査会では、ヒルサイドプラザでの出展者によるプレゼンテーション、ヒルサイドフォーラムでの審査員による質疑応答（巡回審査）を経て、最後にヒルサイドプラザでの総括セッションを行い、各審査員賞とグランプリを選出します。

　トウキョウ建築コレクションでは、社会へ出る前の、学生時代最後の設計である修士設計を、より広い分野・観点から討議や批評をすることを通して、現在の建築像を浮き彫りにします。社会的背景、国際的視点、分野の拡張など、修士学生の考える設計思想をぶつけ合いながら、今後の建築像のあり方について議論します。

　なお、本年の公開審査会は、昨年に引き続き新型コロナウィルス感染拡大防止のため無観客で開催、会の模様はウェブで生配信しました。

トウキョウ建築コレクション2023実行委員会

全国修士設計展審査員

写真：David Vintiner

藤本壮介　Sou Fujimoto　　　　　　　　　　　　　　　　　　　○審査員長

建築家／藤本壮介建築設計事務所主宰。1971年北海道生まれ。1994年東京大学工学部建築学科卒業後、2000年藤本壮介建築設計事務所を設立。2014年のフランス・モンペリエ国際設計競技最優秀賞（ラブルブ・ラン）に続き、2015、2017、2018年にヨーロッパ各国の国際設計競技にて最優秀賞受賞。国内では2025年日本国際博覧会の会場デザインプロデューサーに就任。2021年には飛騨市の「Co-Innovation University（仮称）」キャンパス設計者に選定される。主な作品に、ブダペストの「House of Music」（2021）、「マルホンまきあーとテラス 石巻市複合文化施設」（2021）、「白井屋ホテル」（2020）、「L'Arbre Blanc」（2019）、ロンドンの「サーペンタイン・ギャラリー・パビリオン2013」（2013）、「House NA」（2011）、「武蔵野美術大学 美術館・図書館」（2010）、「House N」（2008）がある。

畝森泰行　Unemori Hiroyuki

建築家／畝森泰行建築設計事務所主宰。1979年岡山県生まれ。1999年米子工業高等専門学校卒業後、2005年横浜国立大学大学院修士課程修了。2002−09年西沢大良建築設計事務所勤務。2009年畝森泰行建築設計事務所を設立。主な作品に、「Small House」（2010）、「須賀川市民交流センターtette」（2019、石本建築事務所と共同）、北上市保健・子育て支援複合施設hoKko（2021、tecoと共同）、「Houses」（2022）がある。第28回新建築賞（2012）、第61回BCS賞（2020）、JIA優秀建築賞（2020）、日本建築学会作品選奨（2020）など受賞多数。

写真：Masatomo Moriyama

末光弘和　Suemitsu Hirokazu

建築家／SUEP.主宰。1976年愛媛県生まれ。1999年東京大学建築学科卒業後、2001年同大学大学院工学系研究科建築学専攻修士課程修了。2001−06年伊東豊雄建築設計事務所。2007年よりSUEP.主宰。2009−11年横浜国立大学Y-GSA設計助手を経て、2020年より九州大学大学院准教授。主な作品に、「九州芸文館アネックス1」（2013）、「淡路島の住宅」（2018）、「ミドリノオカテラス」（2020）、「KEEP GREEN HOUSE」（2022）がある。第27回吉岡賞（2011）、グッドデザイン賞金賞（2018）、第29回芦原義信賞（2019）など受賞多数。

伏見 唯　Fushimi Yui

建築史家・編集者／伏見編集室主宰。1982年東京都生まれ。早稲田大学大学院修士課程修了後、新建築社、同大学大学院博士後期課程を経て、2014年伏見編集室を設立。『TOTO通信』などの編集制作を手掛ける。博士（工学）。専門は日本建築史。主な編著書に、『木砕之注文』（共編著、中央公論美術出版、2013）、『世界建築史論集』（共編著、中央公論美術出版、2015）、『日本の住宅遺産 名作を住み継ぐ』（世界文化社、2019）がある。最近では『ディテール』誌における彰国社創業90周年記念号の特集を企画（門脇耕三および編集部と共同企画、2023年冬季号）。

古澤大輔　Furusawa Daisuke　　　　　　　　　　　　　　　　　　○モデレーター

建築家／リライト_D取締役。1976年東京都生まれ。2000年東京都立大学工学部建築学科卒業。2002年同大学大学院工学研究科建築学専攻博士前期課程修了後、同年、メジロスタジオ設立（現リライト_D）。博士（工学）。2013-19年日本大学理工学部建築学科専任助教を経て、2020年より日本大学准教授。主な作品に、「アーツ千代田3331」（2011）、「中央線高架下プロジェクト／コミュニティステーション東小金井」（2014）、「古澤邸」（2019）、「下高井戸の産婦人科」（2020）がある。SDレビュー朝倉賞（2011）、日本建築学会作品選奨（2012）、JCDデザインアワード金賞（2015）、JIA日本建築大賞（2020）など受賞多数。

設計展 **グランプリ**

隣寺

僧侶と旅する歩く寺

蓮溪芳仁
Hasutani Yoshihito

東京藝術大学大学院
美術研究科　建築専攻
樫村芙実研究室

寺はかつて、人を迎え入れる場であった。
寺は今、歩き出す時なのだ。

寺はかつて、人を迎え入れる場であった。しかし、地方の過疎化や日本人の無宗教化により寺院数は年々減少しており、一部の観光地化している比較的大きな寺院を除き、日本から小さな寺院（所謂末寺）が消えてなくなる未来もそう遠くはない。

これは、寺院に関する「文化の継承」を目的として、新たな関係を生む可能性のある「人」、あるいは境内となり得るポテンシャルをもつ「場」を求めて移動し、小さな法事を執り行う「歩く寺」という空間装置の提案である。ヒトの身体から設計される「移動」、敷地の状況から設計される「着地」、人の振る舞いから設計される「展開」から構成される空間は、一人の僧侶を宿主として移動し、降り立った土地に優しい方向性と軽やかな境界を生み出すことで、環境と人、あるいは僧侶や参詣者同士の関係をつなぎとめる。寺は今、歩き出す時なのだ。

移動式寺院「歩く寺」 位置付け

従来のコミュニティ＝村社会

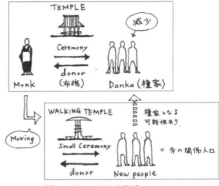

新しいコミュニティを形成

移動式寺院「歩く寺」 形態変化

人の身体
↓
移動

敷地の環境
↓
着地

人の振る舞い
↓
展開

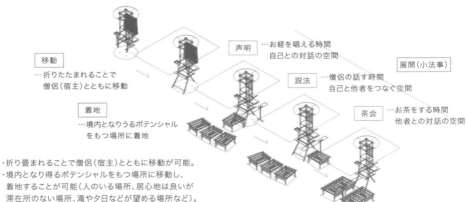

移動
…折りたたまれることで
　僧侶（宿主）とともに移動

着地
…境内となりうるポテンシャル
　をもつ場所に着地

声明
…お経を唱える時間
　自己との対話の空間

説法
…僧侶の話す時間
　自己と他者をつなぐ空間

茶会
…お茶をする時間
　他者との対話の空間

展開（小法事）

・折り畳まれることで僧侶（宿主）とともに移動が可能。
・境内となり得るポテンシャルをもつ場所に移動し、
　着地することが可能（人のいる場所、居心地は良いが
　滞在所のない場所、滝や夕日などが望める場所など）。
・展開することで寺院として「小法事」を執り行うことが可能。

移動式寺院「歩く寺」 展開時

幕天井
…直射日光を和らげ、
空間全体の光をつくり出す。

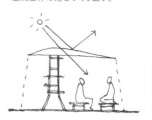

宮殿窓
…仏の空間と人々の境界をつくり、
空間に方向性を生み出す。

笠天井
…移動時に僧侶の笠となり、
展開時には仏の空間の
天井となる。

仏床間
…仏の空間に床面を
設定する。

後卓
…僧侶の荷物や仏具を
収納する箱を載せる。

上卓
…仏の空間と人々の間に
場を設けることで両者をつなぐ。

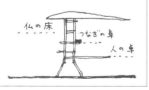

前卓
…声明時に僧侶の
経卓となる。

床椅子
…僧侶と参拝者の居場所を生み出し、
場所の用途を定義づける。

長卓
…時に僧侶の経卓、
時に参拝者同士をつなぐ茶卓となる。

移動式寺院「歩く寺」 移動時

展開時に仏床間上の天井だったものは移動時には僧侶の屋根となる。

幕屋根は畳んで杖として持つ。

本体の梁部分は、移動時には肩に載り、背負うことができる。

仏床間も移動時には畳まれ、背後の床椅子とともにロープで固定される。

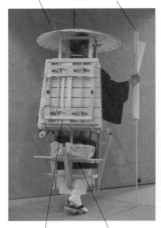 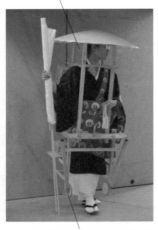 

僧侶の荷物や仏具を収納する箱は後卓に固定。

床椅子は脚を折り畳んで背後に収納、前部で4台の床椅子を収納可能。

本体の3本の脚は、車輪部分を軸として上に向かって回転して折り畳まれる。

安定した地面では、この車輪を利用して転がして引くことも可能。

移動式寺院「歩く寺」 設計時のスケッチ

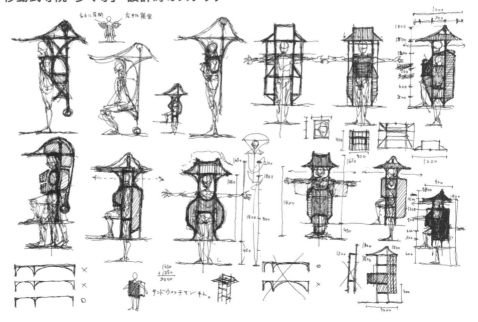

移動式寺院「歩く寺」 ディテール

移動中に僧侶の笠となる部分の裏側は展開時に仏の空間の天井となる。

仏の空間への方向性を強める梁の削り。

梁と柱の貫は軽やかに浮かぶ雲を模することで全体に軽い印象を与える。

上卓の上には燭立、香炉、花瓶、あわせて三具足と呼ばれる仏具が設置される。
不安定な土地に展開することも想定されるため、卓上に埋め込んで設置される。

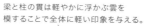
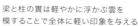

宮殿窓前の卓と上卓の端には落下防止の部材がついている　仏空間への方向性を強めるとともに、雲を模した形で全体に軽い印象を与える。

仏床間、上卓、前卓、後卓、長卓、床椅子、地面……いくつもの平面が高さを違えて空間を生み出す。

夕陽や滝などの明確な拝む対象物が存在する場合は、宮殿窓(障子)を開く。

本体の3本脚の折り畳みを可能にするジョイント。

足元には移動時に車輪として機能する円盤が2つ。これらは折り畳まれる前脚の回転軸に接合されている。

移動式寺院「歩く寺」 施工計画図

1. 部材の製材、切り出し

2. 本体縦方向の接合

3. 本体横方向の接合

4. 本体前面と背面の接合

5. 本体上部と下部の接合

6. 本体と可動部分の接合

7. 幕屋根の施工と全体の仕上げ

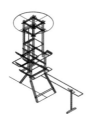

移動式寺院「歩く寺」 図面

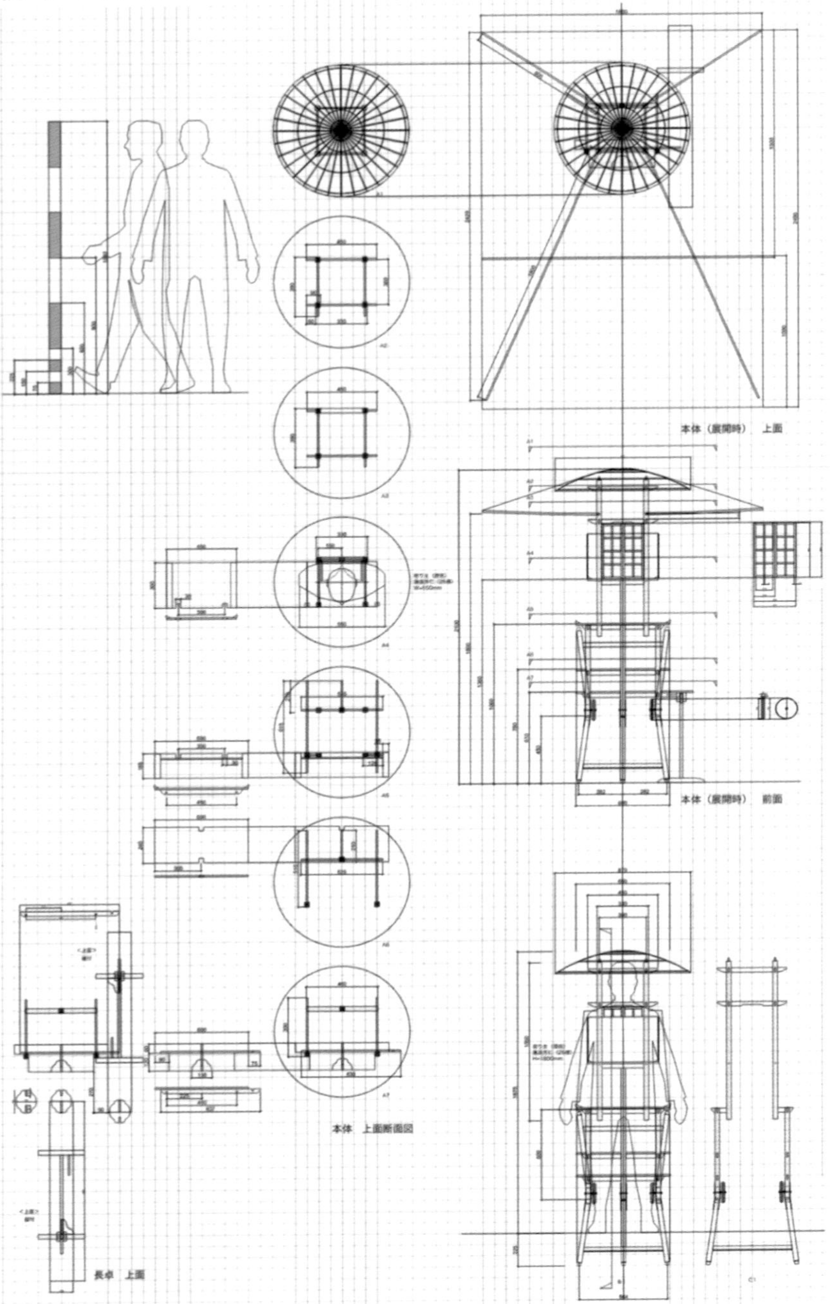

本体（展開時）上面

本体（展開時）前面

本体 上面断面図

長卓 上面

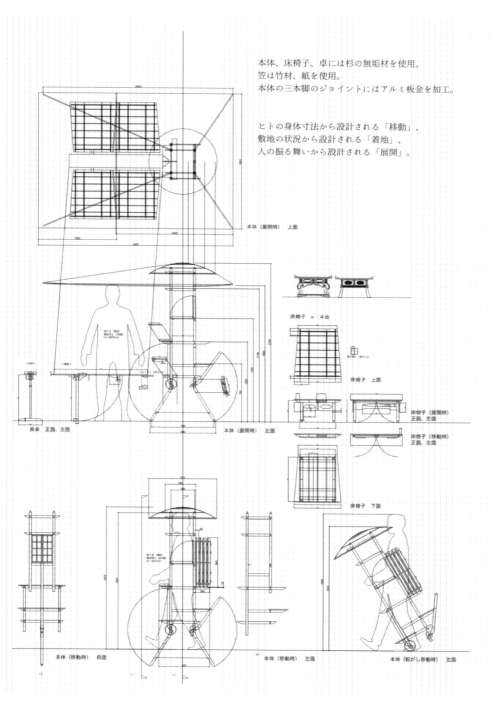

本体、床椅子、卓には杉の無垢材を使用。
笠は竹材、紙を使用。
本体の三本脚のジョイントにはアルミ板金を加工。

ヒトの身体寸法から設計される「移動」、
敷地の状況から設計される「着地」、
人の振る舞いから設計される「展開」。

本体（展開時）　上面

床椅子 × 4台

床椅子　上面

床椅子（展開時）
正面、左面

床椅子（移動時）
正面、左面

長卓　正面、左面

本体（展開時）　左面

床椅子　下面

本体（移動時）　前面

本体（移動時）　左面

本体（転がし移動時）　左面

研究1 ウガンダと東京における可動空間

＜移動可能な店舗装置の展開実験＞

研究室活動の一環として行ったウガンダと、東京という環境も文化も異なる2つの都市のマーケットを敷地とした、移動する空間に関する研究。現地の学生とオンラインでセッションしつつ、同時に首都カンパラと東京の市場空間をリサーチ、最終的に双方ともに移動可能な店舗装置を展開実験するに至る。この研究がきっかけとなり、移動式建築の研究と設計を始めることになる。

ウガンダ、カンパラ、ナカセロマーケット 青果店　　日本、東京、アメ横商店街 衣料品店

研究2 移動式建築

移動可能な建築空間の設計方法考案、機構実験および運用実験を目的として、実寸で移動式建築を制作し、都内にて設置実験を繰り返す。

「座る」や「かがむ」などの人の小さな振る舞いをプログラムとし、「折り畳む」、「解体する」など、どのように移動可能なものとするかを条件として、設計された移動式建築が都市のなかでどのように機能するかを実践、観察する。これらによる学びは、移動式寺院のハードとしての機構、ソフトとしての展開法へと活かされる。

Stilts　　Paper table　　Pop-up

Zig-zag　　Scissors　　Sandwich

     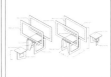

（写真・図は一部抜粋）

研究3 寺院空間の再構成

既存の「寺院」という建築空間が何であるかを明らかにするべく、上野公園にて浄土真宗の寺院内で行われる法事を「Air Hoji」として再現。そこから抽出された人の動きを可能な限り小さな形で再現可能とする空間を設計した。

これによる学びは、既存寺院で行われている人の振る舞いからなる機能的な最小空間の構成を可能とし、最終的な移動式寺院の全体構成の大枠となる。

しかし、この空間の移動は不可能であるうえに、人の感覚や行動に大きな影響を与える装飾や畳、障子などの具象的なモチーフは排除されたものとなっている。

Air Hoji at Ueno Park

（写真は一部抜粋）

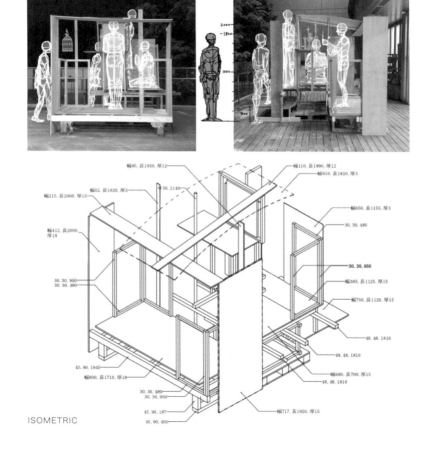

ISOMETRIC

研究4 寺院に取り付く可動建築空間

Mega City

既存寺院の具象的なモチーフの吸収、想定される移動式寺院の展開する敷地に関しての考察を目的として、大都市、都市、地方という毛色の異なる3つの寺院の境内および、その周辺を敷地として、移動式建築の設置想定をパーススケッチを利用して行った。

いずれも比較的門扉の閉じられた既存寺院空間に、人が訪れやすくするために、あるいは居座りやすくするために、移動式建築がどのように作用するかを考察している。

これによる学びは、移動式寺院の意匠ディテール設計、および全体構成に影響を与える。

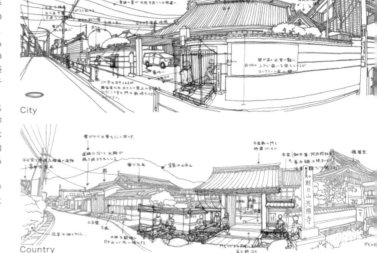

City

Country

研究5 移動式寺院のスタディ

研究1-4を通じて得た学びをもとに移動式寺院を構成。

寺院としての空間構成、および持ち運びが可能な機構に加え、その空間装置の宿主となる人体とどのような物理的関係性をもつべきかを原寸で制作、設置することで実験、考察を行う。

これによる学びから、設計される移動式寺院が建築であると同時に移動中における宿主（僧侶）の衣服の一部であるという要素が生まれる。

右上／切られた樹木を仏として方向性を意識して配置
右下／仏の空間をあえて意識させないよう配置

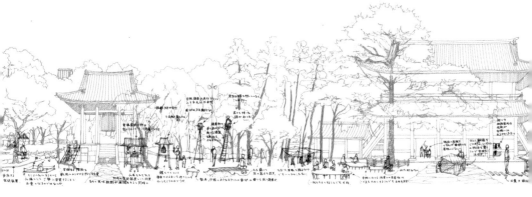

Mega City

- name…浄土宗 三縁山 広度院 増上寺
- address…東京都港区
  芝公園4丁目7-35
- structure…SRC造建築(1971)
- principal object…阿弥陀如来
- from when…9世紀、空海の弟子・宗叡が武蔵国貝塚(現・千代田区麹町、紀尾井町あたり)に建立した光明寺が前身だという。1393年、浄土宗第八祖酉誉聖聡の代に真言宗から浄土宗に改宗、寺号を増上寺と改めた。

City

- name…臨済宗妙心寺派 海雲山 天龍寺
- address…東京都台東区
  谷中5丁目2-28
- structure…木造建築(1897)
- principal object…釈迦牟尼仏
- from when…1630年開山。もとは神田にあったが、1648年に現在地に移転。

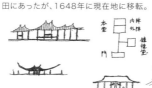

Country

- name…真宗佛光寺派 朝日山 光照寺
- address…滋賀県長浜市湖北町津里246
- structure…木造建築(2013)
- principal object…阿弥陀如来
- from when…鎌倉時代

出展者コメント —— トウキョウ建築コレクションを終えて

Q このテーマを選んだ理由

僕は寺に生まれ育ち、寺のあり方は生涯を通して考えなければならない課題でした。研究の一環でウガンダの屋台空間について考えたことから可動空間としての寺院の設計を開始、何千年と地に根を張る不動空間の代表格ともいえる寺院を可動させたなら、というテーマへと発展しました。

Q 修士設計を通して得たこと

僧侶は寺という空間を整えることで人と空間、あるいは人同士をつなぎます。そう考えると、僧侶は宗教家でありながら建築家であるといえるのかもしれません。僧侶として生まれ建築を学ぶ身として、自分のなかで別々だった両者を一つの生き方として捉えられるようになりました。

Q 設計を通じて社会に向けて発信したいメッセージ

風が吹けば庇が揺れ、窓を開いて方向性を生んだかと思えば、卓を囲んで会話が始まる……。思っているよりも世界は流動的です。空間は人とともに動く生き物であり、人は自らの空間を設え、彼らともっと心を通わせることができると信じています。

Q 修士修了後の進路と10年後の展望

まずは、制作した歩く寺でいくつか場所を巡りたいと考えています。また、今回は寺を機能としましたが、劇場、工房、寝床、店舗……など別の役割をもった装着型可動建築も設計したいです。10年後、都市が歩く未来があるかもしれません。

No.065 窓建具の取り付け

No.027 下地合板の貼り付け

No.017 継ぎはぎフローリング

No.011 柿渋塗装 i

No.030 セルフ

No.070 買った扉 i

No.025 買ったタイルカーペット

No.006 下地合板と防湿シート

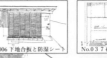
No.037 石膏ボ

No.093 買った便器 i

No.089 買った机とソファ

柱梁を延長し将来的な増築を誘発する

前島家の家族が利用できる離れ

残存部

family place

life line box

茶の間があった場所には建築せず誰もが訪れられる広場に

mending square

設計展 　畝森泰行賞

繕うことと建築

令和元年東日本台風被災後の自主的な
住居修繕プロセスを活用した地域拠点再生計画

宮西夏里武
Miyanishi Karibu

信州大学大学院
総合理工学研究科　工学専攻
寺内美紀子研究室

K氏が将来購入を検討している隣地を駐車場に

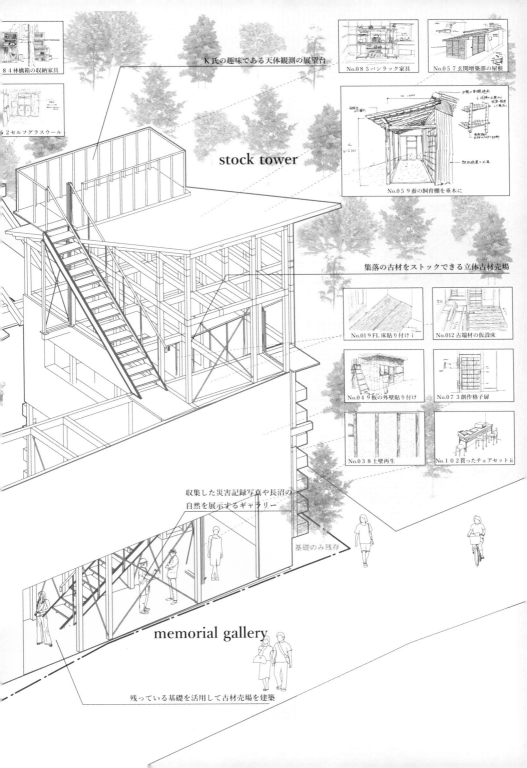

84 林檎箱の収納家具

2 セルフグラスウール

K氏の趣味である天体観測の展望台

No.08 5 パンラック家具

No.05 7 玄関増築部の屋根

No.05 9 蚕の飼育棚を垂木に

stock tower

集落の古材をストックできる立体古材売場

No.019 FL 床貼り付け i

No.012 古端材の仮設床

No.04 9 板の外壁貼り付け

No.07 3 創作格子扉

No.03 8 土壁再生

No.1 0 2 貰ったチェアセット ii

収集した災害記録写真や長沼の
自然を展示するギャラリー

基礎のみ残存

memorial gallery

残っている基礎を活用して古材売場を建築

令和元年東日本台風被災から3年が経過した長野市長沼地区では、住民による自主的な住居修繕の様子が散見される。

　本研究では長沼地区で自主修繕を行う7世帯を対象に実測およびヒアリングを行い、自主修繕が発生するプロセスとその課題を整理する。また調査で得た知見を地区内で修繕再建を検討している世帯に情報提供することで、住民主体の建設プロセスによる地域拠点施設の再生計画を提案する。

　建築家と学生の狭間に揺れる、自身のありのままの葛藤を記した5年間の記録である。

p.24-25　アイソメ。既存基礎が残る空間に建築し、極力重機を用いない工事計画とした。

設計プロセス

1 共有　他世帯自主修繕箇所の情報提供

125枚の自主修繕箇所分析シート

K氏に集落の自主修繕調査結果を提供する

※提案に先立ち前島邸への自主修繕情報提供に関して対象6世帯の了解を得た

2 分類　施主、設計者がそれぞれ計125カ所を施工性の観点で再分類

ひとりで再現可能　　複数人で再現可能（家族や知人などの協力を想定）　　再現不可（専門業者への委託を想定）

施主（K氏）　　　X枚　　Y枚　　Z枚　　設計者（私）

集落の知識を頼りに自分たちがどこまで繕えるか模索する

4 調整　工事の優先度を話し合う

基礎や土台は設計者に委ねて……　phase2
phase1
生活空間はなるべく早く施工……

工事優先度　高／低

WS 共通項を中心にヒエラルキーを整理

具体的な空間を模型でイメージしながら、優先的に行う修繕を決定していく

3 構造化　施工費用と部位別にチャート図を作成

施工費用　施工部位

施主　　共通項　　設計者

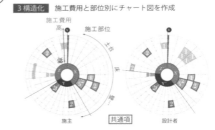

共通項を抽出し施主の修繕意欲を図るとともに、設計者の工事介入領域を見極める

修繕を検討している施主の協力を得て修繕のシミュレーションを行う。
調査した7世帯の自主修繕の実態を提供し、集落で展開されている修繕からヒントを得た。

修正箇所の分析シート
（一部抜粋）

対象7世帯へのヒアリングによって、施工費用・工期・作業人数等で分類した。7世帯で合計125カ所分析を行い図鑑化した。この図鑑を最終的には地区へ寄贈した。

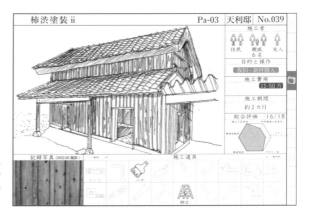

柿渋塗装ii　　　Pa-03　天利邸　No.039

施工者　住民　親戚 6名　友人

目的と操作　保留・資材補入

施工費用　11-50万

施工期間　約2カ月

総合評価　16/18

記録写真（2022.05撮影）　施工道具　ハケ　野立

リサーチのダイアグラム

調査より、修繕の目的においては、必ずしも元の材料や施工方法にこだわる復元を前提としないことが捉えられた。住民たちは災害を契機に顕在化した地域内の古材を多く修繕に用いて、被災前にはなかった新たな空間や用途を付け加えている。そこに、元通りに戻すことに留まらず、改変を許容する自主修繕の特徴がうかがえる。

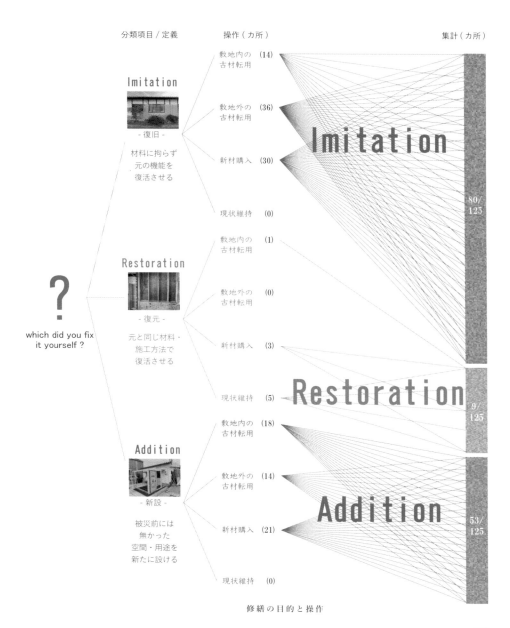

修繕の目的と操作

修繕評価チャート

ワークショップ（以下、WS）で修繕評価チャートを作成。施主と設計者がイメージする修繕可能な領域を話し合った。
設計者であり建築学生である私が協力することで施工可能になる領域についても検討を行った。

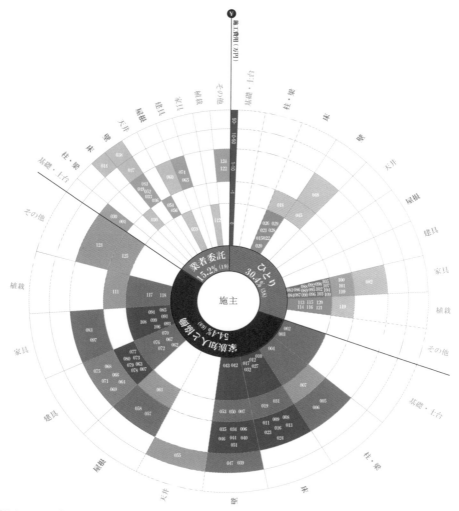

【施主チャート】

K氏のチャート図の特徴は協働による修繕操作の可能性が大きい点です。なかでも代表的な協働者には弟の存在を挙げられました。弟は近隣地区で車の販売を行う事業主であり、自主修繕にも積極的な性格をもち合わせています。現在、敷地内には弟所有の軽トラック、フォークリフトなどが置かれており、資材搬入の際などにも活用が可能なのではという話も挙がりました。K氏は父親の愛着が深い住宅を公費解体してしまったことに後悔の念が

あると話すように、自主修繕に対しては、自分の余暇機能の他、父母が気軽に立ち寄れる場所として再生することを望んでいます。同時に、K氏の娘世代に残すには負担が重いとも考えており、身の丈に合った修繕方法を試案しています。そこで極力K氏に施工の是非を委ねる計画へと向かうことで、柔軟に計画を更新・変更できる再生案を提示することとしました。
WS実施日：2023/01/07

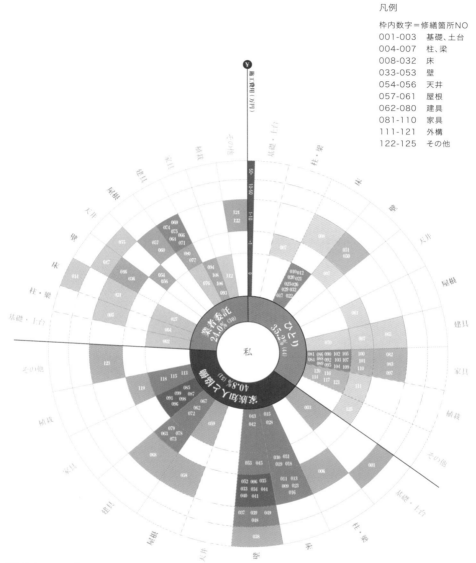

凡例
枠内数字＝修繕箇所NO
001-003　基礎、土台
004-007　柱、梁
008-032　床
033-053　壁
054-056　天井
057-061　屋根
062-080　建具
081-110　家具
111-121　外構
122-125　その他

設計展

【設計者チャート】

今回、図を作成しながら感じたことは、長沼の方がいかに専門性を必要とする修繕に挑戦しているかということです。地域の方々が実施している個別の修繕を「自分でも再現できるか？」という観点で見たときに、「屋根や土台など、専門家の方にお任せしたい」と思う修繕箇所が125カ所中30カ所ありました。一方、施主である前島さんをはじめ調査対象のなかには住宅のほとんどの構成部位を自分や知人・友人で施工されている方がい

ました。災害という経験が材料や費用不足といったマイナス要因を生んでいることも事実ですが、今手に入るものでどう繕うか？　という実直な空間づくりにつながっているようにも感じました。この設計手法は建築家がどこまでを設計し、どこまでを余白として委ねるのか、その接続点を探ることができます。
WS実施日：2023/01/20

再生平面図

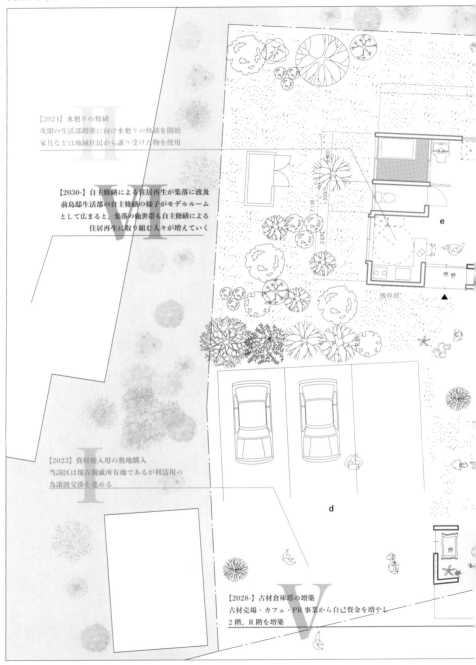

【2024】水廻りの修繕
次期の生活部増築に向け水廻りの修繕を開始
家具などは地域住民から譲り受けた物を使用

【2030-】自主修繕による住居再生が集落に波及
前島邸生活部の自主修繕の様子がモデルルーム
として広まると、集落の他世帯も自主修繕による
住居再生に取り組む人々が増えていく

e

残存部

【2023】資材搬入用の敷地購入
当該区は現在親戚所有地であるが利活用の
為譲渡交渉を進める

d

【2028-】古材倉庫塔の増築
古材売場・カフェ・PR事業から自己資金を増やし
2階、R階を増築

施主の予算など都合にあわせて少しずつ増築を重ねる段階計画を提案。

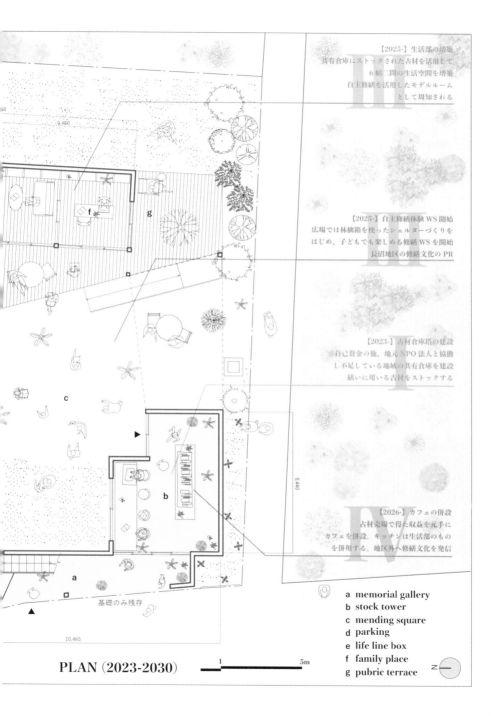

【2025-】生活部の増築
共有倉庫にストックされた古材を活用して、
6帖二間の生活空間を増築
自主修繕を活用したモデルルーム
として周知される

【2025-】自主修繕体験WS開始
広場では林檎箱を使ったシェルターづくりを
はじめ、子どもでも楽しめる修繕WSを開始
長沼地区の修繕文化のPR

【2023-】古材倉庫塔の建設
自己資金の他、地元NPO法人と協働
し不足している地域の共有倉庫を建設
結いに用いる古材をストックする

【2026-】カフェの併設
古材売場で得た収益を元手に
カフェを併設。キッチンは生活部のもの
を併用する。地区外へ修繕文化を発信

f

g

9.460

5.440

c

b

a

基礎のみ残存

10.465

PLAN (2023-2030)

1   5m

a memorial gallery
b stock tower
c mending square
d parking
e life line box
f family place
g pubric terrace

N

再生計画

これまでの調査を踏まえ、現在修繕により住宅の一部の再生を検討しているNo.7の前島邸を対象に、自主修繕による再生計画を提案する。

前島邸は水害発生の数年前まで前島食品という個人スーパーを経営しており、地域住民の茶飲み場として親しまれてきた。父親は住宅に対するこだわりが強く、過去4度にわたって増改築を繰り返していたが、水害後は家族で公費解体を決め、両親とも現在は隣地区の公営住宅に入居している。解体時には父親の強い希望で、水まわり部分のみが残された。

この設計は集落に散見された自主修繕の実態を、施主である前島さんに情報提供するという点が特質的である。調査した集落の修繕125カ所は施工性の観点から、施主が1人で再現可能、友人や知人と協力すれば再現できそう、再現不可（専門業者に委ねる）の3項目に分類してもらった。一連の情報共有プロセスが、施主自身の意欲や修繕可能領域を広げることにもつながった。

かつての商店部を古材売場として再生する。住民によって徐々に繕われるファサード。

繕いたくなる半屋外。住民が少しずつ手を加え続けることで内部空間を獲得する（左）。
正面通りから外観を見る。カメラ好きの施主が撮影した風景写真を展示できるギャラリー（右）。

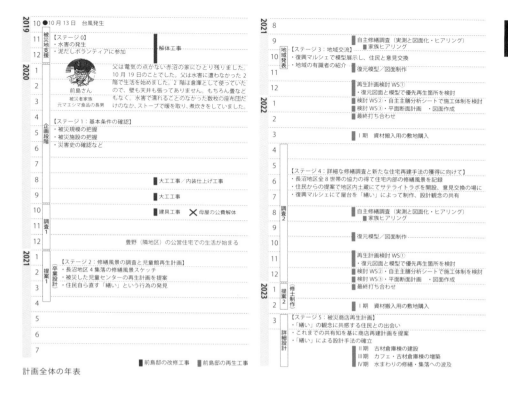

計画全体の年表

出展者コメント ── トウキョウ建築コレクションを終えて

Q このテーマを選んだ理由

学部3年時に被災した水害がきっかけです。私は直接の被害を受けませんでしたが、建築を学びながら何も手助けできない自分にやるせなさを覚え、復興建築の研究を行おうと思いました。学部から大学院までの4年間を通して一つのテーマに向き合えたことが何よりの財産です。

Q 修士設計を通して得たこと

「壊れたら修繕すれば良い」という何とも緩やかな災害への向き合い方を地域住民から学びました。同時にそれらを許容しない「決め事」によって、がんじがらめにされている今の建築のあり方にも気づき始め、現実と理想の狭間を揺れ動く日々でした。

Q 設計を通じて社会に向けて発信したいメッセージ

再び被災地に生きようと覚悟し、もがき続けている住民たちがいるということです。結の力によって災害や自然と共生してきた私たち日本人の、ある種アナログな集落文化を、ハイテクな現代だからこそ思い返さなければいけないと感じています。

Q 修士修了後の進路と10年後の展望

ゼネコンの設計部に就職します。10年後どうなっているかわかりませんが、どんな環境にいてもローカルな存在でありたいなと思っています（笑）。私にたくさんのことを教えてくれた地域の方や先生方に胸を張れる建築家になりたいです。

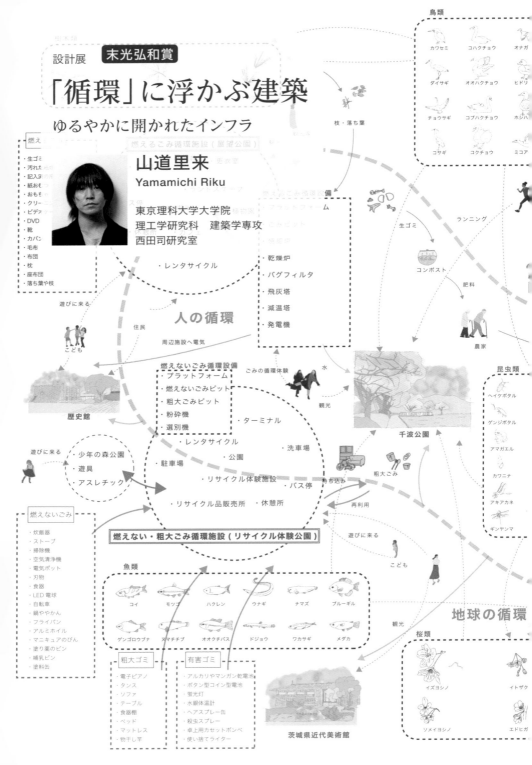

設計展　末光弘和賞

「循環」に浮かぶ建築

ゆるやかに開かれたインフラ

山道里来
Yamamichi Riku

東京理科大学大学院
理工学研究科　建築学専攻
西田司研究室

鳥類

カワセミ	コハクチョウ	オナガ
ダイサギ	オオハクチョウ	ヒドリ
チョウサギ	コブハクチョウ	ホシハ
コサギ	コクチョウ	ミコア

燃えるごみ

- 生ゴミ
- 汚れた紙
- 記入済の
- 紙おもち
- おもちゃ
- クリーニ
- ビデオテー
- DVD
- 靴
- カバン
- 毛布
- 布団
- 枕
- 座布団
- 落ち葉や枝

燃えるごみ循環施設（屋望公園）

燃えるごみ循環設備
・プラットフォーム
・乾燥炉
・バグフィルタ
・飛灰塔
・減温塔
・発電機

・レンタサイクル

枝・落ち葉

ランニング

生ゴミ

コンポスト

肥料

農家

人の循環

住民

周辺施設へ電気

こども

遊びに来る

歴史館

燃えないごみ循環設備
・プラットフォーム
・燃えないごみピット
・粗大ごみピット
・粉砕機
・選別機

ごみの循環体験

水

観光

千波公園

昆虫類

ヘイケボタル

ゲンジボタル

アマガエル

カワニナ

アキアカネ

ギンヤンマ

・レンタサイクル

・ターミナル

・公園

・洗車場

・駐車場

・リサイクル体験施設

・バス停

粗大ごみ

持ち込み

遊びに来る

少年の森公園
・遊具
・アスレチック

遊びに来る

・リサイクル品販売所　・休憩所

再利用

遊びに来る

こども

燃えない・粗大ごみ循環施設（リサイクル体験公園）

燃えないごみ

・炊飯器
・ストーブ
・掃除機
・空気清浄機
・電気ポット
・刃物
・食器
・LED電球
・自転車
・鍋ややかん
・フライパン
・アルミホイル
・マニキュアのびん
・塗り薬のピン
・哺乳ピン
・塗料缶

魚類

| コイ | モツゴ | ハクレン | ウナギ | ナマズ | ブルーギル |
| ゲンゴロウブナ | ヌマチチブ | オオクチバス | ドジョウ | ワカサギ | メダカ |

観光

地球の循環

桜類

イズヨシノ

イトザク

ソメイヨシノ

エドヒガ

粗大ゴミ

・電子ピアノ
・タンス
・ソファ
・テーブル
・食器棚
・ベッド
・マットレス
・物干し竿

有害ゴミ

・アルカリやマンガン乾電池
・ボタン型コイン型電池
・蛍光灯
・水銀体温計
・ヘアスプレー缶
・殺虫スプレー
・卓上用カセットボンベ
・使い捨てライター

茨城県近代美術館

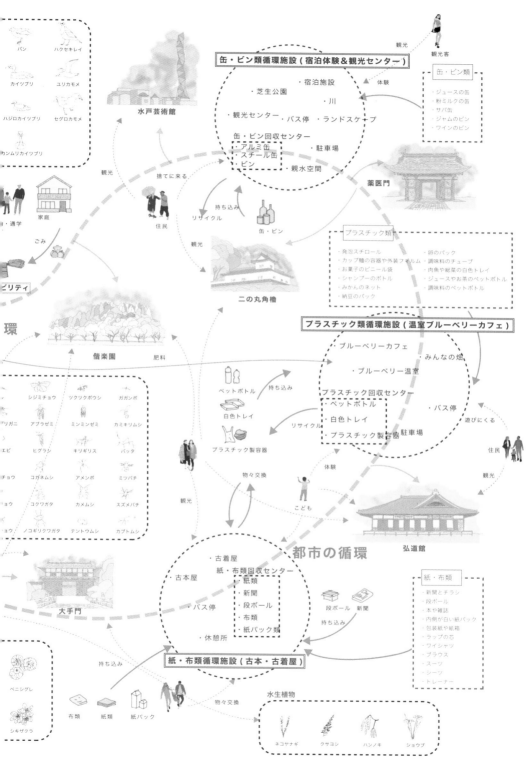

パン ハクセキレイ

カイツブリ ユリカモメ

ハジロカイツブリ セグロカモメ

カンムリカイツブリ

缶・ビン類循環施設 (宿泊体験＆観光センター)

観光客

・宿泊施設

・芝生公園

・川 体験

・観光センター ・バス停 ・ランドスケープ

水戸芸術館

缶・ビン回収センター
アルミ缶
スチール缶
ビン

・駐車場

親水空間

薬医門

缶・ビン類
・ジュースの缶
・粉ミルクの缶
・サバ缶
・ジャムのビン
・ワインのビン

観光 捨てに来る

通学 家庭 住民 持ち込み リサイクル 缶・ビン

ごみ 観光

プラスチック類
・発泡スチロール ・卵のパック
・カップ麺の容器や外装フィルム ・調味料のチューブ
・お菓子のビニール袋 ・肉魚や総菜の白色トレイ
・シャンプーのボトル ・ジュースやお茶のペットボトル
・みかんのネット ・調味料のペットボトル
・納豆のパック

ビリティ

二の丸角櫓

環 偕楽園 肥料

プラスチック類循環施設 (温室ブルーベリーカフェ)

・ブルーベリーカフェ

・ブルーベリー温室 ・みんなの畑

プラスチック回収センター
・ペットボトル
・白色トレイ
・プラスチック製容器

・バス停

遊びにくる

・駐車場

住民 観光

シジミチョウ ツクツクボウシ ガガンボ

リガニ アブラゼミ ミンミンゼミ カミキリムシ

エビ ヒグラシ キリギリス バッタ

チョウ コガネムシ アメンボ ミツバチ

ョウ コクワガタ カメムシ スズメバチ

ョウ ノコギリクワガタ テントウムシ カブトムシ

ペットボトル 持ち込み

白色トレイ リサイクル

プラスチック製容器

物々交換 体験

大手門

・古着屋
紙・布類回収センター
・古本屋 紙類
新聞
・バス停 段ボール
・布類
・休憩所 紙パック類

こども

段ボール 新聞

持ち込み

弘道館

都市の循環

紙・布類
・新聞とチラシ
・段ボール
・本や雑誌
・内側が白い紙パック
・包装紙や紙箱
・ラップの芯
・ワイシャツ
・ブラウス
・スーツ
・シーツ
・トレーナー

紙・布類循環施設 (古本・古着屋)

ベニシグレ

シキザクラ

持ち込み 布類 紙類 紙パック

物々交換

水生植物

ネコヤナギ クサヨシ ハンノキ ショウブ

人々の生活を支えるインフラ施設は、生活圏から離れたところに建設されることが多い。それに伴う「日常生活において、使用・廃棄・消費しているものに対する無意識」がさまざまな環境問題を引き起こす原因であると考える。人々の意識そのものが変わらない限り、問題は解決に向かわないのではないか。本提案では、ブラックボックス化されたごみの循環を緩やかに解き、大きな時間軸と大きな環境のなかで、モノの廃棄と資源、エネルギーの生産と消費、水や熱や光の流れ、自然の生態系、さらには人の社会とその小さな営みといった「循環」のなかに浮かぶ建築を提案する。現在の廃棄物処理の流れを再考し、そこに人々の営みを挿入する。廃棄という行為そのものを問い直すことで、廃棄の文化から再資源化して還す文化へと変わる。図書館に本を借りに来るように、ごみを捨てに（循環させに）来る。そんな、豊かで開かれた公共性のあるごみ処理施設を設計した。

リサーチ

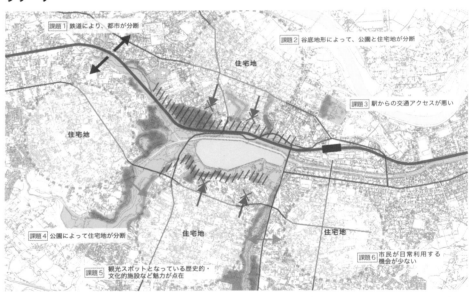

課題1 鉄道により、都市が分断

課題2 谷底地形によって、公園と住宅地が分断

課題3 駅からの交通アクセスが悪い

住宅地

課題4 公園によって住宅地が分断

課題5 観光スポットとなっている歴史的・文化的施設など魅力が点在

課題6 市民が日常利用する機会が少ない

公園内に鉄道が通っていることや、公園が谷型の地形であることから、公園そのものによって住宅地や市街地が分断されている。魅力の点在、観光スポット同士や駅からのアクセスの悪さ、それらを原因とした市民の日常利用の少なさ、交通渋滞や公園内の駐車場不足が問題として挙げられる。

都市を循環する新しいモビリティ

ごみ収集車の特殊性と公共性に着目し、施設間を巡るモビリティとして、人とごみを載せて都市を循環する公共交通を提案する。

コンセプト

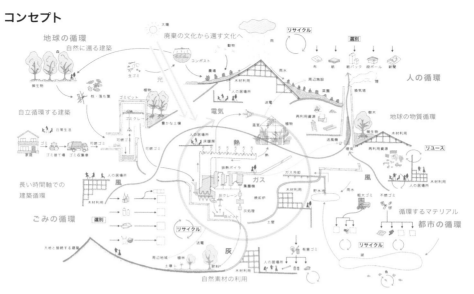

緩やかに開かれたごみの循環。大きな時間軸と大きな環境のなかで、モノの廃棄と資源、エネルギーの生産と消費、水や熱や光の流れ、自然の生態系、さらには人の社会とその営みといった「循環」のなかに、浮かぶ建築のイメージ。

Step1. ごみ処理施設のスケールを落とす

市に1つごみ処理場がある現状から、ごみの集約範囲を分解し、人口規模に応じてスケールを落として、図書館のようにエリアごとにごみ処理施設をつくる。

水戸市に1つ　　エリアごとに1つ

現在のごみ焼却施設(えこみっと)

処理対象物	燃えるごみ
処理方式	全連続燃焼式ストーカ炉
処理能力	330t/日 (110t/日×3炉)
発電機定格出力	9,550kW

$$\frac{330t(\text{現在のごみ処理能力})}{1154g(\text{水戸市民一人あたりのごみ排出量}) \times 5万人(\text{想定人口})} = 5.7192$$

約6分の1

Step2. 集約しているごみ処理施設の機能を分散させる

1つの建築に集約しているごみ処理機能を[燃えるごみ、燃えない・粗大ごみ、プラスチック類、缶・ビン類、紙・布類]の5つのごみの分類に基づいて分散する。

Site1. 燃えるごみ循環施設
Site2. 燃えない・粗大ごみ循環施設
Site3. 缶・ビン類循環施設
Site4. プラチック類循環施設
Site5. 紙・布類循環施設

の5つのごみ分類で機能を分散

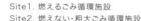

Step3. 都市課題と公共交通路線の重ね合わせから敷地を選定する

主要なバス路線沿い、かつ都市的課題を抱えている5つの敷地を選定。同時に都市におけるごみ収集車によるごみの流れとバスによる人の流れの類似性に着目し、ごみ収集機能をもったバスという新しいモビリティを計画する。

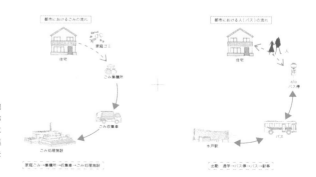

燃えるごみ循環施設──展望公園

ごみピットからのクレーン移動や、焼却炉、灰や煙の移動等の断面的な関係性に着目し、斜面地を選択した。急な斜面地によって公園と住宅街が分断されていたため、斜面にボリュームを分散させることで展望施設としてさまざまなレベルで水戸の風景を望める計画とした。また、大きいボリュームにならざるを得ない焼却炉等の設備をそのまま地面に建てるのではなく、別構造で木造のフレームに組み込むことで、人の居場所は、日本人に親しみやすい木で構成され、ヒューマンスケールに馴染むように設計した。外部に組まれた木が、人だけではなく、鳥などの動植物の居場所になることを想定した。施設内で生まれた熱や電気は周辺施設で利用し、コンポストや灰は肥料として農家へ、湧水や雨水は再利用して施設内で使用し、濾過した後に池へ流す。

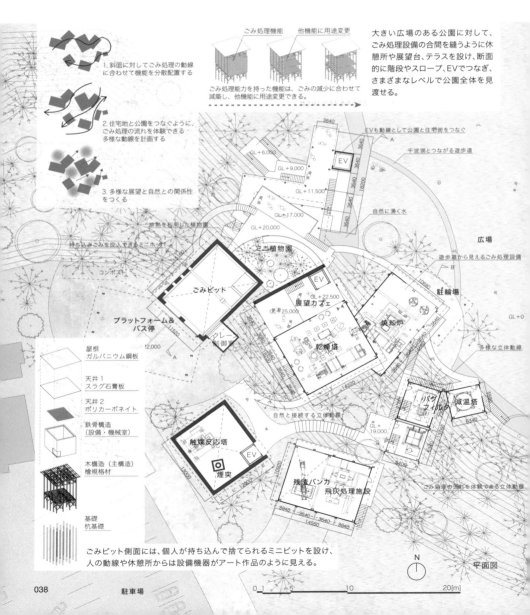

1, 斜面に対してごみ処理の動線に合わせて機能を分散配置する

2, 住宅地と公園をつなぐように、ごみ処理の流れを体験できる多様な動線を計画する

3, 多様な展望と自然との関係性をつくる

ごみ処理機能　他機能に用途変更

ごみ処理能力を持った機能は、ごみの減少に合わせて減築し、他機能に用途変更できる。

大きい広場のある公園に対して、ごみ処理設備の合間を縫うように休憩所や展望台、テラスを設け、断面的に階段やスロープ、EVでつなぎ、さまざまなレベルで公園全体を見渡せる。

屋根
ガルバニウム鋼板

天井1
スラグ石膏板

天井2
ポリカーボネイト

鉄骨構造
(設備・機械室)

木構造(主構造)
檜規格材

基礎
杭基礎

ごみピット側面には、個人が持ち込んで捨てられるミニピットを設け、人の動線や休憩所からは設備機器がアート作品のように見える。

EVも動線として公園と住宅街をつなぐ
千波湖とつながる遊歩道
自然に湧く水
広場
遊歩道から見えるごみ処理設備
駐輪場
多様な立体動線
自然と接続する立体動線
ごみ処理の流れを体験できる立体動線

ミニ植物園
ごみピット
展望カフェ
焼却炉
乾燥塔
バグフィルター
減温塔
触媒反応塔
煙突
残渣バンカ
飛灰処理施設
プラットフォーム&バス停
駐車場

平面図

0 1 5 10 20[m]

燃えない・粗大ごみ循環施設——リサイクル体験公園

燃えるごみ循環施設同様、粉砕機やコンベアなどの断面的な関係性から
斜面地を選択し、豊かな施設外部が孤立した高地にある公園と連続し、大規
模駐車場計画地に落ちてきてつながるように設計した。駐車場予定地は、
一般駐車場の他に、設計したモビリティのターミナルや洗車場ともなる。粗
大ごみは捨てる前に、リサイクルできないか分別する工程を挟み、施設内
にはリサイクル体験センター、リサイクル品展示・販売所を設けた。

2階平面図

1階平面図

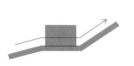

1. 斜面に水平にごみ処理機能を配置し、
既存動線を拡張

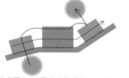

2. 斜面上の公園がこぼれ落ちていくように
ごみ処理と絡み合わせながら駐車場とつなぐ

公園とプラットフォームが接続し、公園がスラブ
によって連続して駐車場につながる。公園に遊び
にきた子どもたちが、粗大ごみでリサイクル体験
をしたり、大きな屋根の下で休憩する。

大型駐車場予定地にバスターミナルと燃えない
ごみ循環施設を設計することで公園とつなぐ。

まだ使える家具や道具は修理して、物々交換
したり販売し、物をリサイクルして循環する。

・リサイクル体験センター
公園内には、粗大ごみやまだ使えるごみのリサイクル
体験ができるスペースを設けた。

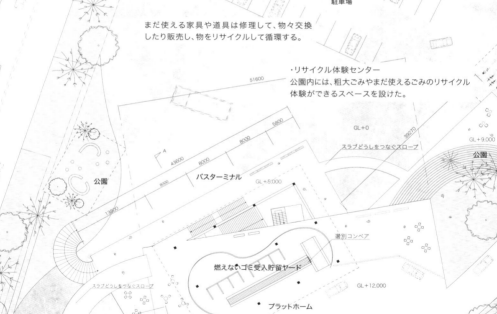

駐車場

51600

GL+0

GL+9,000

43600

8000

5800

8000

公園

バスターミナル

GL+51,000

選別コンベア

公園

13800

燃えないゴミ受入貯留ヤード

GL+12,000

スラブどうしをつなぐスロープ

プラットホーム

GL+15,000

少年の森公園

・公園と連続するスラブ
子どもたちが遊びに来る感覚でごみを捨てに来
たり、リサイクル体験をしに来る。

GL+16,000

0 1　　　5　　　　　10　　　　　　　20[m]

N

3階平面図

燃えるごみ循環施設——展望公園

燃えない・粗大ごみ循環施設──リサイクル体験公園

缶・ビン類循環施設──宿泊施設＆観光センター

紙・布類循環施設──古着・古本物々交換所　　プラスチック類循環施設──温室カフェ

缶・ビン類循環施設——宿泊施設＆観光センター

かつて水運が栄えていた歴史があるが、現在では積極的な利用が見られなかったため、川と建築とランドスケープを親水空間としても豊かになるように設計した。川と道路に平行に計画し、缶・ビンを処理する空間を鉄骨造、それを覆うように木架構の連続と缶を再利用したアルミ屋根で人の居場所を設計した。駅から徒歩で行ける距離に缶ビン回収センターを設け、同時に千波公園、水戸の観光拠点となるように観光センターを計画した。また、水戸の新しいごみとの関わり方を体験できる宿泊施設を3階に設計した。宿泊施設利用者は、ここを拠点にバスを利用して水戸を観光できる。また、宿泊の際に出たごみをバスに乗って循環施設を回りながら自分で捨てる体験を提供する。

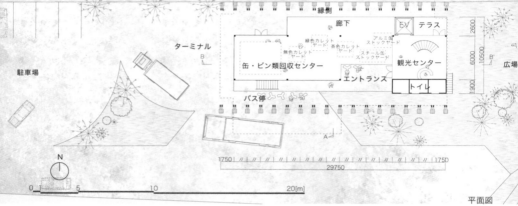

平面図

プラスチック類循環施設——温室カフェ

公園全体のなかでももっとも利用の少ないエリアに、プラスチックの循環施設とその機械類の排熱を利用しブルーベリーを栽培する温室とカフェを設計。外壁や温室にはプラスチックの再生ポリカーボネートの利用を想定し、住宅地と公園の結節点となり、公園へ人を呼び込むきっかけとなる。また、公園内のランドスケープと連続するよう建築を計画した。

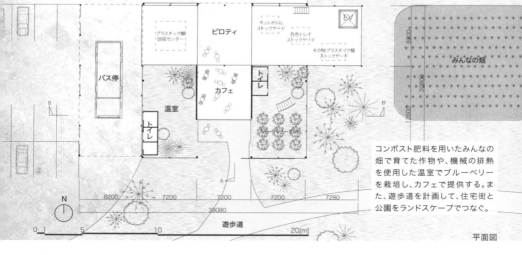

コンポスト肥料を用いたみんなの畑で育てた作物や、機械の排熱を使用した温室でブルーベリーを栽培し、カフェで提供する。また、遊歩道を計画して、住宅街と公園をランドスケープでつなぐ。

平面図

紙・布類循環施設——古着・古本物々交換所

5つの施設のなかで唯一公園と接続していないが、新市民会館や芸術館の近くであり、循環拠点の一つとして必要であると考えて選択した。紙や布は、分別し処理する前段階までの工程なので大きな機械類は必要なく、駅や商業施設の近くに一次ストックする感覚である。本や服などは捨てるのではなく、2階に物々交換ができる施設を計画した。

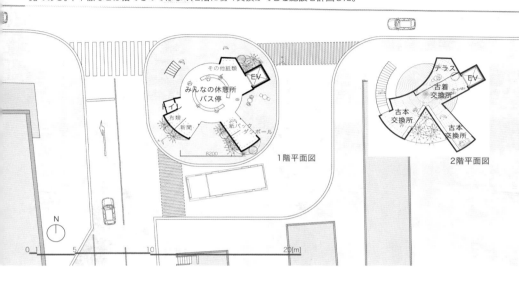

出展者コメント —— トウキョウ建築コレクションを終えて

Q このテーマを選んだ理由

人や人間社会の負の側面に対して、建築が何か価値観を変えるきっかけになるのではないかと考えていて、卒業設計から修士2年間の集大成としてこのテーマを選びました。

Q 設計を通じて社会に向けて発信したいメッセージ

考え抜き、整理し、手を動かし、妥協せず、戦略的かつときには馬鹿みたいに設計すること。

また、手伝ってくれた人たちに感謝を伝えたいです。

Q 修士設計を通して得たこと

建築を好きであること、楽しく設計することが大事。建築がつくる圧倒的な空間が人や都市、社会を変える可能性があることを信じて設計していきたいです。楽しい建築をつくっていきます。

Q 修士修了後の進路と10年後の展望

設計事務所で働いています。10年後には独立して建築家として活躍していたいです。いつかトウキョウ建築コレクションに審査員として戻ってきたいです。

落語的建築

安達慶祐
Adachi Keisuke

法政大学大学院
デザイン工学研究科 建築学専攻
赤松佳珠子研究室

落語は「見えない」からこそ想像を掻き立てる演芸と言われる。このような「身体経験」を現代の東京に顕現させることは、現代の忙しない消費社会から「都市を知覚する身体経験」を取り戻すための手がかりにならないだろうか。

本設計では、東京にて江戸落語の舞台を巡る空間装置と現代咄を設計する。これは、単に最近ブームになっている、ただもとの物語を追体験するような「聖地巡礼」のための設計ではない。その場所で落語の主人公が感じたことや、見ていた情景から、各々の舞台にこれらを感じるきっかけを現代的に解釈し挿入することで、現代の東京で江戸落語が再生産され、人間が「都市の身体性」を取り戻すことを目論む。東京に点在する咄の舞台を巡り歩く。それは「社会のための都市」から我々を解放する手段である。

江戸落語舞台巡礼による身体性の奪還

かつて落語の主人公たちがてんやわんやと
物語を繰り広げた江戸

しかし「社会のための建築」が
建ち続ける東京へ変貌

江戸落語舞台ごとに都市を知覚するきっかけを挿入
することで新たに東京を巡る現代物語が生まれる

江戸落語と現代東京が重なる瞬間

現在も残る浅草屋台と
食べ歩き文化

仏壇通りの面影

船宿の風景

吉原の引手茶屋は
料亭として生きている

隅田川の開けた都市風景

今も残る自然環境
を感じ取る

シンボルの見立て

様々な町から微かに
シンボルが見える

裏道の振る舞いはかつて
の裏長屋のようだ

江戸から残る地形

江戸落語に登場する建物や橋、制度は現在では姿を消したものも多いが、河川やまちの情景などの都市空間が現代東京で姿を変えて残り続けているものもある。このような見えない江戸で展開された落語の情景と、現代東京で展開される都市情景を考えることで新たな都市の可能性を模索する。

写真記述による情景の読み取り（一部抜粋）

実際の風景をもとに演目を検討する。

本計画の順路「見えないトレイル」

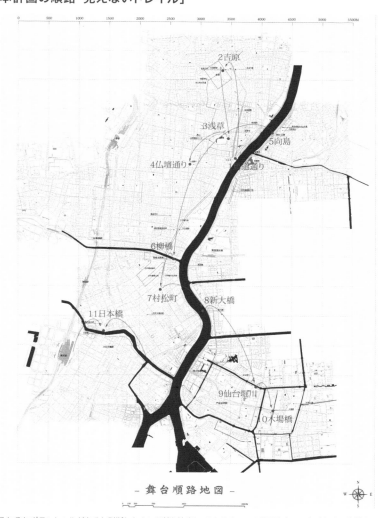

– 舞台順路地図 –

〈演目〉
一章『付き馬』
　1．馬道通り
　2．吉原
　3．浅草
　4．仏壇通り

二章『花見小僧』
　5．向島
　6．柳橋

三章『刀屋』
　7．村松町
　8．新大橋
　9．仙台堀川
　10．木場橋

終章『死神』
　11．日本橋

それぞれポテンシャルがあると判断した4つの噺を抽出し、それらを一つの物語としてつなぐための建築を、
主人公が展開してきた舞台11カ所に点在的に設計する。

一章『付き馬』の舞台を巡る物語

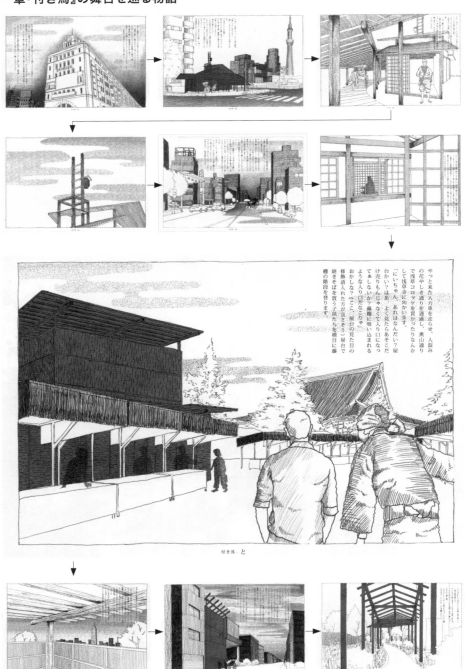

やっと来た人力車を走らせ、人混みの花やしき通りを通過し、奥山通りで浅草コロッケを買ったりなんかして浅草寺に向かいます。
「にいちゃん、あれはなんだい？屋台かい？はあ、よく見たらそこだけ売りもんじゃなくて入り口になってましないか？藤棚に吸い込まれるような入り口だなにゃ？」
おかしな？ここ、屋台の見た目の修飾語入れた方が良さそう～屋台で焼きそば買う子供たちを横目に藤棚の階段を借ります。

付き馬・と

舞台01「馬道通り」

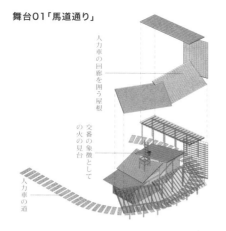

人力車の回廊を囲う屋根

交番の象徴としての火の見台

人力車の道

舞台02「吉原」

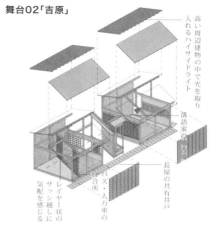

高い周辺建物の中で光を取り入れるハイサイドライト

落語家の古い家

長屋の共有井戸

バス・人力車の停合所

レイヤー状のサッシ越しに気配を感じる

舞台03「浅草」

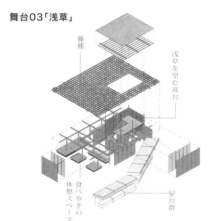

藤棚

浅草を望む高台

食べ歩きの休憩スペース

屋台群

舞台04「仏壇通り」

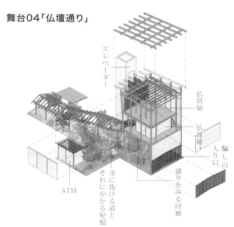

エレベーター

仏具屋

仏具屋

騙しの入り口

通りをみる回廊

寺に抜ける道とそれにかかる屋根

ATM

二章『花見小僧』の舞台を巡る物語

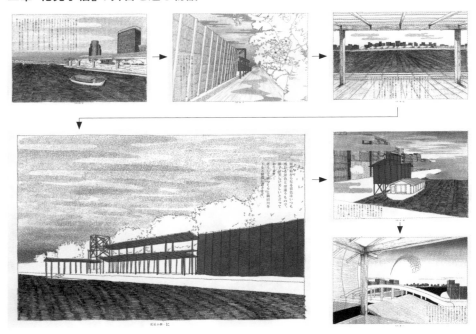

花見小僧·記

舞台05「向島」

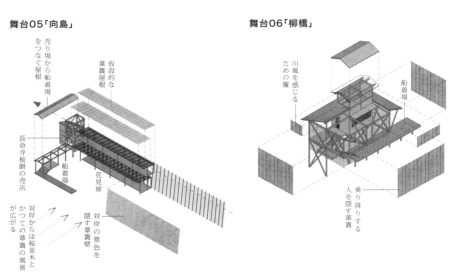

売り場から船着場をつなぐ屋根

仮設的な葦簀屋根

船着場

長命寺桜餅の売店

船着場

花見席

対岸の景色を隠す葦簀壁

対岸からは桜並木とかつての葦簀の風景が広がる

舞台06「柳橋」

川風を感じるための簾

船着場

乗り降りする人を隠す葦簀

三章『刀屋』の舞台を巡る物語

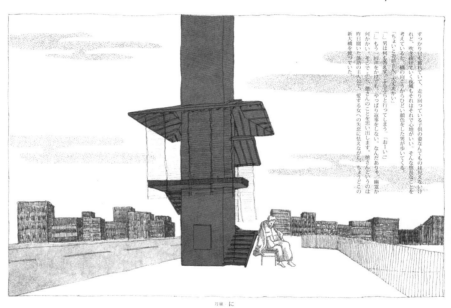

すっかり日も暮れていて、走り回っている子供の姿なんてものは見えないけれど、吹き抜けていく夜風もそれはそれで心地がいい。そんな悠長なことを考えているる橋の向こうからひどい顔色をした男が歩いてくる。

「ちょいとお前さん、少々よかい」

「男は何を答えまいかとゆっくりと行ってしまう。「おーい」ご

「もう一度声をかけても、やっぱり返事をしない。なんだありゃ、幽霊か何かいなあ。そこでわたしゃ、惨さんのことを思い出します。惨さんというのは、昨日聞いたお節の主人妻、愛する女への失恋に怯えながら、ちょっとどこの

新大橋を渡っていた。

刀屋 に

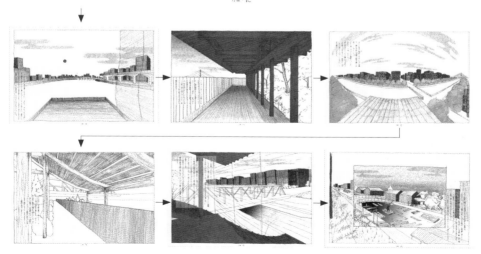

舞台07「村松町」

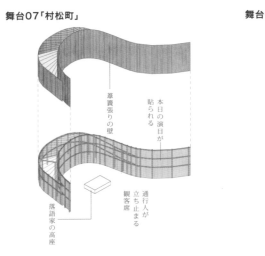

本日の演目が貼られる

葦簀張りの壁

落語家の高座

通行人が立ち止まる観客席

舞台08「新大橋」

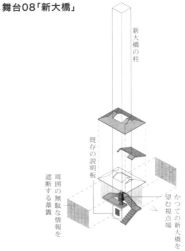

新大橋の柱

既存の説明板

周囲の無駄な情報を遮断する葦簀

かつての新大橋を望む視点場

舞台09「仙台堀川」

現代のシンボルである木場公園大橋を望む

葦簀屋根は木漏れ日のような光を落とす

視点場からおせつと徳を望む

徳が邂逅した清川橋

抜けたプロムナード

おせつと徳三郎が走り

舞台10「木場橋」

二階から時々落語が聞こえてくる

主人公のかつての感情を感じる視点場

親水公園の散歩道

散歩道を覆う葦簀の大屋根

木場橋

舞台11「日本橋」

終章『死神』を巡る物語

出展者コメント —— トウキョウ建築コレクションを終えて

Q このテーマを選んだ理由

落語のもつ身体性に惹かれたからです。卒業設計では劇場としての寄席に着目しましたが、修士設計ではもっと深層的な落語の面白さを探ってみたいと思いました。

Q 設計を通じて社会に向けて発信したいメッセージ

まちは昔から小さな物語の集積によってできていると思います。そんな些細なものに目を向けてみることで、都市をより豊かに感じ取ることができるのではないでしょうか。

Q 修士設計を通して得たこと

自分を表現することの難しさ。そのために貪欲に本を読み、いろんな人とコミュニケーションをとる。そして最後は自分の直感を信じることだと思います。

Q 修士修了後の進路と10年後の展望

現在はゼネコンの設計部で建築設計に携わっています。10年後はどんな道を選んでいるかわかりませんが、どんなかたちであれ、自分が追い求めていた建築の理想像を実現できるように楽しく過ごせていたらいいと思っています。

設計展　藤本壮介賞

tuuuuube

三原陽莉
Mihara Hiyori

武蔵野美術大学大学院
造形研究科　デザイン専攻建築コース
高橋晶子スタジオ

私はこの2年間、「空間からつくられる建築」とは異なる「モノからつくられる建築」がもつ可能性について研究してきた。これまでの研究から得られた設計手法は、本来、建築に従属している「モノ」を、それ自体が独立性をもって自立するように強調し、それらを集めて組み合わせることで、そこに新たな居場所をつくり出していくというもの。

そこで、本来建築に従属している14の「モノ」を、「拡大、変形、複製」という手法により強調する。

これらを集めて組み上げた集合住宅は、標準的な設計から逸脱し、そこに新たな居場所や生活行為を生み出していく。

ここでは、当たり前に存在するプライベートとパブリックの明確な境界がほとんどなく、パブリックな空間の延長に自分の生活空間が存在するような暮らし方となっている。モノ自体がもつ魅力やストーリーに人が住み着いていく、モノからつくられる建築には、その可能性があることを期待している。

研究

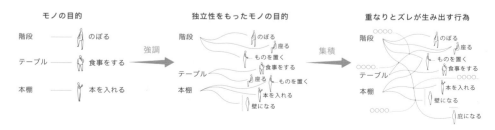

2021.11
「UBUNTU—小さなまち、大きな家」
住宅設計コンペ
生活行為が生まれるモノを他者と分かち合うことで、社会に対してどう開いていくかを建築の形として表すことを試みた作品。
（共同制作者：長谷川ゆい）

2022.09
「家とは何か？」
「UBUNTU—小さなまち、大きな家」展示
展示室に合わせて再構成し、大きくなったモノでつくられる空間の可能性を探る展示。
（共同制作者：長谷川ゆい）

2023.01
「tuuuuube」
修士設計
モノからつくられる建築の可能性を探る。

空間からつくられる建築　　　モノからつくられる建築

モノの目的

階段 ── のぼる

テーブル ── 食事をする

本棚 ── 本を入れる

強調→

独立性をもったモノの目的

階段　のぼる／座る
　　　ものを置く
テーブル　食事をする／座る／ものを置く
本棚　本を入れる／壁になる

集積→

重なりとズレが生み出す行為

階段　のぼる／座る
　　　ものを置く
テーブル　食事をする
本棚　本を入れる／壁になる／庇になる

独立性をもった14のモノたち

本来、建築に従属しているモノたちが独立性をもつよう、
ここでは3つの強調方法を取る

拡大／変形／複製

1つの操作だけを与えたり、
ときにすべてを操作として与える。
それぞれのモノは、この操作によって強調され、
複数の目的をもつようになる。

強調され、独立性をもったモノたちを重ねていく。
ここで生まれるズレや重なりが、
居場所をつくり、そして住まう場所をつくっていく。

えんとつランプ
entotsu lamp

屋根のように大きなえんとつは
まちを照らすランプになる。
まちの目印となり、
人々の居場所となる。

method ──────────── 拡大／変形

支えになる本棚
hondana

壁として機能したり、
テーブルとして使われたり、
ものが置かれることで
その領域がつくられていく。

method ──────────── 拡大

木々も照らすテーブルランプ
table lamp

街灯のように大きな
テーブルランプは
まちの木々も照らす。

method ──────────── 拡大

緑が育つ洗面台
senmendai

緑が育つプランターでもある
洗面台で手を洗った水は
植物に流れ、
やがて緑は大きく育つ。

method ──────────── 拡大／変形

柱になるトイレ
toilet

コアとなる柱になり、
建築を支える。

method ──────────── 複製

日差しを遮るお風呂
ofuro

大きなお風呂は日差しを遮る
庇にもなる。
お風呂の下は部屋のように使われ、
居場所をつくる。

method ──────────── 拡大／変形

のんびり過ごす螺旋階段
rasenkaidan

大きな踏面ではそれぞれが
思い思いに過ごす。
階段の重なりは庇となり、
低いところはベンチとして使われる。

method ──────────── 拡大／変形

場所ができる窓
mado

壁になったり扉になったり、
開かれたところはときに場をつくる。
レールにはものが
引っ掛けられる。

method ──────────── 拡大

寝られるタンス
tansu

扉を閉めれば寝室のようになる。
開けば自分の部屋のようになり、
ベッドはソファとなる。

method ──────────── 拡大

くつろげるキッチン
kitchen

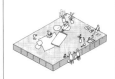

料理をする人の隣では、
テーブルとして
使う人の姿が見られ、
大きな面はリビングのようになる。

method ──────────── 拡大

テラスになるカーテン
curtain

開け閉めする操作一つで、
その場所はまちとつながったり
ときには少し離れたり。
日差しを遮るシェードにもなる。

method ──────────── 拡大／複製

日向ぼっこできるテーブル
table

長く伸びたところは
テラスのようになり、
開かれたところは
リビングとして使われる。

method ──────────── 拡大／変形／複製

屋根になるペンダントライト
pendant light

大きな傘の下は、居場所となる。
誰かが仕事をしていたり、
おしゃべりをしたり。

method ──────────── 拡大

引っ掛ける手すり
tesuri

カーテンを引っ掛ければ
場所をつくるきっかけとなる。
洗濯物を干したり、
ハンガーラックになったり。

method ──────────── 変形

各階平面図

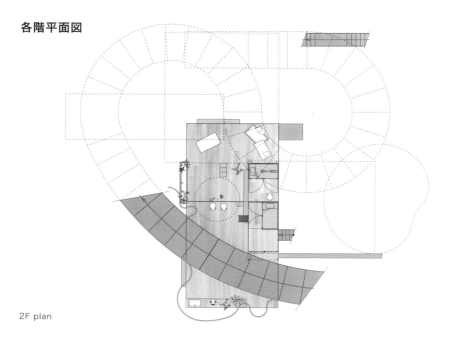

2F plan

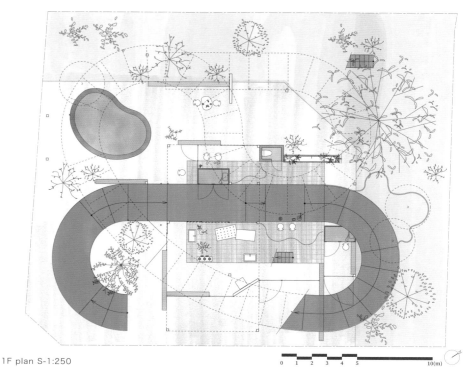

1F plan S-1:250

0 1 2 3 4 5   10(m)

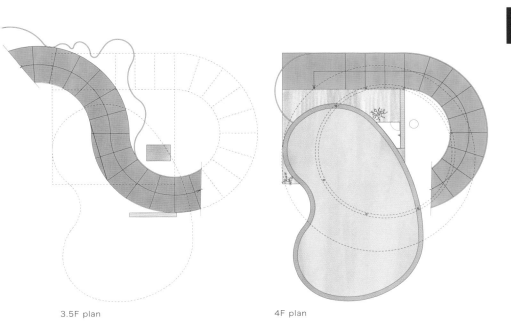

3.5F plan

4F plan

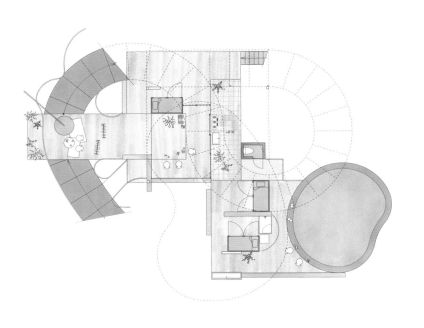

3F plan

建物構成

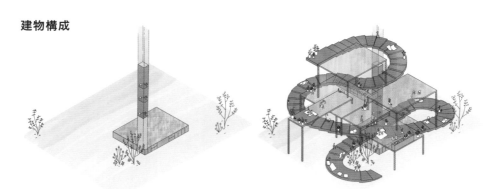

コアとなるのは複製され柱となるトイレ。
1階にはくつろげる大きなキッチン。

階段に絡まる大きなテーブルは、
キッチンの天井になったり床になったり。

大きなお風呂は庇になり、えんとつのような
ライトからのぼる湯気がまちの目印になる。

タンスを開けて起きると、開いた扉は自分の部屋をつくる。

手すりに洗濯物を干していると、外は桜が満開に。

キッチンの上ではリビングのように住人が各々に過ごしている。

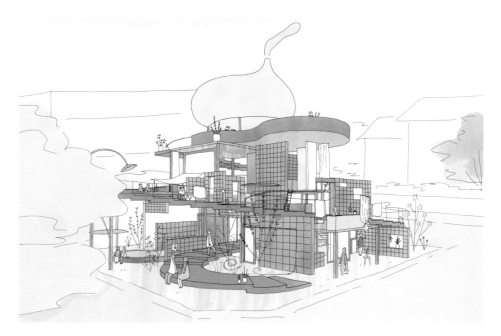

ブランターの洗面台で手を洗っていると、緑が育っている。

テーブルが伸びたテラスでは、満開の桜を眺めてお花見。

川沿いの広い階段はまちの人のベンチとなっている。

大きなペンダントライトのもと、仕事をしたり本を読んだり。

出展者コメント —— トウキョウ建築コレクションを終えて

Q このテーマを選んだ理由

友人と「家とは何か」という問いから住宅の設計をし、その作品をもとに実際に体験できる1/1での展示の制作をした際、モノからつくられる建築に、生活感やその雑多さが魅力として現れる瞬間を感じました。その可能性をさらに深く探求するため、本テーマで設計を行いました。

Q 修士設計を通して得たこと

当たり前だと思っていたスケールや機能を超えて建築がつくられていくとき、そこには設計時には想像もしなかった生活が見えてくることを実感しました。まだ自分が見えていないところにこそ、その手がかりがあるのではないかと気づかされる作品となりました。

Q 設計を通じて社会に向けて発信したいメッセージ

自分が生活しているなかで現れてくるスケールや形を、今一度疑い、そして想像を膨らませるきっかけとなったらうれしいです。そして、その想像が建築を超え、都市という敷地の外側にも広がっていくことで、その境界が解けていくのではないかと考えています。

Q 修士修了後の進路と10年後の展望

建築が社会に対してどのような影響を与えていけるのか、そして何を求められているのかを設計事務所で働きながら実践のなかで学んでいきたいと思っています。10年後には、建築だけでなく、分野を超えたデザインで社会に関わっていきたいです。

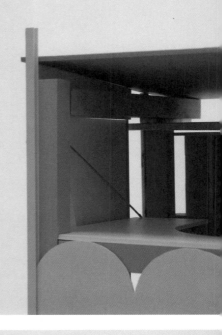

設計展 **古澤大輔賞**

ナンドとコヤ

Box and Hut

高田勇哉
Takada Yuki

東京工芸大学大学院
工学研究科　建築学・風工学専攻
田村裕希研究室

本制作は、輪郭を規定し、事後的に空間を割り当てるトップダウン式の設計手法とは異なり、居場所の形成を先行させたうえでボトムアップ式に建築が現れるという、設計における決定手順の転倒を試みる。さらに、SNSユーザーによる記録の仕方やタイムライン上での私自身の日常的な空間の記録方法から独自の建築論を構築する。東京の中目黒に設定した2つの敷地を舞台に、"ナンド"と"コヤ"と名づけた相反する生活の場で巨大な建具を可動させることで、住宅を現出させていく設計手法の提案を行う。これは構造芯と、それに沿う断熱された外壁が閉じることで安全を確保する住宅ではなく、可動物が動的に出現させる現象としての住宅であり、これを居場所先行型のボトムアップ式による設計が生み出す空間として提案する。ナンドとコヤによって再定義される住宅像と巨大な可動物が人の痕跡を表出させることで、結果として都市の風景を改変させていくことを試みる。

断片と統合の建築史

比例 / Proportion	機械 / Machine	矛盾 / Contradiction	生物 / Biological	塊 / Volume
音の調和を生ずるのと同じ比例が形態の美をも生じさせるという考え方は、建物の表面を構成する線と角を精確に選定し、結合することであるという思想とともに代表作であるサンタ・マリア・ノヴェッラ教会のファサードにもあらわれている。	古典建築の歴史や工学技術に由来する彼の言説は、合理的な論理の基準を示すものであった。形は彼のデザインはすべてのデザインの基準であると唱え数々の部品を集約し機械全体を構成する手法は彼の建築的統合の原理である。	歴史都市の複雑性を強調し機能主義の傲慢を放棄したように、身近なものを通常の参照枠から外すことで、新しい意味を露出させることを試みた。逆説を用い、文脈や次元を変化させ、近くのあらゆる可能性を見い出すと同時に、統合の原理とした。	無限に拡大・交換可能な細胞構造をもちメタボリズムは、生物学と建築とを結びつけた。自然の歴史的過程を受け入れ、社会の積極的な新陳代謝を促し、理論とポップカルチャーを建築的に統合するこの手法は、現在その思想が失われている。	建築があるスケールを超えると獲得する「巨大さ」という属性は、従来の建築が抱える「芸術」を無効化してしまうという定義により、単一機能を担う巨大なボリュームとしての建築空間という断片的要素を、マッス(量塊)として統合していく。
分析例 Basilica di Santa Maria Novella Leon Battista Alberti (Firenze, 1477)	分析例 Vers une Architecture Le Corbusier (Paris, 1923)	分析例 Vanna Venturi House Robert Venturi (Philadelphia, 1963)	分析例 Nakagin Capsule Tower Kisho Kurokawa (Tokyo, 1972)	分析例 The Seattle Central Library OMA (Seattle, 2004)
1400s	1920s	1960s	1970s	2000s

映画 / Sequence	象徴性 / Symbolism	対置 / Contrast	連続性 / Continuity	風景 / Scenery
断片的なシーンを描いた1枚のスケッチから、シーンを紡ぐようにして空間を構築してゆく中山英之の設計手法は、絵がもつ視点場と画角をもとにシークエンスを紡ぐようにして断片的な暮らしのシーンを映画的に統合する手法であると言える。	インターネット上に散らばる無数の3Dオブジェクトを無作為にダウンロードし、再合体させることで建築の全体を構築する。個々が象徴性を内包しているが故に、それらが統合された全体からは象徴性が汲み取れないという傾向が起きている。	Post Digital Drawingを代表するコラージュは、周辺環境に散らばる断片的な色彩をもとに建築がまとう色を決定させる。平立断面で作成したコラージュの統合・分解を繰り返すという一連の設計的な流れは、色を用いた断片と統合の手法である。	建築を取り巻く暮らしや文化といった周辺環境に存在するソフトとしての断片を敷地内において建築へと取り込んでいく設計手法は、オブジェクトとしての統合ではないが、建築へと要素をAssembleする手法であると言える。	蒲田の町工場で使われていた庇や階段などを収集し、それをどこにでもあるアパートに取り付けてみる、という試みの卒業制作をはじめ、普段目にしているが気には留めていないもの=カケラを集め、それらを組み合わせることで建築空間を構築する。
分析例 2004 Hideyuki Nakayama (Tokyo, 2004)	分析例 Helsinki Guggenheim Museum Mark Foster Gage (Helsinki, 2014)	分析例 057 Fala Atelier (Porto, 2019)	分析例 Scenes of a corner room Tezzo Nishizawa + Rui Itasaka (Tokyo, 2020)	分析例 pick up "kakera", put on the house, pass to "Kamatarian". Rui Itasaka (Tokyo, 2015)
	2010s		2020s	

建築とは、断片を統合する技術といえるのではないだろうか。建築史上、統合の歴史は古典にまで遡る。比例による美学を追求したアルベルティに始まり、機械や生物を引き合いに出しながら語られてきた統合の原理は、矛盾をも取り込むこととなった。こうした統合の歴史は、現代において、さらなる分化の道を辿っている。中山英之によるスケッチを映画的に統合し収斂させるものから、ファラ・アトリエに代表される2次元性の強いコラージュのようなドローイング、マーク・フォスター・ゲージらによるインターネット上の3Dオブジェクトを無作為に合体させるものまで、そのバリエーションは多岐にわたる。これらの現代におけるスタイルを一言で言い表すとすれば、「手先による統合」とでも呼べるだろうか。それは、思考よりも手先の動きが先行するようにして空間のイメージができあがってくるという意味である。本研究は、建築における断片と統合が方法論としてどのように位置づけられるのかについて考察し、自らの手法として展開することを目的とする。

3つの試作

自身の建築観を設計手法へと展開するために3つの試作を行った。SNS、模型、実寸の家具という、タイプもスケールも異なる検討は、自身の興味や思考を設計手法へと展開するに至るうえで大きな意味をもっている。SNSでは、Instagramを通し世界を断片的に切り取る潜在的な行動を、模型では、建築エレメントにフォーカスした具象と抽象の往復を、実寸の家具制作では、図面と1/1の往復を、それぞれモノとの取り合いを介して取り組んできた。これらの脈絡のないアウトプットは、最終成果物である2つの住宅作品に反映されている。

(1)世界を断片的に見る

自身の空間体験を記録するメディアとしてのアウトプットである。iPhoneのカメラ機能を用い、日々の体験を正対、ズームアップ、カメラグリッドに合わせるなど、いくつかのルールを用いて断片として撮影。その写真を、Instagramの3×nグリッドを用い、既存グリッドの越境、延長、補色といった併置関係に基づいて統合したものである。寄りの画角によって限りなく情報が削ぎ落とされた写真は、日々の体験を想起させる新たなメディアとなる。InstagramというSNSへの記録や、タイムラインに現れる私自身の日常的な空間の記録方法から独自の建築論を構築する。

(2)建築なき建築エレメント

部分的な検討を行うための15cm×15cmの領域を用いたスタディ方法である。スケールを1/100で統一し、床、壁、屋根という建築のエレメント、さらには窓、空調といったより具体的な要素に至るまで、断片化された居場所が単独で成立可能かについて検討を行った。

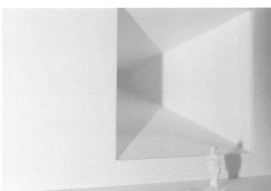

(3)移動する居場所

自らの活動範囲を室内から室外へと拡張する装置としてのミーティング兼作業テーブルの提案である。現状、研究室が抱えている限られた作業空間内での、面積の圧迫や資材管理という課題に対する一つの解として、移動可能かつ、収納スペースを兼ね備えた居場所としてのテーブルを設計した。電源も装備し、研究室の内外で使用が可能となる。また、元木大輔が発表した「Hackability of the Stool」のように、文脈を読み替えて作品の続編的なアイディアを提案するプロジェクトを参考に、すでに完成している家具に対して可変性を与えていく試みも行っている。

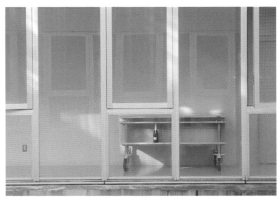

敷地について(一部抜粋)

東京のまちは、厳しい斜線制限や高度地区のなかで、可能な限り内部空間を獲得しようとした結果として風景の輪郭が形成されていることから、欠けた屋根の形状に着目した。そうした屋根形状の連続が結果的に方位を表すことなどをもとに、法規の強い制約がつくりだす東京の風景のリサーチを行う。建築の容積に対する上限が建物の形状として垣間見える一方で、さらにその輪郭からはみ出すオブジェクトも確認できる。これは、そこで活動する利用者が造作を施し、領域を拡張させた結果の現れであり、建物を用いない領域の獲得と捉えることができる。こうした中目黒のまちを構成する溢れ出しの要素を断片と捉え、本研究と関連づける。溢れ出しの集積が風景をつくり出している中目黒のまち、溢れ出しから派生する建具や動くものたちが一堂に会することで建ち上がる住宅という、風景的・建築的両面から、断片を統合することについて分析した。

01
cafe / office

02
house

03
shop / house

09
office

10
clinic / house

11
house

SITE A

SITE B

Nakameguro
中目黒

Site
配置図

S=1:6000

04
office

05
house
balcony

06
house

07
house

12
office

13
house

14
house

15
house

敷地周辺における色の抽出と統合（一部抜粋）

中目黒駅から敷地へと向かう道中、緑を纏ったオブジェクトが
目に付く。建築の外皮やシャッター、オーニングといった建築
スケールのものから、看板、籠、道路の舗装といった都市への
溢れ出しに至るまで、バリエーションをもつ。これは敷地周辺環
境の色彩的特徴であり、設計へと反映させるため色を抽出する。
色を抽出した後、それと補色関係にある色も用意する。

上記の色の抽出と反映に加え、ベースとしての色、さらには
断片的な体験として集積しているInstagramにおける色を一つの
建築空間へ反映することにより、色としての統合を行う。

1	2	3	4	5	6	7	8
9	10	11	12	13	14	15	16

1- 町内看板 | 2- シャッター | 3- 看板 | 4- 道路舗装 | 5- 野菜かご |
6- オーニング | 7- オーニング | 8- 横断幕 | 9- ファサード |
10-ヤマト運輸 | 11- ファサード | 12- 庇 | 13- 看板 | 14- 看板 |
15- 看板 | 16- 庇

1. accent color(site)
2. accent color(complementary color)
3. base color
4. fragment color

siteA 駒沢通りの入れ子

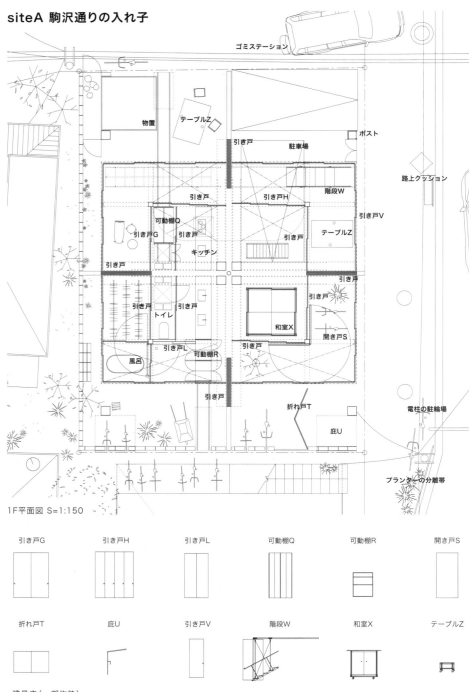

1F平面図 S=1:150

建具表（一部抜粋）

ナンドがコヤに内包された入れ子型の住宅の提案である。立体空間の隙間を貫通する引き戸や、キャスターによって可動性をもった和室や物置、テーブルなどが敷地内で移動しながら領域をつくり出してはまた別の場所へと移動する。こうした動くモノたちがもっとも強い要素として存在するこの住宅においては、構造フレームや階段といったインフラ的要素は副次的な位置づけがなされている。こうした動きが駒沢通りの日々の風景を少しずつ変えていくことを想起させる。

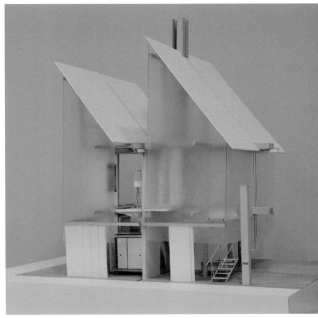

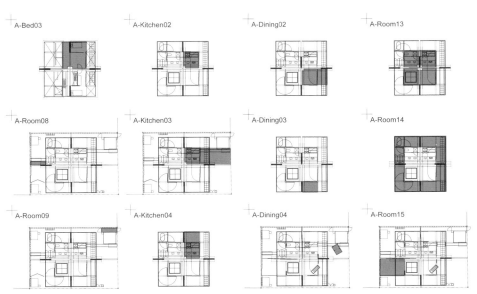

A-Bed03 A-Kitchen02 A-Dining02 A-Room13

A-Room08 A-Kitchen03 A-Dining03 A-Room14

A-Room09 A-Kitchen04 A-Dining04 A-Room15

輪郭が揺らぐ建築の全体像（一部抜粋）

siteB 天祖神社の分棟

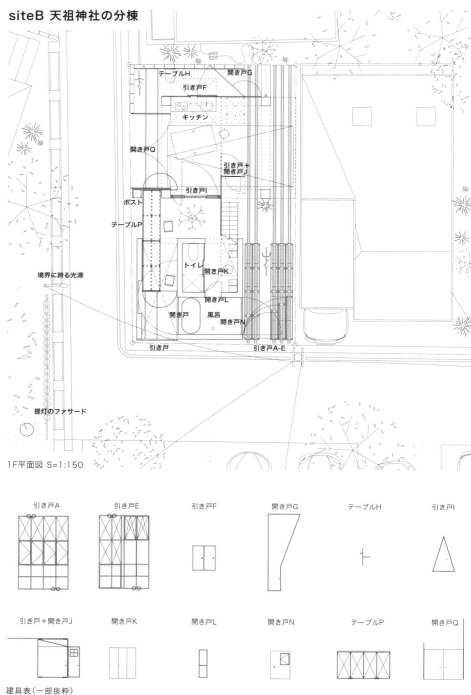

テーブルH
開き戸G
引き戸F
キッチン
開き戸Q
引き戸＋
開き戸J
引き戸I
ポスト
テーブルP
境界に跨る光源
トイレ
開き戸K
開き戸L
開き戸
風呂
開き戸N
引き戸
引き戸A-E
提灯のファサード

1F平面図 S=1:150

引き戸A　　引き戸E　　引き戸F　　開き戸G　　テーブルH　　引き戸I

引き戸＋開き戸J　　開き戸K　　開き戸L　　開き戸N　　テーブルP　　開き戸Q

建具表（一部抜粋）

ナンドとコヤがそれぞれ独立した分棟型の住宅の提案である。2つの空間を往復するようにして移動する肥大化した建具たちは、人の活動にあわせて動くだけでなく、結果として建物の輪郭を変化させる。肥大化した建具の中に通常サイズの建具が内包された入れ子構造の引き戸は、異なる輪郭の建物を閉じることが可能であり、従来の気密された機能主義的な家と解放された倉庫のような空間の両者を同時に成立させる。

出展者コメント —— トウキョウ建築コレクションを終えて

Q このテーマを選んだ理由
断片という単位における自らの感性、東京という都市に対する興味、しがらみだらけの建築設計に対する疑心といった、建築を学び始めてからいつしか心のどこかで引っ掛かっていたことを今、痕跡とともに、言葉と形にしておきたいと思ったから。

Q 修士設計を通して得たこと
カタチとコトバを往復することで、一見、建築とは無縁に思えることでも、自身の興味から空間を構築していくことができるということ。そして、設計とは選択と決定の連続であるということ。

Q 設計を通じて社会に向けて発信したいメッセージ
物事の前提を疑うという視点によって、見たことあるようで見たことなかったものを生み出すことができて、それが結果として少し未来の暮らしや風景を少しずつでも変えてゆけるということ。

Q 修士修了後の進路と10年後の展望
設計事務所で建築を学びます。自分の感性や感覚を大切に、しなやかさと強い芯をもって建築や表現することと向き合っていたいです。

設計展

不気味な建築の詩学

竹中 樹
Takenaka Itsuki

金沢工業大学大学院
工学研究科 建築学専攻
竹内申一研究室

私たちが日頃、目にしている都市や建築は無意識に「見慣れた風景」として認識されている。これらの要因としては近代の経済性・合理性優先のモノの価値観が広まったことや、人間がなんらかの状況に直面したとき、対象物を知識の枠組みのなかで無意識に、それが"なにか"を判断していることが挙げられる。こうした物事の認識は感性を鈍らせる原因となっている。私たちは幼少期も同じような感覚をもっていただろうか。道端に咲くたんぽぽや日の出など、些細なことに対しても「驚きと発見」の連続だった。この感覚は、美しいものを美しいと感じる感性"センス・オブ・ワンダー"であり、大人になってもそれをもち続けることが無意識の世界から脱却する方法になるのではないだろうか。「知識の外にある理解の範疇を超えたもの」と対峙することがセンス・オブ・ワンダーの感覚であり、この感覚は新たな世界の見え方や感じ取り方を認識させてくれるのではないだろうか。

形式的な不気味さ＋固有的な不気味なものの収集・分析

1.さまざまな写真をもとに不気味なものをピックアップして以下の2つに分類
・虚構の不気味さ（妖怪／絵画など）
・リアルな不気味さ（建築／植物／動物／風景）

2.収集した不気味なもののなかで不気味さを喚起するものを3つの項目に類型化
・ジャンル
・感情＊
・要素＋要因
＊中村明氏の『感情表現辞典』から私にとっての不気味なものと関連する4つの感情[畏怖／怖さ／恐ろしさ／薄気味悪さ]を選定した。

3. Simplification──2で作成した図から13枚の写真を選定

4. Factors──3で抽出した写真からそれぞれ13個の要素・要因を導出
[制御できないものとの共存／生命がないものに生命を感じる／得体の知れないもの／類似の反復／個々の複合体／原型を留めない／未完成／見えるはずのないものが見えている／現実との差異／周辺環境との差異／奇形・異形／自分の死への連想／馴染みのあるものが生む違和感]
これらを建築に反映させて設計を行った。

proposal 1：「類似の反復」と「個々の複合体」が生み出す不気味な住宅

この住宅は不気味な要素のうち、「ドッペルゲンガー」から抽出した要素「類似の反復」や、「キマイラ」から抽出した要素「個々の複合体」を含む6個の要素から構成している。全体構成では、「類似の反復」と「個々の複合体」の要素を用いて、対面する敷地の外壁を模倣している。また、化粧材を捲ることで壁内部を露出させたり、足場の枠組みが内部まで貫通していたりと、一見、普通の住宅を装いながら無根拠にみえる意匠が随所に現れることで、周囲に溶け込みながらも違和感を感じさせるものになっている。さらに、この住宅の住人やそれ以外の他者にもセンス・オブ・ワンダーを取り戻すトリガーとなるように、外部・内部に不気味さの要素を取り込んでいる。

計画敷地は石川県金沢市幸町で、住宅・ビル・オフィスと隣接しており、さまざまな建築のファサードが垣間見える場所である。そこでさまざまな表情を見せる建築のファサードと素材の収集を行う。ここの敷地は道幅が狭く、雑多性のあるまちである。ここだからこそ引き立つ不気味さを建築に落とし込む。

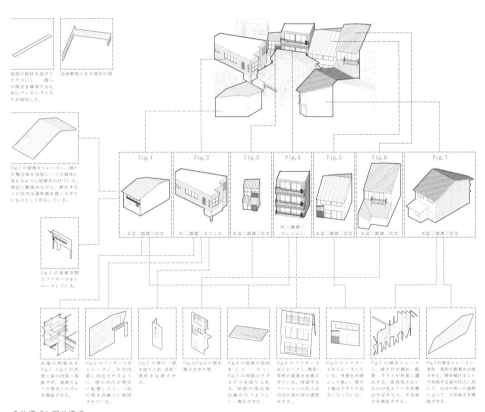

全体構成と部分構成

proposal 2 : 「制御できないものとの共存」が生み出す不気味な住宅

この住宅は不気味な要素のうち、岩や植栽と住宅が一体化している建築から抽出した要素「制御できないものとの共存」からさらに抽出した「周辺環境との差異」を含む5つの不気味な要素で構成している。敷地に置かれている巨石をそのまま構造体の一部として扱っている。他にも従来の住宅の構造では取り入れない構造で構成しながらも、普通の住宅を装っている。ここでは巨石が内部・外部の両者に影響を与え、コントロールできない不安とともに住宅が巨石と1つの複合体として存在し続ける。

計画敷地は福岡県二日市北で、敷地には大きな岩があり、現在も住宅の塀と岩が接触している状態にある。言い伝えによると1つの岩が3つに分断され、今も位置を動かされずに保存されている。この岩と一体化し、共存する住宅を設計する。

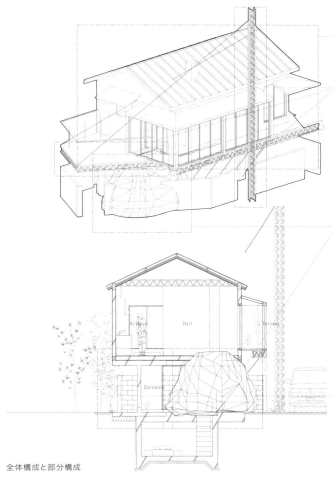

周囲の住宅と類似する家型にすることで、＜馴染みのあるもの＋○○＞を組み合わせて不気味さを喚起させる。

住宅では見ないトラス構造と吊り構造を用いることで、キマイラの＜個々の複合体＞の要素を入れている。家の内部にも同様にこの工法を用いることで住人に対して、馴染みのあるものとして認識させ、周囲との差異によって二重的に不気味さを喚起させる引き金となるのではないか。

敷地に制御できないもの＜岩＞がある不便な敷地である。この岩は、記念として祀られている岩（通称艶石）であり、現在では、岩と塀が一体化している。ここの住宅を建て替えることを想定した、岩と一体化した住宅である。この場所から動かすことのできない岩に、構造体と不気味さを喚起させるものとしての役割を与える。不定形な岩の形に沿った階段、岩によって決まるスラブの高さなど、この住宅は岩を軸にし設計している。軸にするものが幾何学的でないため、設定された寸法はどれも規格外である。住人にも影響を与えている。開くことのできない窓、時間経過による地盤沈下から岩と壁に隙間ができて光が差し込むなど、住み慣れて気づく不気味さを設計している。不気味さに慣れる住宅ではなく、住み慣れた住人による不気味さ、長期的にこの住宅を眺める住人に対する不気味さを仕掛けている。

そうしたふとしたときに感じる些細な違和感を生み出すことが驚きに満ちた世界を感じる感性を取り戻すことの手助けになると考える。

肥大化したH鋼は住人が知らずに住み続け、次第に岩による些細な沈下によって大地が削れ、姿を現す。住人はこの住宅が岩と肥大化したH鋼の二つの構成材によって支えられていたことに気づく。そして予期恐怖のような、いつ傾いてもおかしくない状況だと認識させ、制御できない安定したもの＜岩＞が次第に不安定要素として意識が転換される。自然の中で眠っていた感覚に陥る寝室は、不安定要素が付加されることで、情緒が一変する。しかし、恐怖と隣り合わせである一方で、人間の原始的定義による"住宅は自然災害以外では倒壊するはずがない"という認識によって、恐怖心ではない、不気味さを喚起しながら生活することを想定している。

全体構成と部分構成

岩と住宅が一体化している。開かない窓。

住宅のようで住宅ではない姿。周辺との差異によって、制御できないものが不気味に見える要因となる。

proposal 3：「周辺環境との差異」「馴染みのあるものが生む違和感」が生み出す不気味な住宅

この住宅は不気味な要素のうち、同じような家が建ち並ぶ住宅街によって不気味さを生み出している。パッケージ化された住宅群のなかに、その風景に抗わず、逆に、そこでよく眼にする、家形という形態、煙突、四角形をさらに分割した窓といった建築的要素を反映させている。また、家形の形態に「奇形・異形」の不気味な要素を入れこむことで一軒家に3枚の屋根が出現したり、隣接する開口をトレースすることで隣家の住人に不気味さを喚起させる要因になるのではないか。

計画敷地は石川県円光寺である。平成に建てられた分譲住宅が建ち並ぶなか、ここ数年で開発された分譲住宅地が一区画ある。周囲と馴染んでいない分譲住宅地の一つだけ空いている敷地を選定した。どこにでもあるような風景のなかで、不気味さを喚起させる。住人や隣人に対して、これまでの不気味さとは異なる手法を用いて設計する。

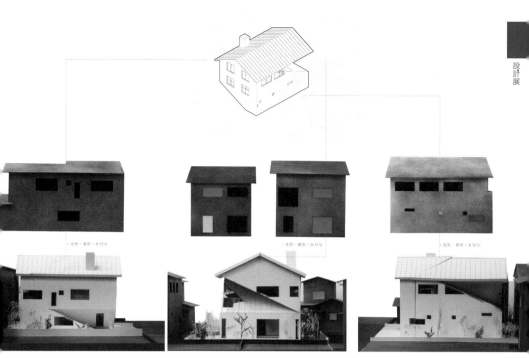

全体構成と部分構成

出展者コメント —— トウキョウ建築コレクションを終えて

Q このテーマを選んだ理由

幼い頃に備わっている感性"センス・オブ・ワンダー"を大人になってももち続けることが、日常を豊かにするきっかけになると考え、「理解の範疇を超えるもの」と関係のある対象の中から一つの切り口として「不気味さ」を取り上げ、本研究のテーマに選びました。

Q 修士設計を通して得たこと

研究テーマに関連するコンペに積極的に参加し、提案から手法までを一通りアウトプットすることが大事だと思います。私の大学では論文と設計を同時に進行していたこともあり、より一層研究内容を深掘りできたように思います。

Q 設計を通じて社会に向けて発信したいメッセージ

常識というものは厄介であり、私たちはこの常識という枠組みのなかで物事を判断してしまいます。どんな些細なことや当たり前なことに対しても疑問をもってください。

Q 修士修了後の進路と10年後の展望

春から組織設計事務所に勤めています。10年後も建築の仕事を続けながら、陰で「不気味な建築」を設計する建築家を目指します。

設計展

人間のためでもある建築
Architecture not only for humans

谷本優斗
Tanimoto Yuto

神奈川大学大学院
工学研究科 建築学専攻
曽我部昌史研究室

まちを歩いていると、しばしば人工物と自然、時の流れとが複雑に関係し合い存在している様子を目にする。まるでその場だけ、人間が整備してきた環境に取り残されたかのような、自然の流れのままに形成された不思議な風景が現れる。本計画では、こうした風景を"生きられた描写"と定義し、これらをヒントに均質化が進む現代の都市環境において、新たな建築のあり方を模索する。

異なる理由から存在する部分の集合である生きられた描写は、多様な解釈の広がりを有していると仮説を立て建築へと昇華する。本計画では、建築を構成する部分をそれぞれ異なる理由から導き、その集合として建築を構築する。部分の集合であるため、不完全さは残るかもしれない。しかし、その不完全さが、あらゆる要因を許容する寛容さにつながると考える。多様な要因を受け入れ蓄積していく、長い時間をかけて他者からの愛着を受ける依代のような建築を提案する。

生きられた描写

擁壁から顔を覗かせた植物、建築をのみ込む植物、使われなくなった扉や階段などを本計画において"生きられた描写"と定義する。これらの風景は、雨や風などの気候、人間や生物の生活、時の流れなど多様な要因が蓄積することで痕跡として現れる。植物や建築のエレメントなどは、人工物や人間の行為に抑制されながらも力強く存在している様であり、人間の意図とは裏腹にとても生き生きしているように見える。こうした不都合・不完全な状態は、まちの中で違和感と捉えられる。しかし、不都合・不完全であるからこそ、私たちの身体に働きかける力を秘めているのではないか。

仮説：部分の集合としての建築

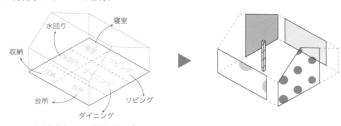

ある程度規格化された部屋の組み合わせ

一般的な建築は室の集合として構成され、室は壁や床、柱などの集合でできている。こうした機能に沿った室のつくり方がされる現状に対し、本計画では、建築と機能を切り離して考える。室として完結させるのではなく、それらを構成する部分それぞれを異なる秩序から設計し、それらの集合として建築を構成することで、機能や行為にとらわれない建築のあり方が生まれると考える。

仮説：生きられた描写の読み替え

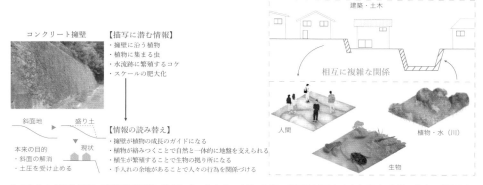

コンクリート擁壁

【描写に潜む情報】
・擁壁に沿う植物
・植物に集まる虫
・水流跡に繁殖するコケ
・スケールの肥大化

【情報の読み替え】
・擁壁が植物の成長のガイドになる
・植物が絡みつくことで自然と一体的に地盤を支えられる
・植生が繁殖することで生物の拠り所になる
・手入れの余地があることで人々の行為を関係づける

斜面地　　盛り土

本来の目的　　現状
・斜面の解消
・土圧を受け止める

建築・土木

相互に複雑な関係

人間

植物・水（川）

生物

生きられた描写は異なる要因が複雑に関係し合ったものであり、人間の意図とは異なる出来事や、自然の流れの重なりによる痕跡である。関係し合うものそれぞれが個別の理由から存在しており、描写に表れる情報を読み替えると、あるオブジェクトは本来の目的だけではなく異なる意味を担っていると捉えることができる。つまり、異なる意味をもつ要素が集合することで解釈の可能性が広がると考えられる。描写の読み替えから、生きられた描写は、多様な解釈の広がりを有していると仮説を立て、建築構成材へと昇華するために、分析を行う。

調査・分析：生きられた描写に見られる要素の抽出

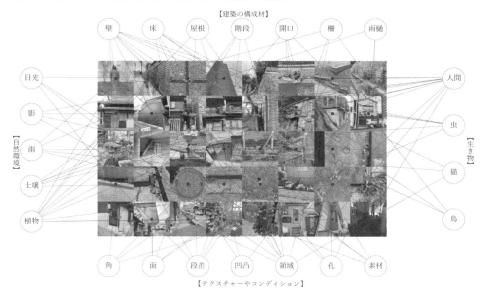

【建築の構成材】
壁　床　屋根　階段　開口　柵　雨樋

日光
影
雨
土壌
植物
【自然環境】

人間
虫
猫
鳥
【生き物】

角　面　段差　凹凸　領域　孔　素材
【テクスチャーやコンディション】

フィールドワークを行い、現代の都市環境に散らばる「生きられた描写」を収集し、痕跡を形成する要素を抽出するために多様な他者の関係を【建築の構成材】、【テクスチャーやコンディション】などの静的要因、【植物や気候などの自然環境】、【人間や生物】などの動的要因に解体し、図式化する。

調査・分析：生きられた描写の再解釈（一部抜粋）

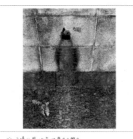

図式化により得られた要素から、それらの関係性を書き出し整理することで、描写に見られる様子を再解釈する。再解釈をすることで、建築へ昇華できる可能性を探る。

提案：人間のためでもある建築

まちの表層がアスファルトなどで硬く覆われた現状に対し、広く環境の循環を促す一歩として、大地との接地面や、素材、外構、境界を見直し、人間以外の他者にとっての豊かさも生み出す。

石基礎

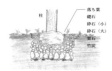

建築を支える大地にとって良質な環境とするため、接地面を開放する。水と空気が循環することで、菌糸と植物の根により地盤が安定し、自然と一体的な建ち方を実現する。

通気基礎

建築基礎部分をコンクリートで埋めるという解答ではなく、通気孔を設ける。建築を支えるという性能を担保しながら、地中に水と空気の通り道をつくることで地中にとって良質な環境を築く。

ガラ積み／木組擁壁

コンクリートガラや木材を組むことで、表面を形成する。植物の根が絡むことで強度が増し、造作と自然とが一体的になることで、時の流れと共にまちの風景をつくり出す。表面に現れる隙間が、小さな生物たちの住処となる。

竹垣水路

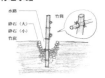

コンクリートブロックや線材の多い柵やフェンスではなく竹などの有機物で境界を形成する。側溝に杭を刺すことで落ち葉や枝が絡み、水の流れの勢いを弱めるとともに、集まった植物は小さな生物の拠り所となる。

土塁スロープ

古くから境界に用いられた土塁を、単なる境界としてのツールだけではなく、地形に沿った動線空間として計画する。自然の流れとともに風景となり、人の居場所となり、境界を和らげる。

ストローベイル工法

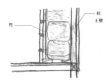

藁のブロックを積み、土を塗って壁を形成する工法で、これを採用することで、部分的に自然に還る、循環が可能な建築になる。藁による壁は、断熱・蓄熱・調湿性能が高く、自然素材で良質な内部環境を生む。

土樋／雨落ち

雨樋ではなく、土樋。土壌を立体的に連続させ建築と自然を一体的に考える。コンクリートガラや瓦など、建材を再利用しながら雨落ちをつくることで、流れた雨水が地中へ浸透する計画。

雨樋架構

一般的に雨樋は、屋根から流れ落ちる雨水を地面に落とすための部材であるが、外部への単なる排水機能だけではなく、架構として設えることで人々の居場所としてまちに開かれる。

提案：各部の機能と役割

敷地内に散らばる多様なエレメントにどこか一体感を感じさせる、建築を包み込む大きな屋根。妻入面、平入面の双方が現れる方形屋根とすることで多様な表情を見せると共に住宅街のボリューム感に馴染むような計画。

床、階段を吊る建築の構造材としてだけではなく、手すりや、外気を取り込む小窓としても機能する多義的な役割を担ったトラス。

外壁面に付属するように取り付いた LVL フレームは大屋根妻面とは異なる屋根方を見せ、異なる二つの立面が現れる。また水平にわたる材は、箱や鳥が、生物の居場所でありながら、長押のように水平をつなぐ構造的役割を担う。

メッシュ素材で面が形成された、内部のような半外部空間。プライバシーを守りながら外部を感じられる開放的な居場所を演出する。植物が絡み、季節や音を楽しませてくれる装置でもある。

緩やかに湾曲した面が多様な行為を受け入れる。中空スラブを採用することで、その断面は小さな生物の居場所や動線にもなる、多様な他者を受け入れるエレメントである。

テラスに組まれた鉄骨には、カーテンが通り、用意された空間ではなく、天気や気分で多様な空間を作り出せる。人の手が加えられる余地を残すことで、生活が建築に染み込んでいく。

壁に折れ目をつけることで、雨水の流れ跡が時間の経過とともにファサードデザインとして浮き上がる計画。また折れ目もブレースに見立て、構造壁としての機能を持つ。

草屋根に付属する縦樋は、雨樋ではなく、土樋。土樋を立体的に連続させ、建築が自然の循環の一部となる計画。屋根表面に植物が繁殖し、生物が集まる、季節により異なる表情を見せる。

4本の束柱、2本の挟み梁でパーゴラを作り、植物が絡まやすい構成とする。絡まった植物に生物が集まる拠り所となる。また擁壁と梁を共有させることで、土木と建築に一体的な関係を築く。

蛇籠を壁として利用する。砂利を敷き詰めることによる圧縮応力から耐力壁としての性能を獲得する。またゼオライトを混ぜることで吸湿、防臭効果のある壁面となる。

建築最上部に設けられた展望室。入口は低く抑えられているが、潜り抜けると街並みを見渡すことができる開放的な空間。

壁面よりも少し飛び出た階段はサンルームのような小さな居場所となる。外部からは、飛び出した階段が宙に浮いたように見え、内外それぞれが異なる解釈を生む。

壁面に R 状に曲げることで内部空間を優しく包み込む。天井を浮かす効果が期待される蠑壁のように屋根に浮遊感を持たせる効果を持つ。

傾いたポリカーボネートの壁面に取り付く鋼管に植物が絡み、内部に木漏れ日のような柔らかい光を届ける。上階床面を貫くことで2階では地窓として足元に光を入れる。

トラス梁で床面を浮かすことで、通気、生物が入り込む隙間を作る。下弦材に傾斜をつけ、雨樋としての役割も担う多義性のあるエレメント。

見かけは単なる階段だが、桁部分が擁壁を挟んだ建築同士をつなぐブレースの役割を果たし、建築と人の生活を同時に支える。

壁ごと大きく開閉させ、状況により内部空間に変化をもたらす。閉鎖時には付属の扉が居住者の動線となり、開放時には内外が連続する大きな居場所として来訪者を迎え入れるまちとの接点。

大きな石置き屋根がまちの接点としての場を包み込み、屋根表面では次第に植物が繁殖することで、生物たちが集まる、多様な他者にとっての拠り所となる。

雨樋を架構として空間を形成する。雨水の排水機能だけでなく、接道に対し湾曲した屋根がおりることで、地域に開かれた休憩所としての役割も担う。

敷地内に生まれる高低差を木組、コンクリートガラ積みで解消することで、植物の根などの自然と一体的に地盤を支える計画。また、木製擁壁は、まちの花壇のような存在であり、人の手が加えられる余地を残し、時間をかけてまちの風景となっていく。

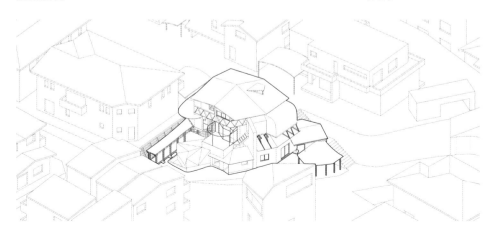

提案：平面図

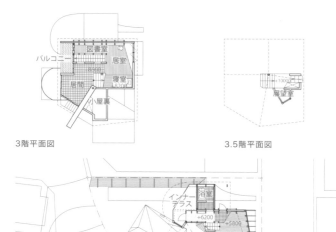

図書室　居室　寝室
バルコニー
居間
小屋裏

3階平面図

屋望室
+1000

3.5階平面図

インナーテラス　浴室
+6200　+5800
テラス　サンルーム
+6200
客室
+7500

2階平面図

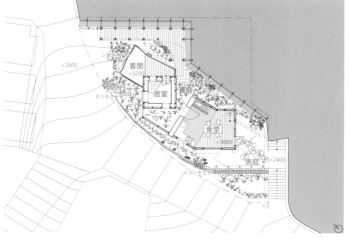

+2600
客室
+3200
居室
キンモクセイ　裏庭
食堂
+3000
表庭　+2400
イロハモミジ
±0

1階平面図

提案：断面図

人間が生活する空間だけではなく、多様な視点を考慮する。
一つの建築単体で考えるのでなく、広く循環を促す一歩として計画を行うことで建築と自然が一体的になり、暮らしが風景になる。
多様な他者を引き込む、生き生きとした、力強い建築になっていく。

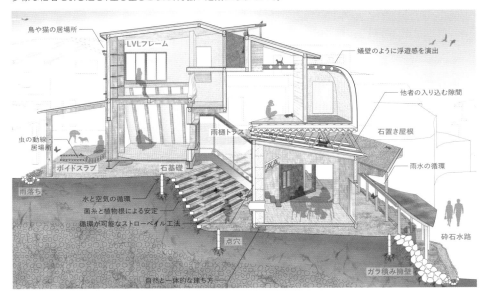

鳥や猫の居場所
LVLフレーム
蟻壁のように浮遊感を演出
他者の入り込む隙間
石置き屋根
雨水の循環
虫の動線・居場所
雨樋トラス
ボイドスラブ
石基礎
雨落ち
水と空気の循環
菌糸と植物根による安定
循環が可能なストローベイル工法
点穴
砕石水路
自然と一体的な建ち方
ガラ積み擁壁

出展者コメント ── トウキョウ建築コレクションを終えて

Q このテーマを選んだ理由
学生最後、社会へ出る前に、今一度「建築とはどうあるべきなのか、建築の可能性」を自分のなかで考えておきたかったから。

Q 設計を通じて社会に向けて発信したいメッセージ
気合い。

Q 修士設計を通して得たこと
目に見えないもの、根本から改善しなければ、何も変わらないということ。日常に転がる小さな気づき、喜びを見つけることによる暮らしの豊かさ。設計だけで終わらないことの大切さ。

Q 修士修了後の進路と10年後の展望
現在は地元の工務店に勤務していますが、友人とともに独立し、設計だけではなく、すべての段階で建築に関われるようになることを目指しています。

設計展

開拓される鉄道土木

民芸的工法に基づく「関わりしろ」をもつ
廃線跡地の建築提案

嶋谷勇希
Shimatani Yuki

神奈川大学大学院
工学研究科 建築学専攻
六角美瑠研究室

日本の地方鉄道は過疎化や交通の発達により利用者が減少しており、廃線跡地は今後増加すると考えられる。地域に印象深く残る鉄道の跡地を、まちづくりにおける余白として捉え、積極的に利活用する方法を考える。対象地域はまちの中心部に鉄道土木が放置されている北海道置戸町。民家の調査から、地域の人々がまちの風景に意識をもつための仮説として素材と工法に着目する。対象とする置戸町で一般の人も利用可能な素材や工法を調べる

ために、対象地域の民芸的建築にある「建築的振る舞い」を抽出し、このまちの住民ができる建築行為として捉える。また、その行為を調整するために、廃線前の鉄道がもつ車窓風景に軸線を引き、風景の見え方を設計に応用する。住民の建築行為の受け皿となる「関わりしろ」とそれを支える鉄骨フレームによる構成によって、まちの中心に取り残された廃線跡地は、再び住民がまちの風景に関心をもつための鉄道土木として開拓される。

地方鉄道の現状と廃線跡地の利用状況

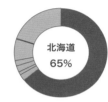

北海道
65%

各地方における廃線の総延長距離

番号	地方	総延長距離
1	北海道	1634km
2	東北地方	62km
3	関東地方	27km
4	中部地方	52km
5	近畿地方	56km
6	中国地方	191km
7	四国地方	12km
8	九州地方	502km

その他

58%

空き地　　　　　　　道路として利用

廃線跡地の利用状況

□ 2000〜人 / 日以上
■ 1000〜2000 人 / 日以上
■ 500〜1000 人 / 日以上
■ 〜500 人 / 日以上

東日本地域における鉄道利用者の状況。廃線となる鉄道はこれから増加すると考えられる。

まちの中心に取り残される鉄道土木

かつての地域性をもつ民家の例

1, 土間の天窓
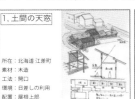
所在：北海道 江差町
素材：木造
工法：開口
環境：日差しの利用
配置：屋根上部

2, 防雪の茅壁

所在：長野県 秋山郷
素材：茅
工法：茅葺き屋根
環境：冬の寒さ
配置：家屋の外周面

3, 合掌造り
所在：富山市 白川郷
素材：茅葺き
工法：合掌という構造
環境：雪への対応
配置：屋根面

4, 中門造り

所在：新潟県 柏崎市
素材：茅葺き
工法：追加の構造
環境：落雪への対応
配置：玄関部

5, 歩きやすいコミセ

所在：青森県 黒石市
素材：木造
工法：軸組工法
環境：雪への対応
配置：家屋と道路の間

6, 水切り瓦

所在：高知県 吉良川町
素材：土佐漆喰、瓦
工法：職人による施工
環境：雨
配置：家屋の外周

7, 黒板張り
所在：三重県 伊勢市
素材：黒板
　　　（板に特殊な塗料）
工法：壁面への板張り
環境：雨
配置：全ての壁面

8, 坪庭と続き間

所在：三重県 亀山市
素材：---
工法：---
環境：狭小敷地への対応
配置：接道部から部屋
　　　と坪庭

9, くど造り

所在：佐賀県 嬉野市
素材：茅葺き
工法：通常の茅葺き
環境：台風
配置：屋根部

10, イグネとキヅマ

所在：岩手県 花巻市
素材：杉や栗などの樹種
工法：植樹
環境：冬の季節風
配置：屋敷の北西側

11, サンゴの石垣

所在：沖縄県 石垣島
素材：近隣のサンゴ石
工法：サンゴ石と
　　　こま石の積み上げ
環境：強風への対応
配置：家屋を囲うように

12, 能登の竹垣

所在：石川県 能登地域
素材：近隣で取れた
　　　苦竹、真竹
工法：たこ糸のよる結束
環境：風雪への対応
配置：家屋の海側

民家のスケッチから住民がまちの風景に関わるあり方の仮説を立てる。

民家がもつまちづくりとの関係性

A 素材
地域で取れた素材
茅葺き　▶　ガルバリウム鋼板

B 主体
職人　住民
骨格　建具、外構等
両者とも近隣に住む人々

C 工法
釘打ち　石の積み上げ
立てかけ　結び

D 計画

平面計画　断面計画
基本的な形式に対して、付随させるように計画がなされた。

E 環境
	環境要因	脚色の仕方
3	積雪への対応	合掌と茅葺き
4	落雪への対応	L字型の平面構成
5	冬の積雪への対応	家の前のピロティ
6	降雨への対応	瓦屋根を持つ壁面
7	降雨への対応	特殊な塗料の板張り
8	風の利活用	配置計画

F 生活との結びつき
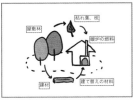
屋敷林　枯れ葉、枝
囲炉の燃料
建材　建て替えの材料

このうちの工法と素材に関して重点的に調査を行う。

置戸町において抽出された建築的振る舞い（一部抜粋）

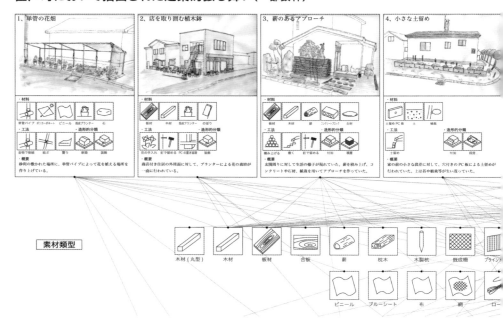

「関わりしろ」とそれを支える8つの「開拓工法」

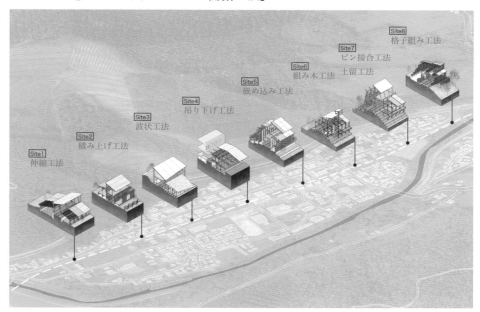

約2kmの廃線跡地に対して8つの工法を編み出し、住民主体のまちづくりとして開拓を行う。

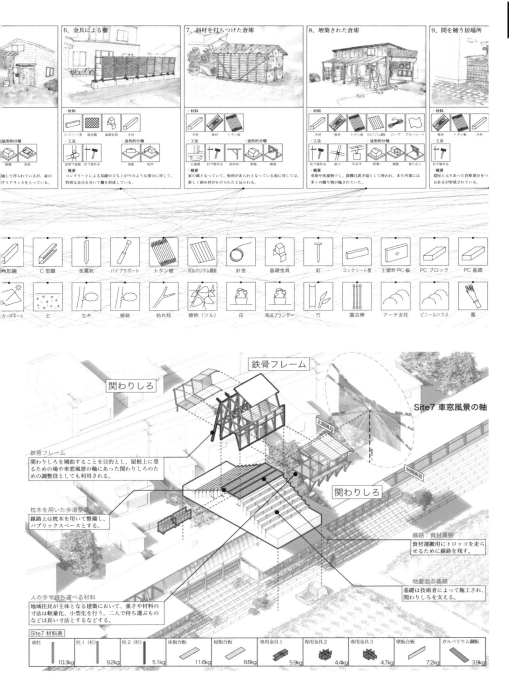

6、金具による棚

・材料
コンクリート壁　既成棚　基礎金具　木材
・工法
金物で固締める　金具　木で組む
・造形的分類
新築　既設

通して作られているが、家の
クリアランスをとっている。

7、斜材を打ちつけた倉庫

・材料
木材　板材　トタン板
・工法
石基礎　釘で締める　斜め材
・造形的分類

・概要
家の骨となっていて、板材があらわとなっている面に対しては、
新しい斜め材かけられたと見られる。

8、増築された倉庫

・材料
木材　板材　トタン板 ガルバリウム鋼板　ロープ　ブルーシート
・工法
釘打ち　釘で締める　吊るす　新築　既設　張り出し
・造形的分類

・概要
車輪の洗濯物干し、農機具置き場として使われ、また内部には
多くの飾り物が置かれていた。

9、間を補う居場所

・材料
板材　トタン板　木材
・工法
石基礎　釘で締める
・造形的分類

・概要
塀枠とヒサシの倉庫部分をつ
はみ出る貯が形成されている。

角形鋼　C型鋼　金属杭　パイプサポート　トタン板　ガルバリウム鋼板　針金　基礎金具　釘　コンクリート壁　土留めPC板　PCブロック　PC基礎

カーボネート　土　生木　植栽　枯れ枝　植物（ツル）　花　既成プランター　竹　園芸棒　アーチ支柱　ビニールハウス　藁

鉄骨フレーム

関わりしろ

Site7 車窓風景の軸

鉄骨フレーム
関わりしろを補助することを目的とし、屋根上に登
るための場や車窓風景の軸にあった関わりしろのた
めの調整役としても利用される。

枕木を用いた歩道整備
線路上には枕木を用いて整備し、
パブリックスペースとする。

関わりしろ

線路：資材運搬
資材運搬用にトロッコを走ら
せるために線路を残す。

人の手で持ち運べる材料
地域住民が主体となる建築において、重さや材料の
寸法は軽量化、小型化を行う。二人で持ち運ぶもの
などは長い寸法とするなどする。

地盤面の基礎
基礎は技術者によって施工され、
関わりしろを支える。

Site7 材料表

束柱	柱1（杉）	柱2（杉）	床板合板	屋根合板	専用金具1	専用金具2	専用金具3	壁板合板	ガルバリウム鋼板
10.3kg	9.2kg	5.1kg	11.6kg	8.6kg	5.9kg	4.4kg	4.7kg	7.2kg	3.9kg

各建築物は、住民の建築行為の受け皿となる「関わりしろ」と、それを支える鉄骨フレームによる構成とする。

開拓工法の例（Site1「大屋根をもつ製材所」）

アクソメ図

伸縮工法によって、架構は取り付けたのち、
木材によって留めることで緊結される。

木材留め

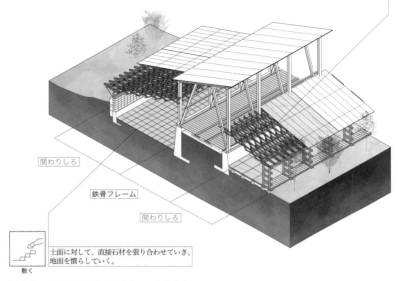

関わりしろ

鉄骨フレーム

関わりしろ

土面に対して、直接石材を張り合わせていき、
地面を慣らしていく。

敷く

既存の盛土などの高低差も活用し、「関わりしろ」を形成する。

材料表

屋根梁1（杉）	屋根梁2（杉）	屋根梁3（杉）	蛇籠	コンクリートブロック	屋根梁4
1.4kg	1.0kg	1.0kg	5.2kg	3.4kg	1.0kg

屋根梁5（杉）	屋根梁6（杉）	角柱（杉）	組み梁	床板合板	床板合板2
0.57kg	1.1kg	7.5kg	3.1kg	10.8kg	1.7kg

一般住民が自力で持ち運びが可能な大きさ、重さで構成される。

開拓工法

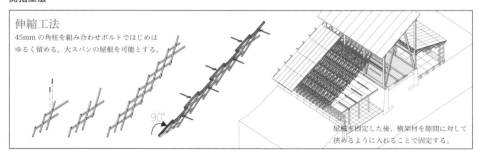

伸縮工法
45mmの角柱を組み合わせボルトではじめは
ゆるく留める。大スパンの屋根を可能とする。

90°

屋根を固定した後、横架材を隙間に対して
挟めるように入れることで固定する。

住民が持ち運び可能な大きさの材料や施工方法を組み合わせて建築を形成する。

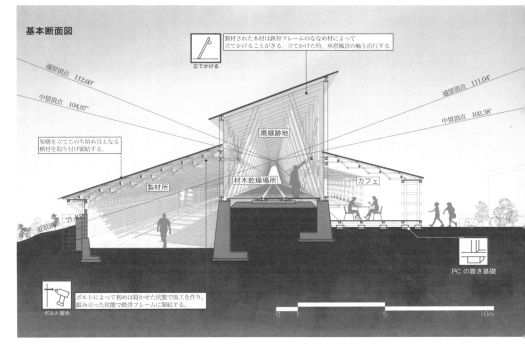

基本断面図

製材された木材は鉄骨フレームのななめ材によって立てかけることができる。立てかけた時、車窓風景の軸と直行する

立てかける

遠景頂点 112.60°

中景頂点 104.97°

遠景頂点 111.04°

中景頂点 102.38°

架構を立てたのち留め具となる横材を取り付け緊結する。

廃線跡地

製材所

材木乾燥場所

カフェ

近景頂点

PC の置き基礎

ボルトによって初めは寝かせた状態で加工を作り、組み立った状態で鉄骨フレームに緊結する。

ボルト留め

0 1 5 10m

車窓風景の軸を踏まえて建築を構成することによって、かつての鉄道の記憶とつながる体験を内包する。

出展者コメント —— トウキョウ建築コレクションを終えて

Q このテーマを選んだ理由

修士設計という機会を活かして、私の故郷である北海道置戸町に貢献したいという思いで場所を選びました。ここは廃線跡地がまちの中心を縦断しており、これを活かしてまちの風景や人々の活気とともにある地域性をもった建築に興味があり、このテーマを選びました。

Q 修士設計を通して得たこと

地域とともに存在する建築について少しでもその方法や視点を得ることができました。また、先生方から意見をもらったり、他の方の作品を見ることを通して自分の未熟な点とそれを補うための活力を得られました。

Q 設計を通じて社会に向けて発信したいメッセージ

完成して終わりではなく、完成したのちも人々に使われ愛され続けることがこれからの公共建築としてふさわしく、設計者はそのために人々や地域を見続ける必要があると感じました。

Q 修士修了後の進路と10年後の展望

未定です。がむしゃらにでも目の前のことを精一杯やり続け、日本の建築文化に少しでも貢献できる人間でありたいです。願わくば、故郷の北海道置戸町の過疎化を止めたいです。

地方都市の時間世界

西本昌平　信州大学大学院　総合理工学研究科
Nishimoto Shohei　工学専攻　羽藤広輔研究室

山里の暮らしには人間以外の事物（以下、他者）との連関がある。その連関には1年周期の循環があり、柳田國男はそこに祈りの感覚を見い出した。また内山節は近代以降の暮らしとの対比から、他者との連関と時間の流れ方に［時間世界］の概念を見い出した。この2つの視点を地方都市の住宅に適用することは可能だろうか。

　研究は、調査、観察、試行、提案からなる。

調査では、農家の暮らしから他者の時間世界と、それを支える建築の部分を採集した。観察では、提案の対象地で1年間を通した参与観察を行い、スケッチを用いて対象地域の時間世界を整理した。試行では、時間世界を支える建築のプロトタイプを考案した。最終的に、対象地域の時間世界を循環モデルに近づけ、それを支える建築を提案した。

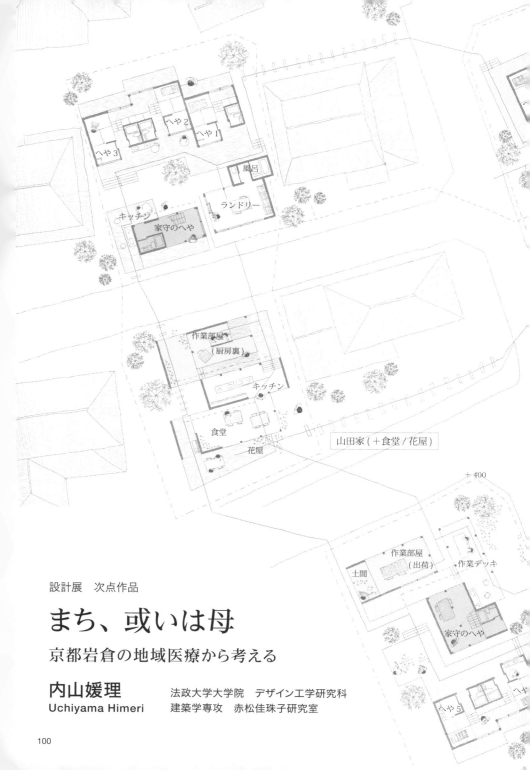

へや2

へや1

へや3

風呂

ランドリー

キッチン

家守のへや

作業部屋
（厨房裏）

キッチン

食堂

花屋

山田家（＋食堂／花屋）

＋400

作業部屋
（出荷）

作業デッキ

土間

家守のへや

へや5

設計展　次点作品

まち、或いは母

京都岩倉の地域医療から考える

内山媛理
Uchiyama Himeri

法政大学大学院　デザイン工学研究科
建築学専攻　赤松佳珠子研究室

日々増加しているうつ病患者。彼らの姿は決して他人事ではない。ケアをする、されるという立場を取らず、私たちがともに生きるという方法はないのだろうか。 そんな時に出会ったのが、京都の岩倉という村だった。かつて精神病患者を民家で預かって生活をともにする、場所に根付いた治療が行われていた岩倉を調査し、現代の地域看護を考える。設計敷地は東京との境に位置する千葉県市川市中山。精神病治療に由縁がある法華経寺と中山病院に沿うように現れた住宅群に「へや―いえ―まち」の３つのスケールで設計を行っていく。「プログラム／円環としての平面」と「地形としての断面」操作を行いながら、母なる場所を紡いでいく。

髙木家（＋アトリエ/製作所）

作業部屋
（アトリエ）

±0

畑

花き畑

作業デッキ

ランドリー

風呂

へや2

土間

±0

作業部屋
（花き畑）

へや1

家守のへや

作業デッキ

花き畑

へや1

へや2

へや3

へや4

風呂

ランドリー

作業テラス

へや1

へや3

へや2

石井家（＋花き畑）

佐々木家（＋出荷作業）

設計展　次点作品

シン・ケンチク

藤井雪乃
Fujii Yukino

東京藝術大学大学院　美術研究科
建築専攻　青木淳研究室

そうするしかないですね。

これまで建築とは一般的に、ある目的を達成するための手段として、あるいは何らかの課題に対する回答の成否を問うものとして語られる傾向にあった。しかし私はそうではなく、その建物が実現する過程で起きるさまざまな出来事、それを契機とする物的変化を含んだ総体を建築と捉えるべきではないかと考える。それを、仮にここでは「シン・ケンチク」と呼ぶことにする。

本提案では、ある夫婦の住宅が建設される過程で起きる出来事とその物理的空間を示す。当初計画された空間が、その周囲で起こる出来事に応じて変更され、一度の設計では起こり得ない状況が発生する。その繰り返しによって複雑な形が形成され、同時にそこに新たに出来事が発生し続ける。

設計展　次点作品

正しい図面の壊し方

酒井弘靖
Sakai Hiroyasu

芝浦工業大学大学院　理工学研究科
建築学専攻　山代悟研究室

情報技術の発展により製図用紙は JPG や PDF に置き換わったが、デジタルによるドローイングは何か大切なものを失ってしまったようにも感じる。そして、本来「紙とペン」への理解度と同じくらいであるべきな、これらデジタル媒体への理解度は非常に乏しく感じる。そこで、建築における製図媒体に注目し、デジタルによる新たな建築の他者性の発見を目的として提案を試みた。デジタル

データの不具合という形而上学的な概念が、そのまま線となり、建築となる。そしてその形状が参照しているものはディスプレイの向こう側の世界の条理、つまりデジタルデータのマチエールに他ならない。我々の世界の理ではカンバスの表面でインクが滲み凹凸が描かれるように、離散的な世界の条理は建築が遭遇するまったく新しい他者性になりうる。

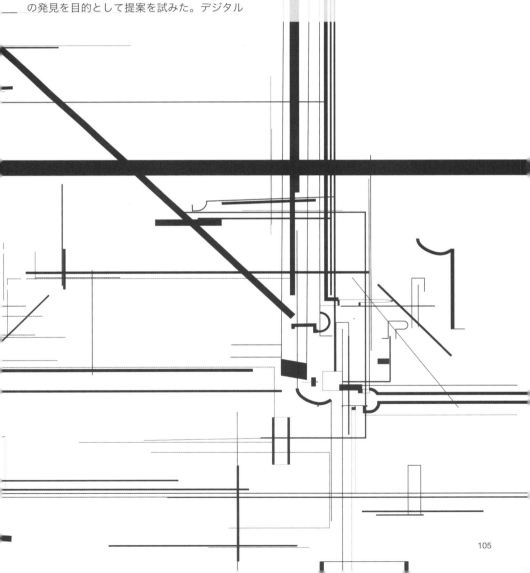

設計展 次点作品

生きた痕跡を残す都市

西成 中動的集団のための建築

坂田雄志
Sakata Katsuyuki

横浜国立大学大学院　都市イノベーション学府
建築都市文化専攻　Y-GSA

身一つで生きていけるまち、大阪・西成の人々
の暮らしは、同じ境遇をともにすることで連帯
意識をもつ特殊な共同体と多層的なセーフティ
ネットによって支えられている。しかし、日雇い
労働者のおっちゃんたちや流入した人々は狭く、
暗く、不衛生な環境のなかで暮らし、血縁・
地縁から離れ、そして、何も残さず一人で亡く
なっていくという現実があった。リサーチを通

して見つけたゲストハウス・カフェ「ココルーム」
からの学び（ものの蓄積・複合用途）を都市
計画へと応用し、西成の特殊な共同体を支え
るインフラのような建築を考える。近代都市の
欠陥として現れたスラムを基点に、先人の記憶
と生きた証が残っていくようなこれからの都市
のあり方と、建築に何が可能かを考え続けたい。

全国修士設計展
巡回審査

審査員：
藤本壮介（審査員長）／畝森泰行／末光弘和／
伏見唯／古澤大輔

「tuuuuube」

（三原陽莉、p.54）

藤本：7人暮らしの集合住宅ということですが、半ば非定住的な住み方を想定しているわけですよね。個人の所有物はどう管理するのですか。

三原：棚の近くに自分の持ち物を置くと、周りがその人の領域として認識されていく感じです。それも自分の居場所をつくるきっかけになり得ると考えています。

藤本：発想も模型のパワフルさも評価しているけど、気になる点もあります。たとえばそれぞれのエレメントを大きくする操作をしていますが、机を大きくした瞬間、それは机のような形をした単なる床になっている感じがして、ジレンマに陥っているように見える。一方でこの棚のように、大きくしている

のにあくまでも棚のスケールを維持している部分もあって、これがまた不思議なんだけどね。

三原：引いて見たときには確かにそのように感じるかもしれないのですが、実際は奥の方に椅子が置いてあり、普通に住人が机として使えるようになっています。つまり、遠目から見たときの印象と実際にこの建築に滞在したときの体験との間にギャップが生じることを強調するように設計をしました。こうすることで、各々の場所が複数の目的をもち、独立した状態がつくれると考えました。

古澤：ものの変形、複製、拡大によって読み替えながら機能を事後的に発見していく方法はとても面白い。この建築に集まって住むことにどのような可能性があるのでしょうか。

三原：以前から「家とは何か」ということがテーマとしてありました。単に自分の好きなものだけを

集めた空間が一番幸せな家かというとそうではなく、他人と干渉し合いたいけれども知られすぎたくないという、絶妙な距離感の関係性をもつ家が豊かなのではないかと考えていました。そのようなあり方を集合住宅で実現した場合、どうなるのかという実験として挑戦したのが今回の修士設計です。なので単に集まって住むための家ではなく、まちのサイクルも含めた周囲との関わり方も考えた計画になっています。

末光：まちのサイクルとは具体的に何を指しますか。

三原：たとえば敷地のそばの目黒川沿いの桜並木には、春になると観光客が訪れるため、そのタイミングに合わせて店舗を開いて人が集まるようにするなど、四季のサイクルによる周辺環境の変化を意識した設計になっています。

末光：大きな家と小さなまちというコンセプトは好ましいと僕も思うのだけど、一方でこの模型表現だと敷地の中だけに収まっているように見えて、建築と周辺の関係に隔たりを感じます。桜が重要だということであれば、周囲もカラフルにしても良さそうなところですが、なぜこの模型では敷地内の建築のみに表現をとどめたのでしょうか。そこに自分なりの思想が表れているとも思ったのですが。

三原：敷地の外に溢れていく予感がする模型にしたいと考え、外部の表現はあえて白色のままにしました。細かい部分では、テーブルを外側に寄せるように置くことで、外の桜の木と競っているような感覚を表しているところもあります。

古澤：末光さんの指摘した違和感は僕も覚えました。考え方としては生き生きとした部分の集まりが全体性を凌駕していく提案だと思ったのだけど、実際にできたものは螺旋階段や屋上のオブジェクトなど、どこかテーマパーク的にパッケージ化されているというか、強烈な全体性をもつものになっているように見えます。

藤本：螺旋階段は設計の最初の段階からあったのか、それとも試行錯誤するなかで、これがないと断片だけのカオティックな空間になると考えて用意したのか。どちらでしょうか。

三原：スタディの最初の段階からありました。敷地と内部空間の高低差もこの螺旋階段から決め、その周りにものが取りついていくように設計を進めていきました。

藤本：住み手以外の人もこの建築の中に入れるように設計されているけど、その行為の動機づけまで設定しているのかがよくわかりません。周囲の人々の関わり方についてどのように考えていますか。

三原：棚の部分がショップとなったり、キッチンカーが入ってきたりするなど期間限定で使い方を変えることで、周辺の人が入ってくる機会をつくっています。そのような周囲との関係性がどんどん広がっていく可能性が感じられる空間にしたかったという気持ちがありました。

畝森：部分の集まり方について、何かルールを定めていますか。

三原：敷地面積や容積率をクリアしたり、周囲の道路が歩行者と自動車のどちらがメインに通るのかを踏まえたり、敷地条件が配置のルールの一つになっています。

畝森：そのような周りとの関係をきちんとプレゼンした方が良いですね。より共感しやすくなる。

伏見：これは一種のビッグ・ファニチャーをつくる提案だと見たのですが、ここまで極端ではないものの、似たことを他の建築家がすでに試みていますよね。そうした先例に対してこの設計はどのような違いがあり、どこに新しさを感じていますか。

三原：一言でファニチャーといっても各々のもとのスケールはばらばらで、ペンダントライトのように手に取れる小さなサイズだったものもあれば、螺旋階段のように建築的な大きさのものもあります。それらを一度すべて同じ階層に据えて設計を始めた点に提案としての新しさがあります。

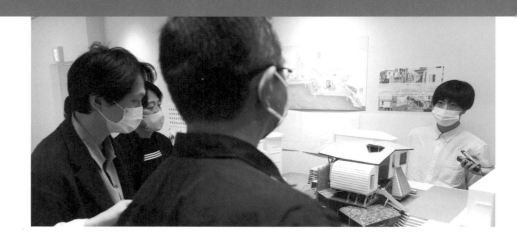

「人間のためでもある建築」

(谷本優斗、p.82)

末光：設計のプロセスについて聞きたいのだけど、人間のための家を用意した後、それを崩していくようにして設計を進めたのでしょうか。

谷本：まず部分について考え、形を決めすぎないようにしつつ、組み方や隣り合うものとの関係を踏まえて全体をつくっていったという流れです。

末光：この屋根は先ほどの三原さんの集合住宅の螺旋階段と同じように大きな要素となっていますが、本当に必要だったのかな。

谷本：それがないと単にばらばらしているだけになるかなと思いました。

古澤：部分からアプローチしつつも全体性がほしくなってしまうという点も三原さんの案と似ています。全体と部分のどちらが良いのかを問いたいわけではなくて、作者がどのような方法でそれらをまとめたのかがもう少し知りたい。

伏見：この種の計画案の場合、部分の組み合わせとしての全体をどうするかが普遍的な議論として俎上に載せられがちですが、そのときの前提として部分の精度が高くなければいけないと思います。野生動物や植物のためにどれだけ部分が練られているのか、その設計精度について教えてもらえますか。

谷本：パーゴラは束の柱と挟み梁に植物が絡みやすくなるように構成し、虫がやってきて受粉を助けるという関係性を促しています。それからファサードへの雨や砂による汚れを肯定的に捉えたデザインにすることで、経年とともに建築の表情が変わるようにしました。

末光：考え方は現代的ですが、人間社会に向けてどのような説明可能性があり得るのか気になります。たとえば、利益追求を優先するディベロッパーに対しては、どのようにこの提案を説明するのが有効だと思いますか。

谷本：自分としては、性能の良さよりも建築の力強さが伝わるものをつくりたいと考えていました。

古澤：人間社会が教条的になりつつある現在だからこそ、この提案がもつ合理性への批判意識はとてもよくわかります。ただし、今おっしゃった建築のパワーが大事だという意識が、かえって合理的な着地の仕方を導いてしまったようにも見える。この手法なら本来、周囲にどんどん侵食していくこともあり得るわけだけど、なぜそうしなかったのでしょうか。

谷本：最初は地中なども含めて装置を散りばめることも検討したのですが、一歩目の試みとして、まずは特定の敷地を想定した建築計画となりました。

畝森：新しい生態系をつくる提案だと僕は理解した

のだけど、結果的には人間が住むことまでで意識が止まっているので、もう少し目指すべきヴィジョンを提示してほしかったです。

伏見：スケッチには自然とともにあるいい感じの暮らしが描かれているけど、実際の野生動物との共生には過酷なところもあり、たとえばフンの処理をどうするかといった問題も出てきますよね。そうした抵抗感がある側面を受け入れられるものにするには、生態系の内容をもっと具体化しないといけないはずです。

谷本：生態系のイメージとしては、竣工の時点で包括的な状態を獲得しているというより、時間の経過とともに動植物との関係が蓄積されていくあり方を考えていました。今回の模型もその途中経過の状態で、ここから生態系がどんどん変化していくことを想定しています。

古澤：動植物だけでなく、建築自体も変わるということですか。

谷本：人間が住まなくなった後であれば、公園のようにもっと開かれていくこともあり得ます。

藤本：根本の問題意識には共感するけど、建築としてまとまりすぎたという印象です。動植物が入り込むという提案なのだから、一見すると住むための場所には見えないけど、覗いてみると意外と住みたくなるような建築もあり得たのではないでしょうか。

「ナンドとコヤ」

（高田勇哉、p.64）

古澤：建物の輪郭が分解されて溶けていくという考え方がユニークだと思いました。作者として、そのことにどのような可能性を見出していますか。

高田：可動建具のスケールがかなり大きいので、建具が動くだけで風景ががらりと変わるようになっています。建物が高密に建ち並ぶ東京的な風景とは異なり、人々の活動が間接的ながらも確かに感じられる効果が期待できると考えています。

古澤：断片から全体を構築する点では先ほどの三原さんと谷本さんと同様のアプローチですが、この提案では歴史的な観点が加えられているのも特徴です。歴史の流れのなかで、輪郭が溶けていくことの意義をどのように位置づけていますか。

高田：人の活動が建築の形に直接関係する試みという点では、セドリック・プライスの「ファン・パレス計画」（1961）の延長線上にあると考えています。

伏見：ナンドという呼び方にはどのような意図が込められているのでしょうか。

高田：民家の納戸に由来しています。納戸では古くから出産や生死に関する、第三者には見せたくない活動が行われてきたことを踏まえ、プライベートな部分は機能として固定し、それ以外を開いていく

ようにして居場所をつくっていきました。

藤本：断片からつくる点では前の2作品と共通しているけど、ナンドとコヤという言葉を見つけたことで、奇跡的な収まり方をしたなという印象です。普通、そのように言語化した瞬間に断片性は消えてしまいがちですが、ものとして見たときにはきちんと断片として感じられるものになっています。とはいえ、これもきれいに着地しすぎかなと思わなくもないのですが。

古澤：その印象は模型の素材表現のせいかもしれませんね。平面図だと十字型の図式性が強い建築に見えるけど、立体だとその図式性が分解されている。こういう作品はあまり見たことがないです。

藤本：隙間の空け方も絶妙で、相当の検討をした結果としてこの形に辿り着いたように見えます。

古澤：梁をダブルにした構造体はどのタイミングで出てきたのでしょうか。

高田：最初はラーメン構造で組んでいたのですが、端部に柱を落とさないようにするために梁をダブルにしました。これは構造に従属させず、建具を勝たせるために採用したものでもあります。梁の間に建具を通すことで、構造ではなく建具が居場所をつくる状態を目指しました。

畝森：写真を用いた分析が途中でうまくいかずに諦めたという旨が説明文に記されていて、そのような

試行錯誤のストーリー性も興味深かったです。

高田：スマートフォンで撮影した写真群からグラフィックや図を抽出して立体化し、自分の体験を建築化することを試みていたのですが、写真にはスケールがないことにとても苦戦しました。この分析は最終的に、空間内での視点の取り方の参考になりました。たとえば手前の建具と奥に続く空間の関係性など、体験者の視点に基づく知覚の仕方に少し反映できたかなと思っています。

「繕うことと建築」

（宮西夏里武、p.24）

末光：リサーチに蓄積を感じますが、活動自体はいつから取り組んでいたのですか。

宮西：学部生だった2019年の頃からです。ボランティアで被災地に行ったのがきっかけで、卒業設計も同じ敷地でやったのですが、そのときは自分の考え方と被災者の思いに落差があるのではないかという葛藤を感じました。そこで今回は、住人自身が実際に修繕できる範囲を見極めたいと考えて7世帯を紹介してもらい、インタビューの記録と修繕のスケッチを一冊の図鑑にまとめました。各世帯でどのように修繕しているのかをお互いが知らない状態だったので、僕が媒介者となるかたちで世帯間の

理解を深めていきました。

藤本：リサーチでは修繕の話がメインですが、最終的な提案としてあなた自身が住宅をつくっていますよね。修繕と制作の間にジャンプがあるように見える。両者のつながりについて説明してほしいです。

宮西：柱、梁、基礎は設計者が用意し、壁や床の内装の継ぎはぎや家具の配置は施主がセルフビルドでやるというのが大枠の想定ですが、細部のデザインは聞き取りからはなかなか出てこないので、施主のモチベーションを上げる意図もあり、こちらで模型をつくり、スケッチを集め、古材の売り場や写真を展示するギャラリーをつくるなどのデザインの可能性を提案しました。半屋外のスペースも設けているのですが、建具や古材を地域から集めることで段階的に内部空間をつくる計画になっています。

畝森：自主施工とプロの仕事をミックスしながらつくるとはいえ、自主施工でできる範囲はそれほど大きくならないのではないかという点が気になりました。とくに新築の部分については、規模の設定をどのように決めたのでしょうか。

宮西：施主だけでなく集落のみんなでつくることを想定しているため、少し広めの範囲を設定しました。インタビューを進めていくうちに、修繕のことをもっと広く周知したいとか、材料を貯蔵する場所がほしいといった要望も出たので、地域のNPO法人にも話をもちかけています。

古澤：修繕の評価のなかにデザイン性を挙げているけど、ご自身の審美眼としてはどのようなものが良いデザインに該当するのでしょうか。

宮西：その場所にある、限られた材料と人員でつくっているかどうかを重視しました。

古澤：専門性を否定してるということでしょうか。

宮西：そうかもしれないのですが、僕としてはそれが「生きる」ということだと考えています。

古澤：リサーチもドキュメンタリー力も魅力的ですが、あえて批判的なコメントをすると、時代に適合しすぎではないかという気もします。たとえば

ドローンによる空輸で材料を調達する未来がすぐそこまで来ているので、将来的にはあり合わせの材料だけではない建築のつくり方もあり得てくるはずです。

宮西：個人によって自主施工可能な範囲が変わってくる側面は確かに考えるべきだと思います。各人の修繕のポテンシャルを正確に見極め、設計者が寄り添うように提案することを大事にしたいです。

古澤：畝森さんからも指摘がありましたが、新築の場合は設計者と自主施工の役割分担が割と明確になってしまいそうです。良い意味で曖昧な関係性をつくることはできそうでしょうか。

宮西：その曖昧さに関する要望はインタビュー時にもよく出てきました。構造の場合、柱の部材を買って敷地まで運ぶまでは施主の方で行い、実際に立ち上げるところは専門家に頼るといったかたちでバランスをとっていけたらと考えています。

畝森：専門家かどうかという立場の違いではなく、個人にとってできることは何かという水準で建築行為自体を考えるということですね。その着眼点はとてもすばらしいと思います。

「落語的建築」
（安達慶祐、p.44）

安達：この提案は、1章の「付き馬」から順に、2章の「花見小僧」、3章の「刀屋」と巡り、最後に「死神」があるという展示計画になっています。

藤本：1章から順番に体験することを想定して設計しているのか、各章に個別にアクセスしても意味をもつものになっているのか。どちらですか。

安達：ストーリーは章ごとに完結しています。

藤本：観賞方法としては、個人が自由に建築の中を行き来できるのか、それともガイドツアーのように集団を率いていくスタイルですか。

安達：前者を想定しています。たとえば川沿いの道を歩いていた人が大きな屋根を見かけたことをきっかけに、「刀屋」でおせつと徳三郎が走った場所だと

いうことに気づいて愛着を抱くようになると良いな と思います。

古澤：フィクションと現実の転倒を試みた意欲作だ けど、建築や寄席として物質化する必要性について は少し疑問です。VRなどのデバイスでより正確に 物語性を伝えることもできるので。

安達：「刀屋」は落語とたまたまリンクした物語と なっていますが、計画全体としては過去をそのまま 追体験するためのガイドツアー的なものではなく、 落語を現代的に読み替えることで、個々人がそれぞ れ異なる物語を感じられるものを目指しました。

藤本：君自身も落語をやっているの？

安達：やってはいないのですが、日頃からよく聞い ていて、卒業設計も落語をテーマにしていました。

末光：プレゼンの最後で都市を奪還するためにこの 計画を考えたと言っていたのがとても印象的でした。 確かに現代の都市は基本的に経済原理に基づいてつ くられているところがあり、歴史性や物語性を基軸 に都市のことを考える点は共感できました。

伏見：物語を追体験させるのとはまた別に、身体性 を感じさせることが重要な提案です。空間内をぐる ぐると巡ったり、水平移動した後に垂直方向に上っ たりする動きを促していて、都市の中に身体性を埋 め込んだ設計がなされているように読めました。

安達：そのような、都市を見るきっかけをつくるこ

とを心掛けました。

伏見：落語の「落ち」を建築に埋め込むとはどういう ことか、もう少し詳しく知りたいです。

安達：落語家の桂枝雀が提唱した「緊張と緩和」理論 という、不安要素と安心要素を揺さぶることで笑い を起こす理論をこの提案では参照しています。 「刀屋」であれば、おせつと徳三郎が心中しようと木 場橋から身投げしたことが緊張に当たり、落下先の 筏に乗り上げることが緩和に該当します。この関係 を建築に翻案し、現在も木場橋が親水公園として 残っていることを示すことで、緊張を緩和する落ち として位置づけています。

畝森：物語を通じて都市を観察する方法としては確 かに面白いのですが、設計としてはつくりすぎたか なという印象を受けました。さりげない改修によって、 物語をほんの少しだけ思い起こさせるくらいでも良 かったのかもしれません。

藤本：落語の場合、物理的な距離を一瞬で転換できる というマジカルな側面があるけど、建築の場合はそ うしたフィジカルなものを相手にしなければならな いので、各章をつなぐ部分の工夫がもっと必要だと 思う。そこが欠けているから、体験を押しつけられ ているような感じを受ける。そうした押しつけから 切り離された多様さが都市のもつ魅力なので、その 辺りを掘り下げていくともっと面白くなったはず。

「『循環』に浮かぶ建築」

(山道里来、p.34)

藤本：図書館に行く感覚でごみを捨てる施設をつくるというヴィジョンは面白いけど、ごみ処理場が場所を専有しすぎじゃないでしょうか。ヒューマンスケールの公園的な場所も付随していることがこの提案の魅力なのだから、この施設にごみを捨てに来ることと公園で遊ぶことのバランスを考えたり、急斜面を有効活用したりなど、工夫がもっと必要な気がする。

山道：施設はできるだけ小さくしたかったのですが、機械設備を用意するという制約や、ごみ処理のための動線を考えてこのような建築になりました。

藤本：BIGの「コペンヒル」(2019)のようなごみ焼却場を別の機能と統合して観光の目的地にする例があるなかで、この案はごみを捨てに行く場所が分散しているため、複数を巡ることになる。楽しそうでもある一方、実現させることを考えると厳しそうなところもある。

山道：ごみを捨てる行為を目的化したというよりも、散歩などの日常的な行為の延長上にその行為を位置づける提案をしたつもりです。それゆえ、バスと収集車が一体化したモビリティもつくりました。従来の合理的な収集と処理のシステムに、ごみを捨てに

行く行為を新たに加えることで、人々の意識を少しでも変えたいと考えました。

末光：ごみを捨てに行くと何かが貰えたりするといったインセンティブがあると良いですね。それから焼却施設の規模は、燃やす際にとくにエネルギーのかかる生ごみの量で決まると思うのですが、その臭いの問題が生じるのが気になりました。

藤本：各家庭から出るごみの量って結構すごくて、僕の家は4人家族だけど、毎日最低1袋分くらいはごみが出ます。その量を各人が減らす努力も必要なわけですが、提案のリアリティとして、相当な量のごみが排出されていることを踏まえたうえでゲームのルールを変えてほしかったです。この提案だと、ポケットの中にあるゴミを捨てる行為を前提にすべてが設計されていて、ストーリーとしての土台が弱い。最近のマンションだと同じフロア内に捨てる場所が設けられているので、毎日この施設まで足を運ばせることの現実味もあまり感じません。その辺のリアリティについてどのように考えていますか。

山道：施設まで行く行為を強要しているわけではなく、だからこそモビリティも提案しています。

末光：ごみ収集車とバスが一体化したあの乗り物も、提案の根幹をなす存在としてかなり重要だということですね。

伏見：ごみに関する施設をつくるうえで、汚いもの

が集まっているという、一般的に抱かれがちなイメージを転換させる仕掛けは何か考えていますか。

山道：僕としては汚いものをブラックボックス化すること自体を疑問視していて、建築空間の力でごみをより身近なものとして捉えられないかと考えて修士設計に臨みました。

末光：先ほど指摘した臭いの問題は、たとえばコンポストなどで堆肥化すればある程度は解消されるかもしれないですね。そうした問題への対処を考えていくと、周辺のマンションのごみ捨て場やまちを走るモビリティなどのあり方を変える必要も生じることになるかもしれません。都市計画そのものをごみ処理の観点から捉え直すような壮大なヴィジョンにつながる提案になると思いました。

「隣寺」

（蓮溪芳仁、p.12）

蓮溪：（読経後、展示内容をプレゼンする）

末光：ご実家がお寺をやっているのですか。

蓮溪：はい。

伏見：ここが御本尊ですか。何も安置されていないけれども。

蓮溪：そうです。少しややこしいのですが、仏像や掛け軸を置いて方向性をつくるという寺院建築の定石的な手法に対して、これは建築家としての提案ということで、奥側に何もない「空」の状態をつくり、それを拝むかたちにしました。さらに窓を設けることで、場所ごとに夕日や滝などの圧倒的な風景を眺められるようにしています。

藤本：なるほど。すごく納得してしまった。

末光：極端なことを言うと、既存の寺院をすべて可動式にしてもお寺として成立すると思いますか。

蓮溪：いえ、寺院は現状のままであってほしいと思っています。今回の計画はお寺の進化型というよりも別の形態をつくったつもりで、寺院と協力しながら両者が新しい世界をつくり出すのが理想です。

末光：古くから仏教は地方を行脚して教えを広めてきたわけだけど、小さな建築を運んで歩きまわる事例はこれまでなかったのでしょうか。

蓮溪：托鉢のように僧侶自身が移動する事例は存在しますが、建築空間を動かすケースはありません。むしろ神社の神輿が類例に当たるかもしれませんが、神社の場合は鏡や山などの明確な対象が中心に据えられるのに対し、仏教の場合は仏像ではなく、形なき「教え」こそを最重要視している点に違いがあります。教えは人が伝えれば良いので、建築自体を移動させる必要がなく、事例がないのかもしれません。そのなかで寺院を移動させるとどういうことが起こるのかについて考えたのがこの提案というわけです。

古澤：この建築を背負って歩き、場を見つけてから展開するという話でしたが、その場所はどのように見つけるのでしょうか。どこでもいいというわけではないですよね。

蓮溪：最初はお寺の境内と外部との境目に置きました。お寺に人が来なくなった理由として、構えが大きすぎて入りづらいことや、人のスケールに即した居場所がないことがあると考え、それを補う役割を想定しました。ゆくゆくは公園のような場所でも展開できたら良いと考えています。

藤本：上部の柱は4本だったのが途中から3本になっているのは、歩く際に足が当たらないように中央の1本を尻尾のように出しているということですか。

蓮溪：そうです。不安定な土地でも立ちやすくする必要もあり4本足ではなく3本足にしました。

伏見：古くからお経を唱える活動が行われてきたなかで、この装置が必要だと考える理由は何ですか。

蓮溪：従来の仏教行事では特定の場所に僧侶が向かい、その空間のしつらえを組み替えるのが通例ですが、それは信仰心のある人物がいるからこそ成立するシステムです。対してこの建築は、たとえ僕がいなかったとしても、立ち寄った人々が休んだり会話

したりする居場所をつくれるものになっています。

古澤：ということは、リヤカーなどで運ぶだけでも成立しませんか。着れることのメリットはどこにあるのでしょう。

蓮溪：最終的には車輪がついたのですが、条件の幅が広くなってしまうため、車輪をつけることを前提に据えてはいませんでした。まず個人で持ち運べる最小のものについて研究しようと思い、重心をなるべく外に出さない形となり、結果的に着る建築ができました。先ほどの安達さんの「落語的建築」の身体性の話にもつながりますが、人の歩くスピードとともに空間が動くことに魅力を感じているので、建築を着て歩くことには意義があると考えています。

古澤：ちなみに重さはどのくらいありますか。

蓮溪：18kgほどです。正直重たいのですが、折り畳みやすさと軽さと丈夫さのバランスをぎりぎり保つようにした結果、このくらいの重量となりました。

「開拓される鉄道土木」

（嶋谷勇希、p.90）

嶋谷：敷地周辺から集めてきた36個の「民芸的建築」の風景をトレースし、「車窓風景」として遠景、中景、近景の3つに分けて調査しました。提案のコンセプト

の基本的な構成は、鉄骨フレームと「関わりしろ」から成り立っています。

藤本：レールの部分には何か用途がありますか。

嶋谷：住民が自力で組み立てる「関わりしろ」の部分の材料を運搬する足としてトロッコを使っています。他に農作物を運ぶためにも使います。

末光：これらの模型は実際は隣接しているわけではなく、離れた場所に点在しているわけだよね。

嶋谷：はい。模型では断面の部分のみ表しています。

古澤：各建物は何mほど離れているのでしょうか。

藤本：全体で2km分の距離があるから、約200mおきに点在している感じですね。そもそもこのフレームが鉄骨でできている意味がよくわからない。ハードな施工作業になりそうだしお金もかかる。ここは木造でやるのはだめだった？

嶋谷：最初の調査で、住民がすべてを自力で一からつくるのは難しいことがわかったので、鉄骨をメインの構造体としてつくった後で、そこに「関わりしろ」の部分を付随させていく方法を考えました。

藤本：でもスパンはそれほどの長さではないですよね。巨大な鉄骨構築物を持ち込んでいるのに、実際に使える場所は別のところにつくるというバランスがいまいちよくわからない。

嶋谷：一応、鉄骨フレームの中央部も住居として利用できるようにしてはいます。

末光：手法には可能性を感じましたが、もっと適切な敷地を選んでいればこれほど手広く見せる必要もなかったのではと思います。

嶋谷：このまちは自分の地元ということもあり、過疎化が進む状況を建築によって変えられないかと考えたのが最初の動機でした。

藤本：住民の手でつくれることが重要なのですよね。だとすると、住民がいかようにも関われますと言うだけでは不十分で、もう少し具体的に、状況が良くなるために何をどのようにつくるかまでを含めて提案したほうが理解されやすいものになるはず。たとえば既存施設との連動の仕方などは具体的にどのような感じになっていますか。

嶋谷：このまちは材木の産地として有名なので、森林協同組合と共同で製材所をつくるプログラムを入れました。

畝森：都会からディベロッパーが来て一方的に企画している感じになっているのが気になります。もっと、地元の人が本当に必要なものを一緒に考えていく提案もあり得たはず。

藤本：サウジアラビアの砂漠に100kmを超える直線状の建物をつくる「NEOM」プロジェクトがあるのですが、それと状況的には似ています。なので2kmの直線状の空き地にモビリティを走らせたり、短時間で移動できたりするようなポテンシャルの

ある場所だといえます。地元で粘り強く議論して、どこに寄り添うべきかをもっと具体的に捉えることができれば、過疎化が進む地方ならではの新しいモビリティと建物の関係性を前提としたマスタープランの提案にもなり得るんじゃないかな。

「不気味な建築の詩学」
（竹中 樹、p.74）

藤本：あまり不気味に見えないのが問題ですよね。

竹中：僕としては、ぱっと見では不気味に感じないものを意図してこれをつくりました。抽出した複数の要素を部材に掛け合わせ、数十年後のふとした瞬間に不気味さに気づくような建築を目指しました。

伏見：大元の枠組みについて問いたいのですが、不気味さを客観的数値から導こうとしているのか、それとも主観的なものだと割り切って自身の内面から抽出しようとしてるのか、どちらですか。

竹中：心理学者のフロイトやイェンチュの本に書かれている形式化された不気味なものと、僕個人の過去のトラウマに由来する固有性のある不気味さに違いがあることを踏まえ、両者を掛け合わせながら模型をつくっていきました。

藤本：そもそも論になるけど、不気味さを建築的に実現するとどのような利点があるのでしょうか。

竹中：最初はセンス・オブ・ワンダーの必要性について考えていて、自分の理解の範疇を越えているものを写真からピックアップし、その共通項として不気味さがキーワードとして出てきたという感じです。

古澤：要するに、均質化した社会に対する批判回路として不気味なものが必要だということだね。

畝森：宗教施設や体験型施設ではなく住宅を設計したのは、不気味なものに日々触れていてほしいということでしょうか。

竹中：日常のなかに不気味さを見い出したいとは確かに考えていたのですが、住んでいるときに常に不気味さを感じることはできないわけで、外に出た際に、この住宅が他の空間と違うことにふと気がつくような住宅を目指したつもりです。この階段も一段一段の高さを変えて設計しています。そうすることで、この住宅の生活に慣れた住人が上京などで引っ越した後、久しぶりに実家に帰ったときにこの階段に躓いてしまうような、ある種の不安を伴う体験が発生する空間をつくりました。

畝森：もう少し執着心をもって取り組んだ方が良かったかなという感想です。たとえば坂本一成さんの住宅は僕からするととても不気味に見えるんです。普通の2階建ての住戸にもかかわらず、思わぬところに窓があったり断面図が異様だったりと、圧倒的な執着の結果として不気味さが表出しているからです。

一方で君の住宅は不気味であることが目的化していて、本末転倒に見えます。

藤本：不気味なものを理路整然とつくろうとしていることも、その性質を解明したかのような説明も、大丈夫なのかなと困惑してしまいます。もうちょっと不気味という概念に真摯に向き合ってほしい。

古澤：やりとりを聞いていると、不気味という言葉がリテラルなものを想像させてしまいがちなのが良くないのかもしれないですね。竹中さんが参照しているフロイトの不気味というのは、ハイムリッヒ（＝親しみのあるもの）の反対語のウンハイムリッヒ（＝親しくないもの）なので、要は違和感を出したかったのだと思う。けれど先ほどの指摘のように、やや可視化しすぎなきらいがあります。

藤本：問題意識は谷本さんの「人間のためでもある建築」とリンクするところがあって、人間のためだけの理解可能な建築を疑問視していることは共感できなくもない。でも理解不可能な側面をすべて解明できているかのように説明されるのは納得がいかないですね。逆にとても健康的な住宅になっている印象さえあって、むしろ周辺模型の方が、同じように表現された普通の家が建ち並んでいて不気味に見えます。もしも君がこれからも不気味さとともに歩んでいこうと考えているのなら、その性質をもっと信じてあげてほしい。

全国修士設計展
公開審査会

審査員：
藤本壮介（審査員長）／畝森泰行／末光弘和／
伏見唯／古澤大輔（モデレーター）

修士設計にみる時代性

古澤：巡回審査を経て、得票結果（p.121）が出ていますが、意外と票が割れました。まずは各審査員から、票を入れた作品のどこに可能性を感じて評価したかについて順番に伺いたいと思います。

末光：大学で修士設計を見ているけど、今日の作品はどれもそれを超える熱量で、あれだけの展示物をつくる馬力も凄まじいため、その力の向かう先が何らかの出口につながっていてほしいなと思いました。なので荒削りだったとしても、社会に投げ掛ける力や未来に光を灯す可能性を感じる作品ということで、三原陽莉さんの「tuuuuube」（p.54）、山道里来さんの「『循環』に浮かぶ建築」（p.34）、蓮溪芳仁さんの「隣寺」（p.12）に票を入れました。僕らの普段の仕事や公共のプロポーザルで感じる問題と

問題意識が近く、ソリューションのヒントになる案もありました。

畝森：僕も社会の価値観を変えていくヴィジョンを評価したのですが、同時に個人の信念が感じられるものということで、高田勇哉さんの「ナンドとコヤ」（p.64）、宮西夏里武さんの「繕うことと建築」（p.24）、山道さんの3作品を選びました。個人の思いとこれからのヴィジョンとが地続きにつながっていきそうな点に、これらの提案から可能性を感じました。

藤本：票がばらけているのでこれからの質疑が楽しみです。全体的な傾向として、建物をすべてつくるのではなく、断片やもの単位で設計を考えるものが多かったですね。とくに三原さん、高田さん、宮西さんと、谷本優斗さんの「人間のためでもある建築」（p.82）、安達慶祐さんの「落語的建築」（p.44）に顕著で、嶋谷勇希さんの「開拓される鉄道土木」（p.90）

氏名	所属大学	作品タイトル	飯森	末光	伏見	藤本	古澤	計
三原陽莉	武蔵野美術大学大学院	tuuuuube			○	○		2
谷本優斗	神奈川大学大学院	人間のためでもある建築——Architecture not only for humans						
高田勇哉	東京工芸大学大学院	ナンドとコヤ——Box and Hut	○			○	○	3
宮西夏里武	信州大学大学院	繕うことと建築——令和元年東日本台風被災後の自主的な住居修繕プロセスを活用した地域拠点再生計画	○		○			2
安達慶祐	法政大学大学院	落語的建築			○			1
山道里来	東京理科大学大学院	「循環」に浮かぶ建築——ゆるやかに開かれたインフラ	○	○				2
蓮溪芳仁	東京藝術大学大学院	隣寺——僧侶と旅する歩く寺		○	○	○	○	4
嶋谷勇希	神奈川大学大学院	開拓される鉄道土木——民芸的工法に基づく「関わりしろ」をもつ廃線跡地の建築提案						
竹中樹	金沢工業大学大学院	不気味な建築の詩学					○	1

巡回審査を経た一次投票の結果

の地元の人がつくる計画も含め、機能主義とは異なる作用を介在させることで建築を変えていこうとする意識を感じました。また山道さんの作品も、9作品のなかでもっとも大規模な提案ですが、既存のプラントに比べるとだいぶ分節されていて、周辺環境に溶けていく点で他の提案と共通するところがある。それから先ほどは好き勝手なことを言ってしまいましたが、竹中樹さんの「不気味な建築の詩学」(p.74) の根底にある問題意識も、透明な合理性で建築がつくられることへの違和感を出発点とし、巨大で鈍重な建築をどんとつくるやり方ではなく、建築的な場を再構築する試みといえます。このことは蓮溪さんの作品にも当てはまり、建築が軽やかに動き出すという話にまでなっている。建築を着て歩くというアイディアは、先述の断片からつくるタイプの提案とは違ってトータリティをもつとはいえ、東大寺のような巨大構築物ではもち得ないものを模索しています。そういうわけで、奇しくも皆さんの興味の根っこはつながりがある。僕も他の審査員の方々も共感するところが多々あり、建築に対する時代性の表れなのだと思います。ただし修士設計としては、その出発点から各人がどこに踏み出し、何をつくったのかが問われます。なのでこの公開審査では、各々の立てた問いがどう建築に表れていて、その先にどのようなヴィジョンを投げ掛けているかが議論されていくはずです。そのなかで僕としては、リサーチやプロセスを凌駕するものとして存在感をもつ作品を評価し、僕は三原さん、高田さん、それから蓮溪さんの案に票を入れました。

古澤：総評的なコメント、ありがとうございます。ちなみに票を入れた三者に可能性を感じたポイントを共通するキーワードで言い表すことはできますか。

藤本：急に論理的ではなくなるのですが、ものが発するパワーのようなものをこの3作品からは感じました。人を共感させる驚きやパッションという建築の魅力は論理だけでは絶対に辿り着けない。勇気をもってそこに一歩踏み出していくことが建築家には必要だと思っているので、それが伝わってきたものを選びました。

伏見：僕は「孤独な人」を選びました。なぜ「孤独」か。たとえば僕自身について言えば、大学院の頃に歴史系の論文を書いていたのですが、江戸時代の古文書を読めば読むほど、人に伝わらない知識を自分のなかに溜め込んでいくことになりました。修士設計のための研究もやればやるほどマニアックになり、発表会でその内容を数分で解説するのもなかなか難しいことなんです。その人が理解するまでに数年かけてい

るわけですから。その結果、伝わる部分だけを説明することもよくあります。だからすべてを伝えきれないことに諦めの念というか、どこか孤独感を覚えてしまうんですね。そこが卒業設計と大きく違う点ですが、一方でプロフェッショナルにとっては宿命でもあるので、修士は学生というより、もうプロだということです。だから伝えたいけど到底伝えきれないという葛藤が生じることが修士設計らしいところだとも言える。僕が票を入れたのは宮西さん、安達さん、蓮溪さんですが、いずれも発表以外にも言いたいことがたくさんあるように見えました。一見するとエネルギッシュで元気に振る舞ってはいるものの、本当は全部は伝えられていないことを割り切った姿であり、その裏で孤独を感じているにちがいない。だからこそ評価しました。

古澤：審査員の先生方からそれぞれ面白いキーワードが出てきました。僕が票を入れたのは高田さん、竹中さん、蓮溪さんです。卒業設計と修士設計の違いについて、卒業設計では作者の世界観が構築できているかがよく重視されます。それは畝森さんの言葉で言うと信念とヴィジョンのことでもあるのですが、割と印象論で議論できてしまう。一方で修士設計の場合、そうした世界観に加えて実際に私たちが生きているこの現実世界をどのように意識しているのかがよく議論の対象となります。そのなかで学生が混乱するのは、個人の世界観を現実世界に着地させましょうという教員からの指導を踏まえた結果、提案がつまらなくなってしまうことがよくある。それを避けるためにはベタな着地ではなく、いわば現実社会への着地予感性を提案に含ませられるかが重要になってきます。言い換えれば、自身の世界観の高度を下げることなく、むしろ現実世界への認識の仕方を押し上げていくような強度が求められているということです。これは私たち建築家が、日々の仕事でもがきながら試みていることそのものでもある。これは伏見さんの言葉でいうところのプロフェッショナルとしての取り組みとつながるし、現実世界への

着地可能性は、末光さんのおっしゃった未来に光を灯すこととリンクしていると思っています。そしてそれらが達成できている作品は、結果的に藤本さんが語られた、ものとしてのパワーを十分に備えてもいるはずです。そんな理想的な作品が果たしてあるのかがこの審査会の焦点になると考えているのですが、その予感のある作品に票を入れた次第です。

断片的なものとの格闘

古澤：ここからの質疑応答では、票の有無にかかわらず審査員の皆さんからコメントをいただけたらと思うのですがいかがですか。

藤本：すべての案にポジティブな意見を出していくのが良いんじゃないですか。これからのネガティブな世界に対しての挑戦も兼ねて。最後は侃々諤々に意見をぶつけ合うことになりそうでもあるけど。

古澤：その方向性を意識しつつ始めてみましょうか。まずは三原陽莉さんの「tuuuuube」（p.54）から。票を入れたのは藤本さんと末光さんです。

末光：以前、別のコンテストで彼女の作品をたまたま審査したことがあり、今回の提案からもその継続が感じられました。テーマはシンプルで共感しやすく、その解答としてのスケールの操作も突拍子なく見えるけど、実際は誰もが真似できる手法を提示している点が評価できます。それから今の日本の建築学生の作品はどうしても地味になりがちなのですが、三原さんの表現はカラフルかつエネルギッシュで、妹島和世さんがデビューした頃もこんな感じだったのかなと思わせるパワーが伝わってきました。

藤本：タイトルの「tuuuuube」はどういう意味でしたっけ。

三原：建築自体がものだけで構築されていることに焦点を当てたときに、タイトルもまたものに即した名前にしたかったのでチューブという言葉を選びました。それから「u」が5つ並ぶ表記にすることで、スケールや形を変形するコンセプトに沿うような意

味を込めました。

古澤：票を入れなかった畝森さんか伏見さんからも
ご意見を聞きたいです。

畝森：評価していないわけではなく、得体の知れな
さゆえの爆発力は確かに感じました。ただし、全体
のストラクチャーが見えなくて、そこを明示させず
に普遍性をもち得るのかと疑問に思いました。

藤本：面白い指摘です。僕が三原さんの提案から感
じた可能性は、建築に対する興味が今後もより断片
的なものに移っていくと仮定したときに、これまで
のように大きな建築を集約的につくろうとせずとも、
建築家の仕事が成り立つのだと開き直るスタンスも
あり得るのかもしれないという予感でした。もちろ
んそう思わせるのは、細部のプロポーションと空間
への意識に対するセンスが圧倒的だからです。もう
少し破綻してるぐらいでも良かったという気もする
けど。

古澤：お二人の建築家としてのスタンスの違いも見
えてきました。ストラクチャーや集約性、あるいは
巡回審査で僕が言った全体性など、何かしらの形式
を扱う必要がこれまで求められてきたわけですが、
藤本さんの指摘ではそれはもう必要なく、断片の可
能性を問うている。ただ、ここで問題となるのは
三原さん自身がどちらのスタンスなのかがわからな
いということです。

藤本：でも、わからないなりに手探りで取り組んで
いることがむしろ良さにつながっている気もします。
建築って、言語を超えた制作の先で良いものへと
至ってしまうことがあり得る世界ですから。

末光：そのわからなさというのは、竹中さんの作品
ではないけど不気味なものともある意味でつながっ
ていますね。三原さんの建築は確かにストラクチャー
が今一歩だったかもしれないけど、スケールという
建築家が最後まで握り締めるべき武器を扱おうとし
てるところに僕は可能性を感じました。

藤本：スケールの変形によるミラクルがまだ感じら
れないところもあるけど、それを差し引いても、

このコンポジションと空間を生み出したことはやはり
すごい。

伏見：僕からはむしろ票を入れなかった理由を述べ
ておくと、形に定量的な根拠が見い出しにくかった
からです。屋根の膨らみなどは美しいなと思う一方、
それは建築家の方々が評価すれば良いので、僕の立
場からするとなかなか客観的に判断しにくいなと。

古澤：研究予感性という観点からは推しづらいとい
うことですね。これも審査する側の立場の違いの表
れと言えそうです。

藤本：伏見さんはこちら側に飛び込んできてくださ
いよ（笑）。

古澤：次は谷本優斗さんの「人間のためでもある建
築」（p.82）。三原さんや高田さんと同様に部分から
ボトムアップ的に構成する案で、巡回審査では畝森
さんから生態系というキーワードが提示されました。
先に僕からコメントすると、人間中心主義への批判
的な視点は重要だと感じたものの、隣地に侵食する
予感が伝わってこなかったのが残念でした。完結し
た世界に生態系をつくる感じになると、ユートピア
的というか、それこそ動物園を管理するような人間
中心主義的な思想に近づきそうです。

藤本：人間がコントロールできないものを受け入れ
ることに抵抗を感じながらも、何とか建築を成立
させようとした葛藤が伝わってくる作品でした。
それは制御不能なものが侵食してきたときの恐怖に
対して、建築家としての本能的な防御姿勢をとった
結果、かえって建築らしいものにまとめすぎたとい
うことでもある。時代の過渡期のなかで建築家が
新しい価値観と闘おうとしている瞬間がこの案には
表れていて、そこが面白かった。でも、その恐怖心を
振り切る勇気をもたなければならない時代なんで
すよ。それは自身の勇敢さというより、未来の人類
や社会のことを信頼して飛び込む姿勢のことです。
我々も含めた現在の建築家にもまたその勇気が求め
られていることも感じた作品です。

末光：実は僕、票を入れるかどうか迷ったんです。

自分も周辺の動物や昆虫を調査して生態系とともにある集合住宅などを提案していて、テーマ的に共感できるところがあったからです。人間以外の生き物が快適に感じる場所を調べてみると、人間にとっての快適性と共存可能な部分が結構あるんですよね。たとえば室内からのエネルギーの排出で温度が上がっている室外機が、動物にとって心地良い場所になっていたりする。そうした例をスケールや明るさなどの点から真面目に積み重ねていったほうが、このタイプの提案はもっと面白くなると思います。先ほどの建築としてまとめすぎだという指摘にも関わるかもしれないけど、現状の案だとアウトプットがどこか既視感のある作風に収まっているように見えました。

古澤：谷本さん、今の議論を聞いてどうですか。

谷本：人間の生活を壊しすぎず、動植物などの人間以外のものが徐々に受け入れられていくかたちにしたいという気持ちは確かにありました。人間の生活が見えなくなると提案のリアリティが欠けてしまうと考えたからです。なので最終的には建築としての見え方を意識したものになりました。

末光：巡回審査で説明可能性の話をしたけど、ディベロッパーに「ネコとイヌのための建築をつくりたいです」と言っても良さを納得してもらえないところがあります。ただ、それは相手が短い時間軸で価値を捉えているからで、より長期的な視野を想定すると収益性とは別の合理性が導けるかもしれない。そこまで考えてもらうと、社会に対して明るいメッ

セージ性をもった提案になるはずです。

古澤：続いて高田勇哉さんの「ナンドとコヤ」(p.64)。畝森さん、藤本さん、私からの3票が入っています。

畝森：良い意味で愚直な案です。写真を使った検証を途中で止めるなど、うまくいかなかったことを含んだプレゼンにもそれが表れていました。断片から建築を考える案が多いなかで、ナンドとコヤという別の言葉に置き換え独自の形式を打ち出している点も評価しました。また敷地周辺の慣習的なものから建築を導くなど、社会と隣接する意識が感じられたことも面白いと思った理由です。

古澤：断片からボトムアップ的につくる提案は毎年山ほど出てくるわけですが、高田案は歴史的な文脈を視野に入れていることも他と違う点です。マニエリスムの建築やオーギュスト・ロダンの断片様式など、連綿と続く造形の歴史の延長上にも位置づけられるため、あの模型がより豊かなものに見えました。それから巡回審査でも述べたように、図面だと強い形式性を感じる一方、模型を見ると断片化しているという稀有な状態が成立しているのですが、断片と全体の関係を相当検討したことが窺えます。とくに、ストラクチャーの間に建具をすぱっと入れるやり方は新しい発見で、そのようにいろいろな可能性を感じたので票を入れました。SNSの話はよくわからなかったのですが。

藤本：僕も細部に至るまでとても上手につくられていることに感心しました。三原さんの提案への質疑で僕と畝森さんから話が出た、断片的な部分と統合

的なストラクチャーの対立が無効化するほどに、この作品では両者が溶け合わさっている印象を受けました。模型を見ると、頭ではなく手を使いながら考えたからこそ、複雑さと明快さが併存する関係を成立できたことが伝わります。ここでの試行錯誤はおそらく生涯にわたって武器になるはずです。まったく揺れを起こさずに着陸したことは見事ですが、修士設計の日本一を決めるのにそこを評価するだけで良いのだろうかと思わなくもない。むしろ、バウンドしてどこに飛んでいってしまうのだろうかと思わせるぐらいの作品のほうがわくわくします。

古澤：高田さん、藤本さんのコメントについて反論や補足があればぜひマイクをとってください。

高田：成果物に評価をいただけたことがまずは嬉しいです。最終的にできたものについては、あくまでもスタディの過程で場当たり的にさまざまなエレメントを分解したり、主従関係を崩したりした結果として建ち上がったものだと捉えているため、部分から全体をつくるプロセスにはまだ可能性があると感じています。発展可能性については、建具を動かすというちょっとした行為によって風景を揺るがせる現象が広範囲に波及していき、暗く閉じた状態から人の気配を感じられるものへと都市像を変えていけるのではないかと考えています。それから外部空間にも大きな建具を置き、お隣さんに対する構えにも機能するようにした点も、新しい提案ができたと感じているところです。そのように敷地境界を越境するかたちでその影響が周辺環境に浸透していくと良いなと

思います。

古澤：建築の輪郭が動くことで人や都市へのコミュニケーションのきっかけになる、と。「構え」という言葉も出てきましたが、外構計画を意識することの重要性を示唆するようで興味深い。

末光：これからは建築の環境性能がより求められる時代になりつつあり、窓を小さくしたりガラスの反射性を高くしたり、とてもクローズドな都市状況が到来することも予想されます。そのなかにあって建具には開閉を選択できる点で大きな可能性があるなと思いました。壁の一部のように建具を動かすことで建築の表情を変えるアイディアは、その観点から見てもユニークです。

建築家不要論を超えて

古澤：宮西夏里武さんの「繕うことと建築」(p.24)には伏見さんと畝森さんから2票が入っています。

伏見：リサーチの秀逸さもさることながら、職人にしかできない範囲と住民が自己修繕できる範囲の間に周囲の人を巻き込む技術の範囲が設定されているところ、つまり技術を媒介にしてコミュニティをつくろうとした点を評価しています。想起したのは民家の「結」の仕組みです。民家の屋根はプリミティブな技術でつくられていて、集落のみんなで協力しながら定期的に葺き替え作業を行うんです。一方、1階には職人にしかできないしっかりとした座敷などがつくられています。つまり、数十年に

1度のペースでつくり替える部分と1度つくったらできるだけ手を加えない部分を巧妙に分けた結果、何百年も同じ技術が集落のなかで運用され続けている。その原理を応用しようということであれば、新しいリノベーション論にもつながり得る考え方だと思います。宮西さんの作品にも、そのようなみんなで集まる仕組みが導入されているがゆえに、単なるセルフビルドの提案と異なり、長期的なスパンで見ても展開が期待できるものになっているなと感じました。

畝森：僕もこの案、相当面白いと思っています。ジェイン・ジェイコブズのような草の根的な目線で地道に話を聞くことから始め、膨大なリサーチに発展し、より大きな都市論に広がる可能性を感じました。伏見さんの指摘とも近いのですが、これまでプロと素人の間の観念的な区別に基づいて成立していた建築のつくり方が大きく変わるのではないかという予感がしました。つまり技術を媒介することで、個人にとってできることとできないことという線引きだけで建築がつくられていく新しいヴィジョンを宮西さんは提示しているのだと思います。その趣旨から、ものをつくる世界を一から考え直すための建築の論考を聞いてるような印象を受けました。

古澤：確かに、ここまでインタビューの密度が高い修士設計はあまりないです。少し気になったのは、建築を組み立てるときの審美眼が無効だと捉えているように見えたことです。僕は審美眼が必要だと考えたい方なので、立場の違いで意見が分かれる点ではないかと思います。それから、今の時代に適合しすぎているというか、建築家に求められている未来の世界を変える力とはまた別の職能に関わる話のようにも聞こえました。

藤本：審美眼については施主、地元住民、工務店の人、設計者に加えて、ひょっとしたらAIに委ねることで大体のことがうまくいくのかもしれません。

末光：審美眼を議論するうえでは、東日本大震災の際に建築家はいらないと言われた文脈も踏まえた方が良いと思います。伊東豊雄さんが「みんなの家」を手がけたことに顕著なように、あの頃から審美眼をもつことが否定され始めた印象があるからです。そこから新たな論を立てることのできた者がいるかといえば、難しい状況が続いています。そのなかで先ほど畝森さんが、プロとアマチュアが併存する世界を前提とした建築論を予感させるという話にまで宮西案を引き上げてくれたのを聞いて、そのような見方で捉えると確かにすごい案だと僕も腑に落ちるところがありました。

古澤：建築家不要論が説かれるようになった背景にはもっとさまざまな複雑な理由もあるけれど、僕が恐れるのは、芸術家的な振る舞いの人を排除していく教条的な世界になりそうな気がすることなんですよね。たとえばあの敷地に一風変わった建築が建ったときに、彼の用意したレーダーチャートで0点と評価されてしまう可能性があることにはちょっと恐ろしさを感じないわけでもない。

末光：被災地の提案なのでチャートのような評価軸を導入する必要があったのだと思うけど、宮西さんの趣旨としては審美眼を抜きにしたところにも可能性を感じるということではないでしょうか。

藤本：建築家の役割は、見聞きする力によって状況をクリアに捉え、ある方法で何かをつくりあげたり提示したりすることなのだと思います。だから、被災地でのリサーチを通じて状況の新たな捉え方を導いている点で、宮西さんはすでに建築家としての存在感を発揮していると言えます。これからの建築家の役割は彼が取り組んでいる方向に進んでいくのだろうなと僕も思いますが、そうなったとしても、美的なセンスを押しつけるのとは別の、ものを見極める力という意味での審美眼は確実に必要になるはずです。

古澤：審美眼という言葉が適切ではない気もしてきました。要はコスト性、調達性、施工容易性に寄りかかることなく、ものをつくることができるかと

いうことを問いたかったのでした。

畝森：まちの風土、歴史、生活を引き受けてつくっていくと、美しさをもち得る建築になるだろうし、建築家としての役割も残るはず。宮西さんの提案からはその意識が窺え、プロと素人の区別を飛び越えるような運動を提示しているのでやはり面白いと思います。

伏見：そこも民家と似ています。民家が美しいと思う人って割と多いけれど、それは誰かが審美眼を発揮したからではなく、まずシステムがあり、そこに風土や工法や材料が載ることで形成されたからなのだと思います。

古澤：安達慶祐さんの「落語的建築」(p.44)についてはどうでしょうか。票を入れた伏見さんからコメントをお願いします。

伏見：プレゼンのなかで、各地の物語を一つひとつ鑑賞していくという提案内容を聞いたときに、おそらく審査員の全員が否応なしに、それぞれの建築と建築の間の経路について考えを巡らせたと思うんです。普通の道路や横断歩道を渡りながら各鑑賞ポイントを巡るのだろうかとか、何の変哲もない経路を歩かされてもどうなのか、といったネガティブな感情も湧いてきます。でもそれも喚起の一種であることは事実なので、その時点で感情を操作する創造性があるのだと思うんです。つまり、面的な再開発で都市そのものを設計するのではなく、強い「点」としての建築を設定することで、その間の経路を考えさせ、結果的に都市のあり方を想像させるところは落語的だということです。落語家のうどんを食べる仕草を見ると脳が勝手にそこにないはずのうどんを補完するのと同じような作用が、確かにそこでは働いていました。

古澤：プロジェクト間のつなぎ目の部分はどう意識していたのか、安達さんに聞いてみましょう。

安達：プレゼンでは建物単体だけに焦点をあてた説明になってしまったのですが、実は設計のために現代落語の物語を描いているときに、建物本体だけで

はなく、建物と建物の間の経路上で主人公が見たり感じたりしているものもパースのなかに描き込んでいたんです。たとえば吉原のシーンでは見返り柳があることに気づかせるようなかたちで、都市への目の向け方も想定した設計になっていました。そこがプレゼンでうまく説明しきれなかったことは反省しています。

伏見：物語間の経路のことも本当は考えていたということですね。そこが重要な案だと思います。

藤本：異なる分野をつなげることで新たな建築を模索する試みが難しいものであることはよくわかるのですが、ストーリーラインのような形式面での類似性に基づく説明に終始していたことがもったいない。建築をつくるために落語を矮小化しているようにも見えたので、整然と説明されてもあまり納得しませんでした。話は飛ぶけど、今年度の東北大学の修士設計でエリック・サティの音楽を建築にする提案をした学生がいました。彼女は音楽から建築への理路整然とした翻訳は絶対に無理だということに途中で気づき、言わばアーティスティックな空間の変容を試みるようになりました。最終プレゼンではサティの音楽も流したり、模型を回転させたりと彼女なりに色々やっていて、その試行錯誤ぶりは腑に落ちるところがあったんですよ。何が言いたかったのかというと、建築も落語もやはりそれほど単純なものではなく、ある一部を説明すればそのトータリティを体感できるようなものではないということです。むしろあなたが取り出さなかったことでこぼれ落ちたものの方にこそ、落語や建築の本質があるのかもしれませんよ。だからトータリティをもっと信じて、理解不可能性の海に飛び込んでほしかったというのが正直な感想です。

古澤：続いて山道里来さんの「『循環』に浮かぶ建築」(p.34)。僕は巡回審査のときの末光さんによる最後の深読み的なコメントで理解が深まりました。

末光：僕が評価できると思ったのは、提案のなかで内容が完結しておらず疑問も浮かんでくるわけ

だけど、先の未来に対して「こうすれば良くなるのかもしれない」と想像させてくれる点です。模型や事物連関図も力作ですが、やはりあのバスが良い。モビリティが敷地の外をつないでいることで、先の生活への期待を抱かせてくれるんですよ。このようなごみの問題は今後、みんなで考えていかなければならなくなるはずで、何かとセットで解決しようとする考え方もその参考になると思います。集合住宅や道路、自家用車がどうなるのかという具体的なところも含めて、ごみの観点から都市像をひっくり返してしまうぐらいの野心とともに継続して取り組んでみてください。

藤本：確かに設計力のある作品ですが、家庭でごみ出し係を担当している父親の立場から言わせもらうと、毎日どのくらいの量のごみが出ていて、どのような場所にごみを出しているのか、あるいは分別作業の複雑さなど、日々のごみ出し作業へのリテラシーを掴むことが提案のリアリティに響いてくる。たとえば地域のごみをすべてチェックするなど、

先ほどの宮西くんの被災地のリサーチと同じくらいの蓄積力があったらもっと別の提案になっていたはず。修士設計の面白味って、やっぱり人生を懸けてある問題に浸かることでしか見えないものが圧倒的な自信となってつくるものに表れてくるところだと思います。それはこれから生きていくうえでも同じなので、がんばってほしいですね。

あなたが築ける社会性を

古澤：続いて蓮溪芳仁さんの「隣寺」(p.12)。実は僕、1次審査でポートフォリオを見たときの評価は低くて、建築が好きじゃない人なのだろうなという印象をもっていたんです。ところが今日のパフォーマンスを聞いて、ああ、本気なんだと心変わりしてしまった。この建築を背負うことで、風景や人との関わりが確実に変わっていくと思われたわけです。これまで1/1スケールの提案を高く評価してこなかったのですが、そんなツールとしての可能性を感じたので

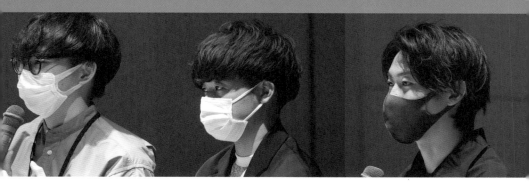

初めて票を入れました。

伏見：建築が担う力の一つに空間に方向性を生み出すというものがあります。とくに宗教建築において方位は、神体山やメッカのある方角を意識するものがあるように、方位が一般的な建築とはまた別の強い意味をもっています。そういうわけで、障子を開けてその場所ごとの御本尊を見つけるという蓮溪さんの説明を聞き、托鉢などの古くから行われてきた路上の宗教的行為にもまた方位を生み出す建築の力が本来は必要だったのかと思い知らされて、そこにちょっと感動すら覚えました。

藤本：もっとも驚かされたのは建築を着るという発想です。お寺と僧侶が一体化するって、すごい。サイズもびしっと合っていて、着て歩くことに対しての最適化が行われたり、3本足にすることでどこでも安定できるようしたりと、あらゆるリアリティを想定してつくられている。だけど本人は普通に、重心が一番安定するから着ることにしましたと言っていて、イノベーションのすばらしさを実感しました。

ただ、これがグランプリで良いのかはまだ迷うところです。

蓮溪：ありがとうございます。僕は好きです、建築。それから最初の方で伏見さんが孤独な人と認定してくれたのもとても嬉しかったです。背景となる論理や研究内容ももっと話せるけれど、実際につくった1/1の空間を見せることに時間をなるべく当てたくて、展示では図面などを出さず、今日の発表スライドも空間の印象が率直に伝わるように組み替えました。この建築自体も論理だけでつくったわけではなく、結果を先につくってみてそこから逆説的に論理を組み立て直すことを繰り返すことに注力しながらつくりました。表層的なパフォーマンスだという印象をもたれても仕方ないなと思いつつ、僕としてはそこを突き詰めていけて良かったと感じています。

畝森：ちなみに、ご実家のお寺は継ぐのですか。

蓮溪：はい。

畝森：この春からすぐに継ぐということでしょうか。リアリティが問われているので詳しく訊きたいとこ

ろです。

蓮溪：お寺と建築の両方ともやりたいと思っていて、新しい道のあり方を探った結果、今回の移動寺の提案が出てきたというかたちになっています。

畝森：僕の実家は仏教徒なので、父親や祖父は家の仏壇に毎朝きちんと手を合わせたり、お寺に挨拶しに行ったりということを日常的にやっているんですね。そのような、何かを信じることと日常的なものが常に密接なものとしてあった生活風景が、時代の変遷とともに徐々になくなっていったから、自ら建築を着て出向こうというのが君の提案なのだと理解しました。そうした方向性もあって良いのだけど、一方で仏壇のあった住まいや境内のような従来の場所がどのように今存在できるのかを提案することもあり得たはずです。忘れられた宗教と日常の境界を捉え直すぐらいの、建築あるいは都市的な規模にまで考えを広げてもいいのではないかと思いました。

蓮溪：今回の建築はプロダクトとして一応の完成を見たという段階で、今後は都市に展開することも、逆に境内のなかでお寺とくっつくことも考えられます。その可能性についてはさらに突き詰めていきたいです。

藤本：思考を広げるという話もよくわかる一方、この建築を纏って一歩を踏み出して動き出すことができるのは彼だけなので、自分事として引き受けているのはやはり稀有なことです。それから先ほど蓮溪さんはパフォーマンスと言っていたけれど、僕にはネガティブなものにはまったく見えなくて、自分事ゆえの本気度が伝わってきた。本人にしかできない点に提案の重みを感じました。

蓮溪：おっしゃる通りで、あの建築を量産して世界中に浸透させるつもりはないです。ただ、お寺以外にも消えゆく空間というのはたくさんあるので、今回のような手法を用いて僕ではない別の誰かがお寺ではない別の建築を着て歩けることには可能性を見ていて、たとえば銭湯の後継者が「着る銭湯」をつくる

ようなことも起こり得るなと。そのように、僕だけがやっていたことが別の話につながっていくのも面白い展開の仕方だと思います。

古澤：議論は尽きませんが、次の質疑に移ります。嶋谷勇希さんの「開拓される鉄道土木」(p.90)は巡回審査で、住民を参加させることの現実性が問われましたが、まずは嶋谷さんの方からその補足をお願いします。

嶋谷：従来の住民とまちづくりの関係を見ると、たとえば公共建築をつくる際、多少の意見交換に止まっていたり、住民があまり関与せずに計画が進んでいたりしています。これに対して、もっと住民が手を動かすなかで自分たちがつくりたい建築を考えるプロセスに価値があると考え、ちょっと無理矢理に見えたかもしれないのですが、今回のような計画となりました。

藤本：さっきの蓮溪案の議論で出た言葉を使うと、少し自分事感が薄いように見えます。住民参加を単に正しいからという理由で選択して提案をまとめているようで、そこはもったいない。昨今、大学の設計課題では社会性が必要だと言われ続けているのだけど、何も自分のことを脇に置いて社会に尽くしなさいという話ではなく、自分だからこそできる貢献のあり方を考えようということなんですよ。今日の審査で迫力を感じた作品はいずれも、自身の興味を明確に打ち出し、内面から否応なく湧き出てきてしまうパッションをポエムに閉ざすことなく突き詰めることで、その先を切り開こうとする気持ちが表れていました。あるいは手を使って模型を試行錯誤することも自分事としての試みの一つで、だからこそ結果的に説得力をもった普遍的なものがふわっと立ち現れてくるわけです。嶋谷さんの作品も敷地はご自身の生まれ育った故郷なのだから、遠慮せずに地元にもっと関わっていくと、将来的にこの土地の未来をつくる可能性につながるはずです。

伏見：ちょっとポジティブな意見を出したいのですが、

使い手自身がつくる点でさっきの宮西さんの案とこの嶋谷さんの案は似ていて、違うのは個人住宅か公共建築かというところなんですね。前者は自分の持ち物なので自主的につくるのは割と容易ですが、後者はみんなのものを集団でつくるわけなので、安全保障性などの要素も入ってきてかなり大変なプロジェクトになる。嶋谷さんが建築設計を通じて公共のことにトライしたことはかなり重要なことです。なぜかというと、建築って昔は「普請」と呼ばれていたんです。普く請うこと、つまりみんなが求めているものをつくることが建築の本懐だったわけで、この提案もそのように公共建築を普請すべきものとして捉えようとしたところがある。質疑では企画面についていろいろ指摘されてしまいましたが、「民芸的工法」を掲げているように、おそらく嶋谷さんはもともと技術に興味がある人だと思うんです。そこはしっかりプレゼンしてほしかったけど、公共的な場所にセルフビルド的な技術を導入しようとしたことについては、難しいだけにまさに挑戦すべきところに取り組んでくれたなと思いました。

古澤：最後は竹中樹さんの「不気味な建築の詩学」(p.74)です。私だけが票を入れていますが。

　建築とは恒常的な存在なので、不気味なものを目指しても見慣れてしまって結局は不気味ではなくなる。だから不気味な形態をスタディすること自体、そもそも不可能な行為なんですよね。もちろん竹中さん本人も、そんなことは重々承知で取り組んでいて、模型には葛藤の痕跡が表れています。実際、このようなトライアルは建築の仕事と地続きのものでもある。僕も不気味な造形と言ってみたり、クライアントにアクリル看板を要望されてもコンクリートで造形してみたりといろいろやっているのですが、そういうこともあり竹中さんの問題意識は完全に共有できます。日常はもっと複雑で、もっと偶然的な違和感が蔓延っているべきだというメッセージ性や、あらゆることを想定内にこなしていく教条的な世の中を変えなければいけないという意気込みを感じて票を入れました。

末光：今の社会がこのままだとどんどんつまらなくなることに危機感をもつのは正しいと思います。設計の仕事でコンピュータのシミュレーションを使って最適化することがあるけど、学生が導入するとつまらない建築になりがちなんですね。しかし変数次第では見たことのない形を生むので、不気味の最適化のような方向性もあり得る気がします。感覚に頼るとバランスを取ってしまうので、そうではなくもっと踏み込んで不気味さを手法に落とし込むと面白くなるのではと思いました。

古澤：定量的に不気味なものを生産する仕組みも考えられるのではないか、と。一方で巡回審査のときに藤本さんからはもっと不気味さそのものを信頼しなよという意見もありました。正反対のコメントが出たわけですが、これらについて竹中さんご自身はどう考えますか。

竹中：卒業設計では、金沢のまちにある、表の路地とは異なる、隠れた「裏」の空間に興味があってテーマにしたんです。そのような裏の生々しさへの感心から派生するかたちで、今回の修士設計を考えていたところもあります。作業するときに怖い話をよく聴いていたのですが、「自分、人として大丈夫かな」と思うときもあって……。

一同：（笑）

竹中：そんな感じで自分自身を見つめ直したときに、ネガティブなものに対して自分は興味があると思い至り、不気味なものを扱いました。なので先ほどの、不気味さをもっと信頼してあげたほうが良いのではという指摘は個人的にぐっと刺さりました。

藤本：やはり不気味ではなく、さっきの裏とか生々しさのように別のワードに置き換えて考えたほうが良いですよ。他人にどう伝わるかという点でも、豊かなインスピレーションを喚起させるという点でも言葉の選択は大事なので、もう少し探求を続けてみてください。

覚悟の先に広がる未来

古澤：個別の質疑が終わりました。賞を決めるまでの進め方ですが、各審査員にグランプリだと思う案を一つずつ表明してもらったうえで議論するのはどうでしょうか。個人賞を同時に選んでも良いかもしれませんが。

藤本：グランプリだけでいいのではないですか。すぐ決まってしまう展開もあり得るけど。

古澤：議論を挟む感じにはしたいです。

藤本：票が多いのをひっくり返す楽しみもありますね。では、審査員から1案ずつ挙げていくことにしましょう。

古澤：では私から言ってしまいます。高田さんの「ナンドとコヤ」をグランプリに推薦します。

伏見：まだ悩んでいるところもあるのですが、宮西さんの「繕うことと建築」を候補に挙げます。

末光：蓮溪くんの「隣寺」が良いと思います。

畝森：僕も宮西さんを推します。

藤本：難しいですが、僕は三原さんの「tuuuuube」が一番かなと考えていました。

古澤：また割れましたが、宮西さんの「繕うことと建築」が一応のトップということになります。確かに完成度は高い案です。

伏見：僕は宮西さんを選びましたが、蓮溪さんの案にするかどうかで悩んでいました。巡回審査後の投票で蓮溪さんに票を入れ、グランプリの候補に挙げなかった方々の理由として、これが建築といえるのかということに抵抗を覚えたことが一つあると思います。この問題が解消されれば、堂々と蓮溪さんを推せる方がまた増えるかもしれません。

古澤：確かに、そもそも建築とは何かということを考えさせられる案ですね。ビルディングとは異なるけど、概念としてのアーキテクチャとして見れば着れるものも建築と呼び得るわけですし。

藤本：着るとか動くといった特徴を抜きにしても、僕は建築だと思います。なぜかというと、屋根や座れる部分を設けたり方角に配慮したりといった人々のための場をつくる意志を明確に感じたからです。

古澤：場を生み出すということは、空間と身体の合体を意味するものでもあります。身体性という言葉は学生もよく使うけど、本当にそれを考えてるのか疑問に思う提案も多い。そのなかで蓮溪さんの案は空間と身体を変形させて場をつくったことが本当に伝わってきました。それは他者の身体を変形させるということでもあり、僕も変形させられた一人としてリアリティを感じました。

末光：藤本さんが再三述べていたように、作品を通じてその人の覚悟が見えてくるものはやっぱり強い。卒業設計は所信表明のようなものになりがちですが、修士設計の場合はもっと根深く掘り下げているため、覚悟表明と呼べるほどの意志を感じる内容であってほしくて、今日の審査で「この人はもしかしたら社会を変えるのでは」と思わされたのは蓮溪さんでした。

古澤：グランプリの決め方、どうしましょうか。巡回審査後の投票とさっきの口頭推薦を尊重すると、宮西さんか蓮溪さんが候補になります。宮西さんと蓮溪さんを口頭推薦で挙げなかった人が、つまり藤本さんと僕なのですが、宮西さんと蓮溪さんのどちらに動くかで決めるのはいかがですか。

藤本：あとは先ほど伏見さんから問いかけのあった、蓮溪案を建築と呼べるかどうかについて審査側の考えが変わるかも要点になるかもしれません。

末光：先ほど古澤さんは蓮溪案のような1/1の作品はこれまでの審査では選んでこなかったとおっしゃっていましたが、そこをもう少し教えてくれませんか。おそらく、建築かどうかという話とも関係していると思うので。

古澤：この手の自力建設の提案、確か過去のトウコレにもあったんですよ。

伏見：2009年に出展していた、蓮溪さんと同じ東京藝術大学の新雄太さんによる「VILLA PALLADIO」ですよね。アンドレア・パラディオの建築を体験でき

る家具の提案で、確か内藤廣賞でした。

古澤：個人的に、このタイプの作品に票を入れていなかった理由をいうと、建築家の役割として、1/1のものが目の前になくても、図面や模型からスケールを読み取って議論することが常だからです。逆に1/1のものを提示されたとしても、サイトとの関係性が読めないものはスケールレスだなと感じてしまうところがある。そういうわけで原寸大のものをつくっているから良い案だとみなすことはなかったのですが、今日の蓮溪さんの発表で建築の概念が変えられてしまったなと思わされるところがあります。これは初めての経験でした。

藤本：蓮溪さんの提案はスケールも厳密に吟味されていました。移動や場の形成など何通りかの使い方を想定したうえで、建築としてのスケール感と衣服としてのスケール感との融合を考えている。スケールの扱い方が本当にリアルなので好感がもてます。

伏見：建築史的な観点からの意見になるので皆さんに響く話になるかわからないのですが、寺院建築史をひもとくと、法隆寺金堂などの古代の寺院では仏像、つまり仏の空間が重要であって、人が拝む場所はあまり重視されていなかった。それが中世になるにつれて拝むための空間が設けられるようになり、人の場所が寺院内に増えていきます。さらに近世になると、大衆の注目を得ようとするかのように十二支の彫刻がつくられたりして派手な装飾が付加されていく。そのような寺院の歴史の延長線上に蓮溪さんの提案を位置づけてみると、ついに仏のほうから人間の空間に向かうようになるという、壮大な第一歩の可能性が大袈裟に言えば読み取れるなと思っていました。

藤本：とても面白い指摘です。障子の向こうに仏を示す「空」があるという考え方や、寺院自体はどこにでも動けるのだという高度な解釈も、その話とつながっているように聞こえました。やはり本人がこれから住職になるという当事者意識があるから

こそ、作品にそのような深みや重みをもたらしているのだと思います。

伏見：ちょっと蓮溪さんを推しすぎてしまった感じもするので、宮西さんを推している畝森さんからも意見をいただいたほうが良いですね。

畝森：蓮溪さんの案が自分にしかできないことを掘り下げることで普遍性が増していく内容であることはよくわかる。だからこそ宗教がより日常的になることで暮らしやお寺の概念がどう変わるのか、より大きなヴィジョンを描いてほしかったです。現状、自身の手に取れる範囲の提案に止まっているように見えることにひっかかりを覚えるので、票を入れるまでには至っていないというのが率直な意見です。

蓮溪：今後の広がりに関しては、伏見さんが補足してくださったような、どうすれば寺院の歴史上の様式を変え得る提案になるかという点に興味があり、実際にそのことを想定しながらつくってもいました。ですが都市や人々の意識を変えるような全体像については、方向性としては意識の内にあるものの、アウトプットとしてはやはり手の内に収まる範囲のものしか提案できないという思いが正直なところです。諦めに見えるかもしれませんが、僕としてはあくまでも自身が責任を取ることへの強い気持ちの表明でもあります。

古澤：実装可能性については、宮西さんも蓮溪さんもこれからの課題だなと感じます。

畝森：そうですね。僕もそのレベルまで提案できているから宮西案を擁護しているかというと、そういうわけでもない。

古澤：どのようにグランプリを決めていきましょう。宮西さんと蓮溪さんで決選投票にしますか。

藤本：さっきの選出で彼らを候補に挙げなかった僕と古澤さんで態度表明をするということですよね。

古澤：末光さん、伏見さん、畝森さんの推したい案が動かないのであればそうなります。

末光：同時に手を挙げるかたちが良いのでは。

藤本：最後に投票で決まるの、嫌じゃないですか。

古澤：じゃあ、私は蓮溪さんの方に動くことにします。このタイプの提案に票を入れるのは初めての経験で、この感動を信じたいという気持ちもあるからです。これで宮西さんと蓮溪さんが同率になりました。あとは藤本さん次第です。

藤本：僕は蓮溪さんの方が良いと思います。

古澤：では、グランプリは蓮溪さんの「隣寺」に決定です。おめでとうございます。続いて個人賞を決めていきます。

伏見：賞が重ならないほうが良いですよね。

藤本：さっきの話を踏まえると、宮西案を伏見賞と畝森賞のどちらにするかを話さないといけないですね。畝森さんの思いの方が強そうな気がします。

伏見：自分も思いは強いのですが、宮西さんを推すと言いながらさっき蓮溪さんの援護をしてしまいました。

畝森：僕は宮西さんの案に個人賞を差し上げたいです。藤本さんの言葉で言うと、自分事から大きな論理につながるヴィジョンをもっているように見えるし、社会的な立場を超えようとしている点にも現代性を感じるからです。

藤本：蓮溪さんがグランプリで、宮西さんが畝森賞ということになると、伏見賞はどの案になりそうでしょうか。巡回審査後の投票では安達さんにも票を入れていたため、彼をサポートするのが良い気がしますが。

伏見：とくに抵抗はないので、安達さんの「落語的建築」に個人賞を差し上げます。

古澤：末光さんはいかがですか。

末光：もしかしたら藤本さんと被るかもしれないけど、三原さんと山道さんで悩んでいます。三原さんは以前から期待していた方である一方、山道くんのごみ施設の提案も力作でたいへん評価しています。

藤本：僕はグランプリ候補に挙げたほどなので、三原さんの「tuuuuube」に個人賞をあげたいですね。

末光：では僕の個人賞は山道さんの「『循環』に浮かぶ建築」にします。

藤本：あとは古澤賞だけです。

古澤：僕は高田さんがグランプリになり得ると予想していたので、その場合は竹中さんの案を個人賞にしようかと考えていたので、すこし迷いますね。両案ともに共感できるところがあり、高田案は断片と全体の関係を無効化している一方、竹中案はフィクションと現実の関係を考えており、少し落語的とも言える。ジャンルは異なるものの、案としての面白さは似ていて悩ましいところですが、完成度も加味して高田さんに古澤賞を差し上げたいと思います。

というわけで各賞が決定しました。古澤賞は高田勇哉さんの「ナンドとコヤ」です。矛盾した状況を調停、反転、無効化する強度を感じました。また建築を「構え」として捉え、外部とのインターフェースをつくるアイディアから、建物と建物がコミュニケーションをとるような、今後の世界への可能性を想像しました。おめでとうございます。

藤本：三原陽莉さんの「tuuuuube」に藤本賞を差し上げます。何よりもあの造形をやりきり、細部に至るまで考え抜いたことに感心しました。頭と手で考えることが高度なレベルで結実した作品です。その実力と勇気をもって今日のこの場に踏み出してくれたこともすばらしかったです。

末光：末光賞は山道里来さんの「『循環』に浮かぶ建築」です。パワーが感じられ、今後への期待が膨らむ案でした。修士設計であのようなごみや環境の問題に取り組んでいる人が出てきたことにも嬉しさを覚えます。今後も活躍してください。

畝森：宮西夏里武さんの「繕うことと建築」に畝森賞を差し上げます。建築とは一人でつくるものではなく、誰かとともに取り組むべき側面をどこかしらもっていて、最終的には人や場所に対する愛情が必要になります。あなたの提案からはそれを大いに感じました。

伏見：伏見賞は安達慶祐さんの「落語的建築」です。

もっと言いたいことがありそうな、あふれ出るエネルギーを感じた提案でした。個人的に好きなものを仕事や課題に打ち出せる人って、強いと思うんですよね。趣味と仕事を融合させる力を評価し、個人賞を差し上げたいと思います。

藤本：グランプリは蓮溪芳仁さんの「隣寺」です。先ほどの議論を通じて、各審査員の理解がより広がりを見せたように、それだけのポテンシャルと深みをもつ作品です。自分事としてそのリアリティを引き受けてつくり上げたことも、本当に希有なことだと思います。おめでとうございます。

　本日はプレゼンテーションから議論までおつかれさまでした。さまざまな論点が出ましたが、いずれの発表者も、この時代に建物然とした建築をつくることへの疑義を出発点に、新しい可能性を掘り下げていて、同時代を生きる身として励みになりました。一方で、皆さんは圧倒的に若く、僕らが見え

てないところにまで関心が及んでいるはずです。だから勇気をもって、未来の人類への信頼とともに、つくり続ける度量とともに、建築という仕事に臨んでほしい。それから自分事という言葉を何度か用いましたが、建築家が不要になるのではないかという議論もあるなかで、この考え方はますます重要視されていくはずです。ぜひ自身の提案に込めたパッションを大切にしながら、これからの社会を切り拓いてください。言うまでもなく、今日の順位はこの場限りのものであって、今後の展開を妨げるものではまったくありません。修士設計ですべてを出し切ったと思っているかもしれませんが、ここがピークではないのです。これからの現実社会のなかにこそ、本当にエキサイティングな経験が待っています。近い将来、建築家として一緒に何かをつくっていける未来を楽しみにしています。本日はありがとうございました。

「全国修士論文展」開催概要

全国から集められた建築分野全般の修士論文のなかから、審査員による一次審査（非公開）で選ばれた12点の論文の展示、公開討論、総括セッションを行います。

　一次審査を通過した論文は、3月7日（火）‒ 3月12日（日）の期間、ヒルサイドフォーラム内でパネルとともに展示され、3月10日（金）には、建築分野の第一線で活躍されている方々を審査員としてお招きして公開討論会を行います。

　論文展では、今年度のテーマに沿って、革新的であり、将来への可能性を秘めていることを審査基準に論文を選定します。学術的な枠組みにとらわれることなく、広く学生の立場から建築への問題提起を行うと同時に、建築を学ぶ後輩たちへの刺激を与える討論会を目指します。

　論文とは書き上げて終わるものではなく、その先にある、自分のなかにある思考や価値を見つける手がかりであり、またそれを社会に問いかける手段でもあります。出展者が異なる専門分野の先生方や他の出展者と活発な議論を行うことで、大学や分野ごとに完結してしまいがちであった論文の可能性、社会のなかにおける展開価値について考えていきます。

　なお、本年の公開討論会は、昨年に引き続き新型コロナウィルス感染拡大防止のため無観客で開催し、会の模様はウェブで生配信しました。

トウキョウ建築コレクション2023実行委員会

池田靖史　Ikeda Yasushi

○審査員長

建築家／東京大学特任教授、慶應義塾大学特任教授（非常勤）。1961年福岡県生まれ。東京大学工学部建築学科卒業、同大学大学院修了。博士（工学）。槇総合計画事務所を経て、1995年池田靖史建築計画事務所（現IKDS）を設立。コンピューテーショナル・デザイン、建築生産技術へのデジタル技術の応用、人工環境の拡張などを研究分野とし、情報科学から建築分野を捉えた建築情報学を国際的に提唱している。主な作品に、「酒田市公益研修センター多目的ホール」（2007）、「中国遼寧省観山閣温泉」（2012）、「台湾桃園空港新線台北中央駅」（2015）、「日刊木材新聞本社屋」（2020）がある

栢木まどか　Kayanoki Madoka

東京理科大学准教授。1975年東京都生まれ。1999年東京理科大学工学部建築学科卒業。広告代理店勤務後、2007年東京理科大学工学研究科建築学専攻博士課程修了。博士（工学）。東京理科大学助教、東京大学特任助教、文化財保存計画協会特任研究員を経て、2014年より現職。専門は近代建築史。関東大震災の復興建築、戦前期の都市や鉄筋コンクリート造黎明期の建築を対象とした研究、同時期の台湾、韓国における都市・建築調査を行う。主な著書に、『危機の都市史』（共編著、吉川弘文館、2019）、『復興建築 モダン東京をたどる建物と暮らし』（監修、トゥーヴァージンズ、2020）がある。最近では渋谷区郷土博物館・文学館「同潤会アパートと渋谷」にて展示協力および図録執筆を行う。

鈴木伸治　Suzuki Nobuharu

横浜市立大学教授。1968年大阪府生まれ。1992年京都大学工学部建築学科卒業。1994年東京大学大学院工学系研究科都市工学専攻修士課程を修了。東京大学助手、関東学院大学工学部助教授、横浜市立大学准教授を経て、2013年より現職。博士（工学）。現在、国際教養学部長。専門は都市計画、都市デザイン、歴史的環境保全。主な編著書に、『創造性が都市を変える』（学芸出版社、2010）、『今、田村明を読む』（春風社、2016）、『都市の遺産とまちづくり アジア大都市の歴史保全』（春風社、2017）、『初めて学ぶ 都市計画（第二版）』（共編著、市ヶ谷出版、2018）、『アートとコミュニティ 横浜黄金町の実践から』（共著、春風社、2021）がある。

西田 司　Nishida Osamu

○モデレーター

建築家／東京理科大学准教授／オンデザイン主宰。1976年神奈川県生まれ。1999年横浜国立大学工学部建築学科卒業後、スピードスタジオ設立（共同主宰）。2004年オンデザインを設立。オンデザインマステ部部長、ソトノバパートナーも務める。主な作品に、「ヨコハマアパートメント」（2009）、「まちのような国際学生寮」（2019）、「ISHINOMAKI 2.0」、「THE BAYSとコミュニティボールパーク化構想」、「みっけるみなぶん」がある。主な編著書（共著）に、『建築を、ひらく』（学芸出版社、2014）、『オンデザインの実験』（TOTO出版、2018）、『楽しい公共空間をつくるレシピ』（ユウブックス、2020）、『タクティカル・アーバニズム』（学芸出版社、2021）、『小商い建築、まちを動かす！』（ユウブックス、2022）がある。

藤田慎之輔　Fujita Shinnosuke

構造家／北九州市立大学准教授／DN-Archi共同主宰。1985年広島県生まれ。2008年名古屋大学工学部社会環境工学科卒業。2010年京都大学大学院工学研究科建築学専攻修了。2012年にDawn of the New Architecture（現DN-Archi）共同設立。2013年広島大学大学院社会人博士課程修了。2010-16年金箱構造設計事務所、2016-18年東京工業大学助教を経て、2020年より現職。専門は構造設計、構造最適化、微分幾何学。構造家・構造エンジニアとして建築家との協働設計に従事する傍ら、研究者・教育者として情報技術の活用を模索。主な構造設計作品に、「はこ（2018、kufu）」「メルディア高機能木材研究所（2020、北九州市立大学福田研究室）」「Nesting 0001（2021、VUILD）」がある。

モダン・ムーブメントのなかで構成された「装飾批判者アドルフ・ロース」の虚像

20世紀美術雑誌に現れる複数の同時代性をめぐって

中西勇登
Nakanishi Hayato

明治大学大学院
理工学研究科　建築・都市学専攻
青井哲人研究室

序章

アドルフ・ロース（1870-1933）はオーストリアの建築家で、モダン・ムーブメントにおいて「装飾批判者の代名詞」とされる人物である。1920年にル・コルビュジエ（1887-1965）らの雑誌『レスプリ・ヌーヴォー（L'esprit Nouveau［新しき精神］）』に論考「装飾と犯罪（Ornament und Verbrechen）」が掲載されたことでその名と思想を知らしめた。一方、その裏にあったはずの職人賛美や伝統主義的、古典主義的な主張が捨象された「虚像」が"構成"[*1]され、ロースの本意とは異なる思想がロース像として伝播した。

国内外ともに、モダン・ムーブメントが終焉した1980年代以降ロースに関する研究は活発化したが、その多くはロースを主体（主語）とし、彼が何を考え、語り、行ったか（＝「実像」）を丹念に復元するものであった。これらはモダン・ムーブメントそのものからは半歩距離を置き、ロースとその思想の源泉となった、世紀末ウィーンなどの背景文脈を対象としている。

対して本研究では、応用芸術の運動から第一次世界大戦を挟んでインターナショナル・スタイルへと進む、モダン・ムーブメントの担い手たち（応用芸術家、モダニスト[*2]）を主体（主語）とし、彼らがロース

図1　研究の視座：主体の転倒

の「虚像」をどのように構成していったのかに迫る（図1）。本研究を通して、「モダン・ムーブメントのなかで構成されたロースの「虚像」と「虚像を構成した同時代性（同時代的な動き、背景）」の2点を明らかにし、モダン・ムーブメントのメインストリームにロースの思想を回収することなく、「モダン」においてロースがどのような存在だったのかを論じたい。具体的には、20世紀初頭の美術雑誌や近代建築史論を資料とし、ウィーンの一建築家であった時期（1900-1910年代前半）に「応用芸術家たちが構成したロース像」と、パリで「装飾と犯罪」がヒットし、近代建築の先駆者となった時期（1920-1930年代）に「モダニストたちが構成したロース像」の2つのロース像を復元する。

1章では、2章以降のロース像の分析の基準となる「実像」を明確にする。2章では応用芸術家たちが構成した虚像を復元し、3章でその同時代的な背景を当時の応用芸術家たちの装飾論から解明する。4章ではモダニストたちが構成した虚像を復元し、5章でその同時代的な背景をモダニストたちのロースの受容過程から解明する（図2）。

1章　アドルフ・ロースの論理構造

本章では、ロースの生前に出版された作品集[(1)]に収録された、ロースの主張を整理した論考「原則的なこと（GRUNDSÄTZLICHES von Adolf Loos）」を中心にロースの論理を整理し、その主張の根幹となる5つの〈原則〉を取り出した（図3）。

・装飾についての〈原則〉：文化の進化とは装飾の廃棄の過程であり、近代人にとって装飾はすべて不要なものである。そこに過剰な装飾はダメで、シンプルな装飾であればいいといった優劣の差はない。

・実用品と芸術についての〈原則〉：近代人にとって芸術は尊ぶべきものであり、実用品と混同してはならない。実用品に芸術のような革新性は必要なく、それらはすでに職人によって十分洗練された近代的なものである。

・材料についての〈原則〉：すべての材料（マテリアル）は等価であり、その特性と加工方法に由来する固有のフォルム表現に基づき、模造（イミテーション）することなく、正しく使わなければならない。

・被覆についての〈原則〉：建築とは身体を覆い快適な環境をつくることであり、建築の第一の要素は被覆である。建築家は伝統を参照し、被覆やフォルムによって空間にふさわしい効果を喚起させなければならない。

・伝統についての〈原則〉：伝統的なフォルムは、その文化圏の非意識的な共同作業の結果であり、社会意識や考え方、感じ方といった内面と深く結び付いている。そのため機械などの「新しいもの」は必要に応じて新しくつくれば良いが、建築や家具などすでにある「古いもの」のフォルムを勝手に変えてはならない。

これらは、一義的な様式が失われた近代に対する、二段階の主張として整理できる。「第一の主張」は、近代で無価値となった装飾やイミテーションといった「虚飾」の排斥を唱えたもの（装飾について／実用品と芸術について／材料について／被覆についての

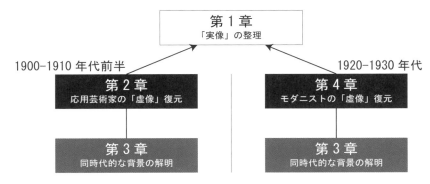

図2　本論の構成

参照された事実 ／ 帰納法的根拠 ／ 原則 ／ 演繹法的法則 ／ 提示された事例

提示された事例

- 木の表面に象眼細工をほどこして装飾すること
- 大理石に彫り物をすること
- 別の毛皮と合わせて市松模様を作ったり立派な縞をつねの毛皮を正方形に刻んだりすること

- 家はどれも似たものとなればよい
- 革製品
- 浴槽やアメリカ型の流面化粧台
- 食器類
- 軽くカーブを描き、面がプレーンに仕上げられているシガレット・ケースは美しい
- ドイツ工作連盟に属した工房で作られたシガレット・ケースはひどいものである

演繹法的法則

【近代人】
入れ墨をした顔よりもしてしていない顔の方が美しいと考える

【近代人による装飾】
・もはや我々（近代人）の文化の当然の産物ではない
・反動もしくは退廃であり、いかなる人間的な関係も有さず、また世界の秩序とも無関係なもの

【非近代人】
・自分の体に装飾を施すこども、それを許す人々が喜ぶこと（心からの装飾）なら認められるべき
・カフィル族の人達やペルシャの女人達、それにスロヴァキアの女達から装飾を、そして私の靴職人がやる装飾を認める

【建築】
ごく一部分だけ（墓碑とモニュメント）を除き、目的に従事する建築は芸術の王国から締め出されねばならない

【実用品】
芸術家たちの手中に落ちているいずべてのものが我々の時代の様式のもの

【文化】
我々が必要とするのは家具職人の文化（応用芸術家ではない）

原則

装飾についての（原則）
文化の過程は、装飾を棄て去り、装飾のない状態に至る過程である
文化の進化とは、実用物から装飾を取り除くことと同義である

実用品と芸術についての（原則）（実用品）は、芸術の王国から追放目的に仕立えるすべてのものがされてしかるべきである

帰納法的根拠

[文化的に発達が遅れている社会・集団]
装飾や入れ墨を好んでいる
[近代化された社会・集団]
入れ墨は堕落のしるし

【建物】
・必要性を満たすもの
・一人一人に責任を負うもの
・快適性をつくりだすもの
・保守的であり、現在を考えるもの
↑
【芸術】
・必要性はなく芸術家の個人的なもの
・誰にも責任を負う者はない
・人を快適な状態から引き離そうとする
・革新的であり、未来を考えさせるもの

【実用品】
応用芸術家たちに余計な手出しをさせないようにしてこそ分野のみが質の高いものをつくりだす能力を保ち続けている

【芸術】
近代人にとっては尊ぶべき女神であり、芸術を日用品に身売り

参照された事実

パプア人は身の回りのものすべてに装飾（入れ墨）をほどこす
子供は壁にシンボルを落書きする

収容されている囚人のうち80パーセント以上が体に入れ墨を施している

刑務所暮らしてなく体に入れ墨を施していない者は潜在的な犯罪者か変質者、貴族主義者

装飾が施されたインク壺や絵皿、家具などはさっぱり売れない

工具やT字機械の類、洋服、馬車と馬具などは近代的であった

芸術と工芸の混同により、人類は芸術とは何か、ということがわからなくなってしまい、芸術家を奮い立たせ近代日への動きを妨

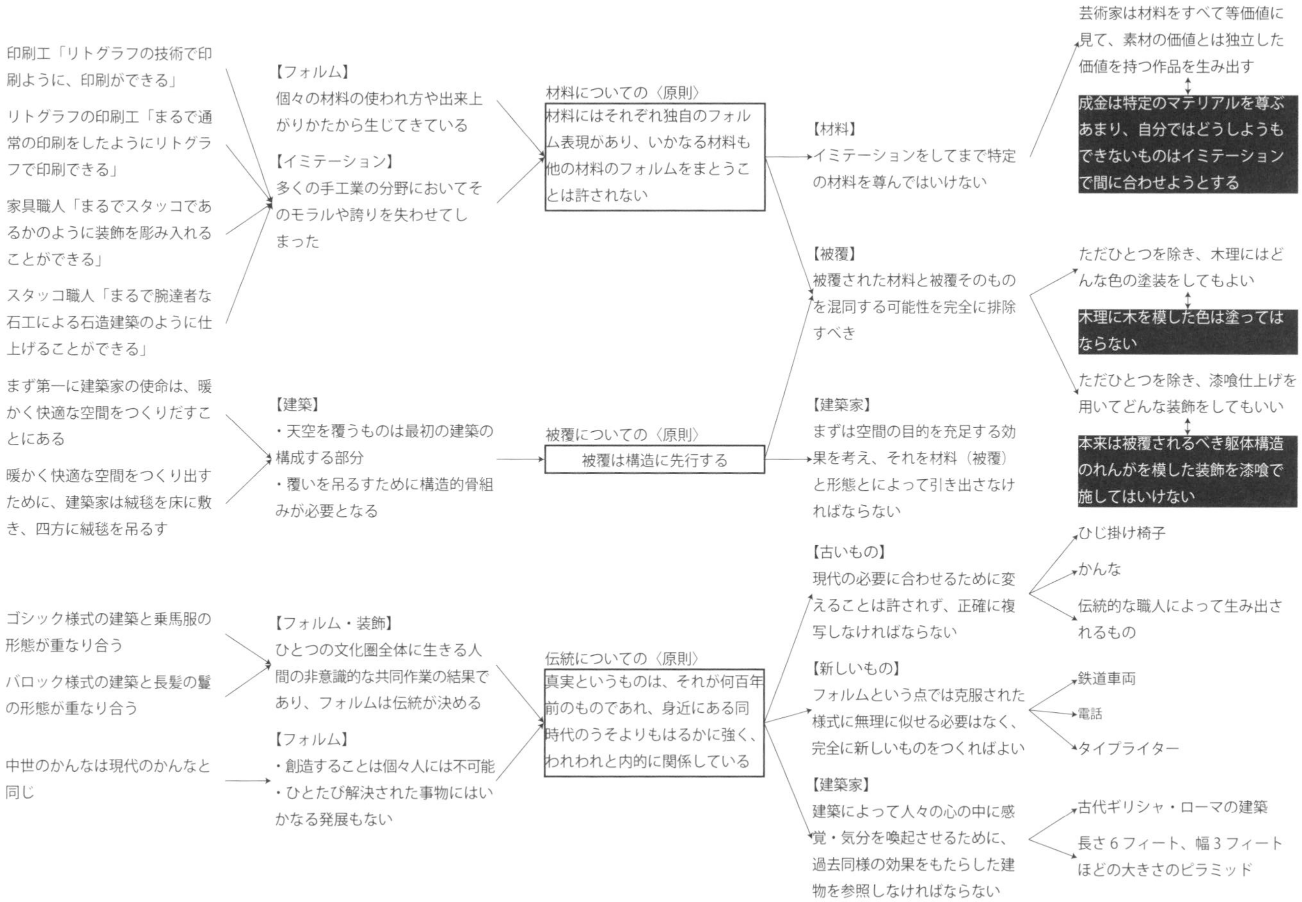

芸術家は材料をすべて等価値に見て、素材の価値とは独立した価値を持つ作品を生み出す

成金は特定のマテリアルを喜ぶあまり、自分がではどうしようもできないのはイミテーションで間に合わせるようにする

【材料】
イミテーションをしてまで特定の材料を尊んではいけない

ただひとつを除き、木理にはどんな色の塗装をしてもよい
木理に木を模した色を塗ってはならない

ただひとつを除き、漆喰仕上げを用いてどんな装飾をしてもいい
本来は被覆される石や躯体構造のわれかを漆塗した装飾を施してはいけない

【被覆】
被覆された材料と被覆そのものを混同する可能性を完全に排除すべき

ひじ掛け椅子
かんな
伝統的な職人によって生み出れるもの
鉄道車両
電話
タイプライター

古代ギリシャ・ローマの建築
長さ7フィート、幅3フィートほどの大きさのピラミッド

【材料】
材料にはそれぞれ独自のフォルム［表現］があり、いかなる材料も他の材料のフォルムをまとうことは許されない

【フォルム】
個々の材料の使われ方や出来上がりかたから生じてくている

【イミテーション】
多くの手工業の分野において、このモラルや心得りを失わせてしまった

【被覆についての〈原則〉】
被覆は構造に先行する

【建築】
・天空を覆うものは最初の建築の構成する部分
・覆いを吊るすために構造的骨組みが必要となる

【建築家】
まず空間の目的を充足する効果を考え、それを材料（被覆）と形態とによって引き出さなければならない

【古いもの】
現代の必要に合わせるために変えることは許されますが、正確に渡し写しなければならない

【新しいもの】
フォルムという点では克服された様式に無理に似せる必要はなく、完全にその時代よりはるかに違い、完全に新しいものをつくればよい

【建築家】
建築によって人々の心の中に感じ・気分を喚起させるために、過去同様の効果をもたらした建物を参照しなければならない

印刷工「リトグラフの技術での印刷」ように、印刷ができる

リトグラフの印刷は「まるで通常の印刷をしたようにリトグラフで印刷できる」

家具職人「まるでスタッコであるかのように装飾を彫り入れることができる」

スタッコ職人「まるで石造建築者なら石工による石造建築のように仕上げることができる」

【建築】
まず第一に建築家の使命は、暖かく快適な空間をつくりだすことにある
暖かく快適な空間をつくり出すために、建築家は絨毯を床に敷き、四方に絨毯を用いる

ゴシック様式の建築と乗馬服の形態が重なり合う
バロック様式の建築と長髪の鬘の形態が重なり合う
中世のかんなは現代のかんなと同じ

【伝統についての〈原則〉】
真実というものは、それが何百年前のものであれ、身近にある同時代のものよりはるかに強く、われわれと内的に関係している

【フォルム】
ひとつの文化全体に生きる人間の非意識的な共同作業の結果であり、フォルムは伝統が決める

【フォルム】
・創造することは個々人には不可能
・ひとたび解決された事物には新たな発展もない

図3 〈原則〉の導出過程

143

〈原則〉）であり、「第二の主張」は、虚飾を取り去った実用品に残る価値として、マテリアルや伝統こそ「真実」であると唱えたもの（材料について／被覆について／伝統についての〈原則〉）である（図4）。

2章　応用芸術家とアドルフ・ロース

本章では、1890年から1944年までドイツのダルムシュタッドで刊行された、応用芸術の内装専門雑誌『インネン・デコラティオン（INNEN-DEKORATION［室内装飾］）』からロースへの言及を取り出し、「応用芸術家たちが構成したロース像」を明らかにした。

　「応用芸術」とは、絵画や彫刻などの芸術を工芸に応用し、工芸品の質の向上を目指すものである。とくにドイツ文化圏では、19世紀末にユーゲントシュティールとして展開し、ウィーン工房やドイツ工作連盟といった生産ギルド共同体によって推進された。これらはロースの主張のなかでもっとも中心的な批判の対象だった（図5）。

　ただ、ロースが応用芸術を批判していたのに対し、当の応用芸術家たちはロースに対して肯定的に言及している。その内容からは、過剰で無意味な装飾からシンプルな装飾への脱皮を促した「応用芸術の教育者」としてロースの虚像を構成していたことが読み取れる。たとえば、ポール・ステファン（1879-

1943）は1908年の記事[(2)]で、「マテリアルの特性や実用品の目的を無視した一部の『"無意味な"装飾』を批判し、ウィーン工房の応用芸術家たちに『高貴なシンプルス』をもつ装飾の道を示した存在」としてロース像を構成している。これはロースの本来の主張のうち、「材料についての〈原則〉」における「マテリアルの特性の尊重」と一部重なるものの、「装飾についての〈原則〉」に基づいたロースの装飾批判の対象が、「すべての装飾」から「過剰な装飾"のみ"」に歪められている（図6）。

3章　20世紀初頭における
応用芸術家の装飾の問題

本章では、応用芸術家たちが「応用芸術の教育者」というロースの虚像を構成するに至った同時代的な背景を、当時の応用芸術の装飾論から明らかにした。

　ロースの装飾批判が好意的に捉えられていたように、20世紀初頭においては装飾批判自体に先進性はなかった。本章では、SchmuckとOrnamentという2つの装飾概念[*3]を手掛かりに、応用芸術家たちの装飾批判の内実を見ていく。これらはどちらも「装飾」を指すドイツ語であるが、Schmuckとは、ネックレスや指輪、宝石や貴金属など、「加工によって装飾的な効果をもつ物質」のことであり、Ornamentとは、物質的なモノではなくメタ・フィジカルな模様や植物、動物の

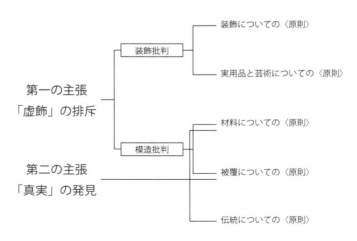

図4　ロースの〈原則〉と「主張」

像（イマージュ）など、「二次的に付加される模様や像そのもの」のことである*4。

　同時代のドイツの応用芸術家たちは、ロースとは異なる二段階の装飾批判を行っていた。一つは「1911年までの装飾批判」である。これは「悪いOrnament（具象的）」から「良いOrnament（抽象的）」への改革であった。19世紀末のユーゲントシュティールで、具象的なOrnamentを付加し機能やマテリアルの特性を無視する加工を行った応用芸術家たちは、作品の機能や構成から見い出される抽象的な線や幾何学の表現へ、Ornamentを変化させたのだ。これは、作品の機能や構成を修辞するOrnamentだといえる（図7）。なお、ロースの装飾批判はOrnamentの絶対的排斥を唱えるものであるため、この場合の装飾批判はロースのそれとは攻撃対象も肯定したものもまったく異なるものである（図8）。

　もう一つは「1912年からの装飾批判」であり、これは「OrnamentのないSchmuck」からの装飾の再考であった。「1911年までの装飾批判」以降、応用芸術家の作品は機能的でシンプルなフォルムへ回帰したが、再びOrnamentが過剰化する危険があった。そこで、装飾の発展が再び「誤った道」に進まないように、OrnamentのないSchmuckから装飾の発展を考えることが唱えられたのである。1912年のドイツ工作連盟年報に掲載されたカール・グロース（1869-1934）の論考では、OrnamentのないSchmuckの例として「フォルム」や「コーニス、ピラスターなどのマッス」「マテリアル」「職人の技法に宿る美意識」が挙げられている[3]。このことから、ロースのそれとは本意が異なる（応用芸術家の本意はあくまで「装飾の発展」である）が、攻撃対象や肯定したものは重なっていることがわかる。実際、ロースは「装飾と犯罪」のなかでOrnamentを何度も（関連語も含めて55回）批判しているが、一度もSchmuckの批判はしていない。このことは従来見逃されてきた（図9）。

　以上のように、近代におけるOrnament無用化の流れのなかで、応用芸術家たちは装飾批判を通して「いかに価値ある装飾をつくるか」を考えており、ロースの虚像は、「装飾を残すための装飾批判」に取り込まれたことで構成されたものだったことが明

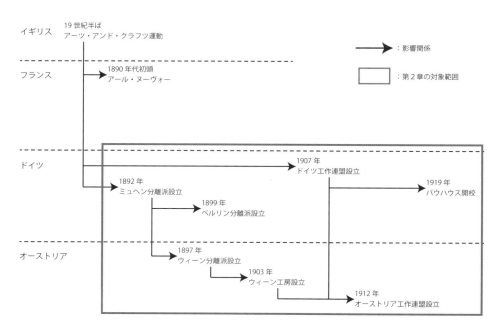

図5 第2章対象範囲

図6 応用芸術家たちによる「主張の歪み」

図7 具象的なOrnamentと抽象的な
Ornament
[出典:(左)*INNEN-DEKORATION 1895
Januar-Heft*／(右):*INNEN-DEKORATION
1903 Oktober-Heft*]

らかになった。また、肯定したもの(ロースが見い出した「真実」／OrnamentのないSchmuck)が重なっていたことを考えると、1912年にロースと応用芸術家たちはきわめて近い地点に立っていたと見ることができる。そして、ドイツ工作連盟や続くバウハウスが、構成主義や機能主義から、インターナショナル・スタイルに辿り着いたことを考えると、1912年は「伝統にとどまった側」と「新しいもの(近代建築)をつくり出した側」の一つの分岐点だったとも考えられる。

4章　モダニストとアドルフ・ロース

本章では、1936年に建築史家ニコラウス・ペヴスナー(1902-1983)が編纂した近代建築史観である、『モダン・ムーブメントの先駆者(Pioneers of the Modern Movement)』と、1921年以降の『インネン・デコラティオン』の記事からロースへの言及を取り出し、「モダニストたちが構成したロース像」を明らかにした。

言及内容から、モダニストたちは装飾を攻撃しピュリズム的な「機械の美学」の建築を招来させた、「近代建築の先駆者」としてロースの虚像を構成していたことが明らかになった。たとえば1937年の『インネン・デコラティオン』の記事で、ロースの装飾批判以降、「少し前までなくてはならなかった装飾や白塗りの木目、大理石の石目にも敏感になって」しまい、人々は「自由な創意を機械の形に隠す」ようになったという記述が見られる[4]。これはロースの本来の主張のうち、「虚飾」の排斥に関する「第一の主張」のみを重視したものであり、ロースが近代でも価値を失わない「真実」を訴えた「第二の主張」を捨象し、機械の美学に接続しているといえる。

結果、「ロースが批判した」とする「装飾的なもの」のなかに、本来ロースが価値を置いたマテリアルまでもが含まれてしまっており、このことは「ロースその人(＝ル・コルビュジエやミース・ファン・デル・ローエと並ぶ近代建築の巨匠[5])」と「ロースの作品

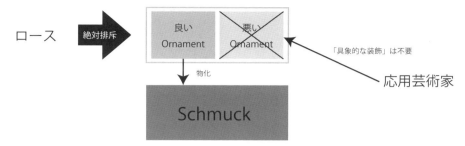

図8 1911年までの装飾批判

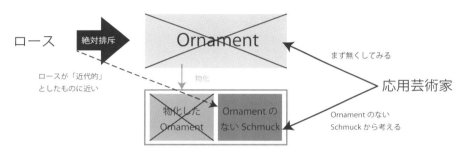

図9 1912年からの装飾批判

（＝ウィーン工房の応用芸術に近い[(6)]）」の評価の分裂を引き起こしている（図10）。

5章　近代建築史における
　　　ミスリーディングと歴史編纂

本章では、モダニストたちが（ロースからすれば不本意なかたちで）「近代建築の先駆者」としてのロースの虚像を構成するに至った同時代的な背景を、モダニストたちのロース受容から明らかにする。

　モダニストたちがロースを知った経緯はさまざまに考えられるが、本研究が注目したのは、ロースを近代建築のプロパガンダに取り込み、周知させた「ル・コルビュジエによるロースの援用」と「ペヴスナーによる歴史編纂」である。ロースの思想は、1910年代前半にドイツを経由してパリへ伝播した。なかでも重要な位置を占めたのは、「装飾と犯罪」と「建築について（Architektur）」という二編の論考である。「装飾と犯罪」は、第一の主張である「虚飾」の

排斥（とくに「装飾についての〈原則〉」、「実用品と芸術についての〈原則〉」）の内容であり、「建築について」は、第一の主張に加え、第二の主張である「真実」の発見（とくに「材料についての〈原則〉」、「伝統についての〈原則〉」）の内容にも言及され、近代建築に対するロースなりの回答が示されている。2つの論考は、ロース自身さまざまなメディアへの掲載や翻訳を要請しており、ロースの論考のなかでとくに再録されよく読まれたものだった。しかし、「建築について」は「装飾と犯罪」と比べ、再録や翻訳が却下されることが多くあった（図11）。

　そして1920年、ル・コルビュジエらによるピュリズムの雑誌『レスプリ・ヌーヴォー』の第2号にロースの「装飾と犯罪」が再録される。この再録がロースの周知にもっとも大きな影響を及ぼしたと言われており、再録に際し、ル・コルビュジエによるロースの紹介文が掲載された[(7)]。この紹介で、「ロース氏の要請」により「建築について」やロースの未発表作品の

掲載が予告されたが、実際その後それらが紹介されることはなく、ル・コルビュジエが広めた（あるいは必要とした）ロースの主張は、「第一の主張」のみであったのではないかと考えられる。また、ル・コルビュジエは、ロースが「工業（industrie）」を賞賛したと紹介しているが、実際にロースが賞賛していたのは「手工芸の職人」である。この「工業」という書かれ方と、雑誌のピュリズムの文脈から、「機械」や「大量生産」を対象とする主張と受け取られかねない誤解を与えている。つまり「ピュリズム」のフレームを通してロースは周知されたが、ル・コルビュジエによって本来の第二の主張は捨象され、「機械の美学」にミスリードされていたのである。

また、「モダン・ムーブメントのアドルフ・ロース」を考えるうえで、近代建築史家がどのようにロースを位置づけたのかも無視できない。なかでも4章で扱ったペヴスナーの近代建築史観は、いちはやく近代建築史を確立し、その歴史的正当性を証明するものであった。しかし、1960年にペヴスナーと異なる近代建築史観（『第一機械時代の理論とデザイン（Theory and Design in the First Machine Age）』）を提示した建築史家レイナー・バンハムは、ペヴスナーが近代建築（インターナショナル・スタイル）の「機能主義」や「合理主義」を正当化するために、「操作的」な歴史編纂を行っていることを指摘している。このことは、バンハム史観とペヴスナー史観に

おけるロースの紹介の対照性に現れている。バンハムは、ロースが機械を表現の手掛かりにはしていなかったと記述しており、ロースが過去を重視する伝統論者や古典主義者であったことも捉えている[8]。対してペヴスナーは、ロースの古典主義や伝統主義的な側面には触れず、装飾を批判し、機械や技術者を賞賛したとのみ記述している[9]。より決定的なのは、ロースが1910年に設計したシュタイナー邸への評価である。バンハムは「建物全体」を取り出し、ヴォールト屋根のファサードと、裏ファサードの古典主義的な対称性に言及している[10]。対してペヴスナーは、「裏ファサード"のみ"」を取り出し、白い直方体の構成と横長窓に、近代建築の正当な形を見い出し言及しているのである（図12）[11]。

以上のように、ル・コルビュジエやペヴスナーらは近代建築のプロパガンダのなかで、ロースを「装飾や応用芸術に訣別する存在」として"のみ"援用しており、ロースの虚像は、「近代建築を正当化するための装飾批判」に取り込まれたことで構成されたものだったことが明らかになった。また、モダン・ムーブメントのメインストリームにおけるロースの虚像の構成は、ル・コルビュジエやペヴスナーらの直接的要因が大きいが、その他のモダニストたちもその思想を受容する過程で、それ以外のロースの思想を必要としなかったといえるのではないだろうか。

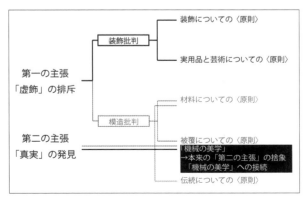

図10 モダニストたちによる「主張の歪み」

結章　モダン・ムーブメントと
　　　　アドルフ・ロース

本研究では、モダン・ムーブメントのなかで応用芸術家やモダニストらが構成したロースの虚像と、その同時代的な背景を明らかにした。応用芸術家とモダニスト、相反する思想や社会的役割をもつ両者がそれぞれロースを援用したのは、ロースがまさに「応用芸術／モダン・デザイン」の狭間で孤絶した存在だったからだといえる。

ロースの思想は、応用芸術とモダン・デザインの双方とも実際は異なるが、部分的な重なりを見い出せるものだった。そしてロース自身、どの運動体にも属さない孤絶した存在だったことから、「装飾批判者アドルフ・ロース」の援用は、他の「イズム」に自動的には接続されない、ある種のフレキシビリティを備えていたのだろう。加えて、ロースは自作品のメディア露出を嫌い、象徴的な講演やテクストとは対照的に、思想の物証である実作品の情報（とくに内観）をほ

論文展

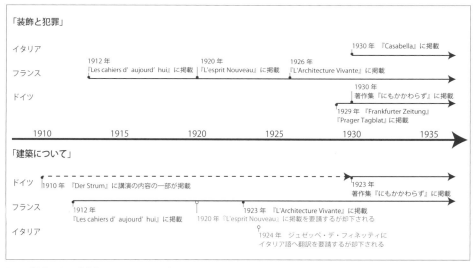

図11 「装飾と犯罪」「建築について」をめぐる年表

図12 シュタイナー邸の「裏ファサード」と「建物全体」
[出典：（左）Nikolaus Pevsner, *Pioneers of the Modern Movement from William Morris to Walter Gropius*, 1936 ／ （右）Reyner Banham, *Theory and Design in the First Machine Age*, 1960]

とんど公開しなかった。その結果が、モダン・デザインの思想と結びついて構成された「ロースその人」と「ロースの作品」に対する評価の乖離である。

　援用のフレキシビリティや実作品の秘匿性、そして装飾批判やスキャンダルの過激なイメージに由来するロース自身の象徴性によって、モダン・ムーブメントのなかで「装飾批判者アドルフ・ロース」は、「装飾」という近代の多くの人々が改善、あるいは克服しなければならないと考えた問題に対し、彼らの主張を補強する、象徴的な参照点として機能したのである（図13）。

[註]
＊1　本研究では、ある解釈に基づいて出来事が選択、構成されたものが歴史像であるとする立場（構成主義）をとる。この「構成」には、出来事や主張の意図的な歪曲や捨象の他、誤解や誤認など過失によるものも含む。
＊2　本論では、とくに1920年代以降に完成したモダン・デザイン（インターナショナル・スタイルの建築、スチール製の工業的な家具など）を称揚した人々のことを指す。

＊3　これらはレイナー・バンハムが『第一機械時代の理論とデザイン』で指摘しているが、バンハムはこの2つの語がそれぞれ表す「装飾」の境界は不明瞭で判別が不可能としていた。本研究ではこれを語源や当時の応用芸術家たちの用法から明らかなものとした。
＊4　実際、応用芸術家たちはこれらを厳密に使い分けている。たとえば、ある「象嵌細工」を指示する場合、その「物質的な細工」を指す場合は"Schmuck"が、「細工に施されたパターン」を指す場合は"Ornament"が使われていた。（図14）

[参考文献]
(1) Heinrich Kulka, *Adolf Loos: Das Werk des Architekten*, Wien, 1931
(2) Paul Stefan, "ARCHITEKT WILHELM SCHMIDT", *INNEN-DEKORATION, 1908 April-Heft.*, pp.140-143, Verlagsanstalt Alexander Koch
(3) Karl Grosz, "DAS ORNAMENT", *JAHRBUCH DES EUTSCHENWERKBUNDES 1912 DEDURCHGEISTIGUNG DERDEUTSCHEN ARBEIT*, pp.60-64, Deutscher Werkbund
(4) 筆者不明, "BEMERKUNGEN ÜBER DAS ELEMENT SCHMUCK", *INNEN-DEKORATION 1937 August-Heft.*, pp.276-277, Verlagsanstalt Alexander Koch

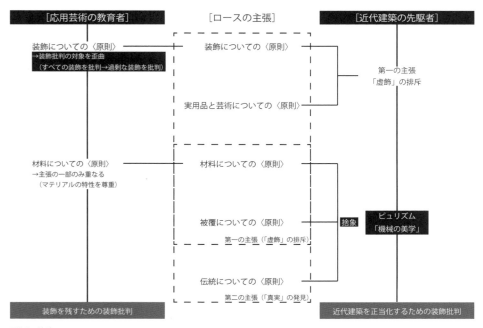

図13　結論

(5) Max Ermers, "DIE FÜNFTE TRIENNALE IN MAILAND", *INNEN-DEKORATION 1933 September-Heft.*, pp.291-300, Verlagsanstalt Alexander Koch

(6) Kuno Graf von Hardenberg, "INTERNATIONALE RAUMAUSSTELLUNG IN KÖLN", *INNEN-DEKORATION 1932 Januar-Heft.*, pp.36-41, Verlagsanstalt Alexander Koch, 1937

(7) Adolphe Loos, "ORNAMENT ET CRIME", *L'esprit Nouveau No.2*, pp.159-168, L'ESPRIT NOUVEAU, 1920

(8) レイナー・バンハム著、石原達二訳『第一機械時代の理論とデザイン』p.134、鹿島出版会、1976年

(9) ニコラウス・ペヴスナー著、白石博三訳『モダン・デザインの展開——モリスからグロピウスまで』p.125、みすず書房、1956年

(10) レイナー・バンハム著、石原達二訳『第一機械時代の理論とデザイン』鹿島出版会、p.135、1976年

(11) ニコラウス・ペヴスナー著、白石博三訳『モダン・デザインの展開——モリスからグロピウスまで』p.126、みすず書房、1956年

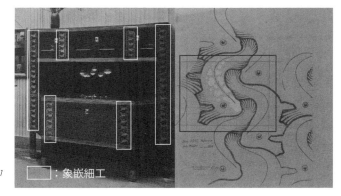

図14 象嵌細工とパターンの例
[出典：*INNEN-DEKORATION 1901 Februar-Heft.*]

□：象嵌細工

出展者コメント —— トウキョウ建築コレクションを終えて

Q このテーマを選んだ理由
近代建築史の講義で紹介された、装飾批判者としてのロースと、彼の素材豊かな内部空間のギャップにミステリアスな魅力を感じ、以降ロースの存在を頭の片隅で意識し続けていた。その後、修士研究で建築の修辞性、体験性を考えたいと思ったとき頭に浮かんだのがロースだった。

Q 修士論文を通して得たこと
誰かが編纂した歴史や思想をなぞり知った気になるのではなく、自分自身が対象や背景文脈、多くの先達の既往研究に肉薄する重要性。また、そこから自分なりに歴史や思想をひとつの"像"として編み出す経験と、その面白さ。

Q 論文を通じて社会に向けて発信したいメッセージ
「モノは言いヨウ」であるということ。今回の自分の研究は「主体の転倒（ロースから同時代人たちへ）」から始まっている。自分の研究を通して、視点や既存の構造を切り替えたとき、世界や歴史が他の様相をもつことの面白さが示せていれば良いと考えている。

Q 修士修了後の進路と10年後の展望
印刷会社へ就職し、ロースが嫌悪したイミテーション（建装材印刷など）から空間デザインを考える。近代でロースは真実性を絶対の価値としたが、現代の価値観は当時と異なっている。真実性とは正反対の環境に身を置きながら、ロースの思想を反芻し、面白いものを生み出していきたい。

自律飛行するドローンを利用して
空中架構物を建築するシステムの研究

渡邉顕人
Watanabe Kento

慶應義塾大学大学院
政策・メディア研究科　政策・メディア専攻
松川昌平研究室

序章

1-1　研究背景

1-1-1　建築とデジタルツール

情報技術の発展に伴って、建築をつくるプロセスに、3Dプリンターやロボットアーム、3Dスキャンといったデジタルツールを利用する試みが広がっている[1]。これらのツールは、制作プロセスを効率化するだけでなく、多品種少量生産によって環境負荷を低減することや、人間がつくるには難しい造形を可能にすることで、新しいデザインの創造に寄与している。

このような動向のなかで、ドローンをファブリケーションツールとして位置づける研究も散見される[2][3]。しかし、これらの研究の多くは、屋内の天井や壁に設置したカメラから機体の位置を推定して自律飛行を

図1　システムによって制作した空中架構物

行っているため、実際の屋外環境において、人間が乗れる程の強度をもった構築物を自動で制作できた事例は、現時点で確認されていない。

本研究では、ドローン自身のカメラの映像から自己位置を推定する技術を、環境のスキャンと自律飛行に利用することで、複数の屋外樹林に対してハンモックのような空中架構物を制作できる汎用的なシステムの構築を目指す（図1）。

1-1-2 ドローンの可動性

ドローンの動作上の特性として、可動域に制約がないことが挙げられる。多くのファブリケーションツールは、固定された土台周辺やフレーム範囲内での稼働に限られるが、ドローンは、高所における動作の他、工作物の内部をくぐり抜けることや、回り込むといった特有の動作が可能である。一方で扱える材料の重量には厳しい制約があるため、比較的軽量な部材で構成可能な、テンション膜構造[(4)]や、ハンモックのような張力を利用した構造物の制作に利用可能性があると考える。本研究では、軽量かつ高強度な、太さわずか2mmのロープを構造材として利用することで、ドローンの可動性を活かした空中架構物の制作を目指す。

1-2 先行事例

材料の張力を利用して空中架構物を制作した3つの事例を先行事例として解説する。

1-2-1 Building a rope bridge with flying machines[(5)]

自律飛行する複数台のドローンと軽量ロープを用いて、人が歩いて渡ることができる橋を世界で初めて実現したプロジェクトである。ETH Zurich, Dynamic Systems and Control and Gramazio Kohler Researchによって2015年に実施された。高い施工精度を実現しているが、ドローンの制御が周辺カメラの設置範囲内かつ、モーションキャプチャーしやすい背景に依存するため、屋内の限られた設備環境下で、人工的に設置された構造体しか施工できない側面がある。

1-2-2 Tape[(6)]

Tapeは、大量のパッキンテープを蜘蛛の巣のように張り巡らせて、人が内部に入れる大きさの構造物を制作する作品群で、Numen/For Useによるインスタレーションシリーズである。骨格となるテープを架け、それらを束ねるように外周に新たなテープを巻きつけるといった、シンプルかつ汎用的な制作手法を採用している。再現性の高い手法を用いることで、多様な展示環境に応じた制作が可能だが、多くの手間と時間がかかるうえ、高所の施工は足場が必要なため危険性が伴う側面がある。

1-2-3 Tree net[(7)]

Tree netはアウトドアの愛好家たちによって、ハンモックのような使い方で親しまれている。全体の形は太いロープと細いロープから構成され、太いロープは樹木間に架けることで、網目を構築する領域を規定し、全体を構造的に支える役割を果たす。細いロープは太いロープに巻きつけると同時に、細かい網目を編んでいくことで人が落下しないネットを完成させる。1-2-2と同様に多様な環境下で機能する制作手法であるが、制作に人の手間や時間がかかるうえ、高所作業においては危険が伴う側面がある。

1-3 研究の位置づけ

本研究の位置づけを、先行事例との比較をもとに図2に示す。人間の手で施工すると、足場の必要性と、手間や時間がかかる課題があり、自動化すると汎用的な環境下で利用できない課題があるため、本研究では自動かつ汎用的な環境下で利用可能なシステムの構築を目指す。したがって、（A）自動制作が可能か、（B）システムを多様な環境下で利用可能か、ということを評価基準として提示する。

name	(A) 自動制作が可能	(B) システムが多様な環境下で利用可能
1-2-1 Building a rope with flying machines	○	×
1-2-2 Tape	×	○
1-2-3 Tree net	×	○
本研究	△	○

図2　研究の位置づけ

1-4 研究目的

本研究の目的は、自律飛行するドローンとロープを出力する電動リールを利用して、多様な樹林に空中架構物を制作するシステムの開発とする。

1-5 研究意義

本研究の意義は、人間による施工が困難な高所や対岸など、足場を組めない環境下でも、張力を利用した架構物を自動で制作可能になることにあると考える。ドローンを利用して、実用に適した強度の架構物を実際に制作することで、近い将来、テンション膜構造や吊り橋などの建設に利用できる可能性を示す。

2章　手法

2-1 手法概要

本研究の手法は、図3に示す通り、2-2スキャン、2-3計画、2-4施工の3つのシステムに大別される。スキャンシステムでは、ドローンによって屋外樹林の3Dスキャンを行い、樹林の3Dマップを生成する。

計画システムでは、スキャンシステムによって作成した樹林の3Dマップ上に、全体形状のモデルと、それをもとにしたドローンの飛行経路を生成する。施工システムでは、ドローンにロープを出力する電動リールを装着して、飛行経路通りに自律飛行することで空中架構物を制作していく。

2-2 スキャンシステム

スキャンシステムでは、ドローンによって屋外樹林の3Dスキャンを行い、自己位置推定を行う点群マップと、樹林の3Dマップを生成する。ドローンの本体についてはプログラマブルな既製品ドローンである、Bebop2（Parrot社）を利用し、環境のスキャンにはVisual SLAM[8]と呼ばれる、映像データの特徴点の移動距離や角度からカメラの自己位置を推定する技術を応用した。屋外樹林の3Dスキャンは、ドローンのマニュアル操縦によって点群を取得していく（図4）。制作範囲の点群を取得しプログラムを終了すると、環境の点群データが書き出される。点群デー

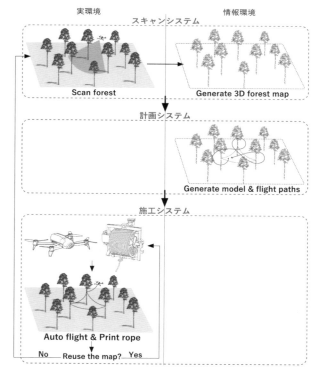

図3　手法概要

タは、3D CADのRhinoceros（以下、Rhino）+ Grasshopper（以下、GH）で表示可能なcsvデータと、軽量化されたbinデータで保存される。ここでは、csvファイルを3D CADで開き、そこに表示された点群をもとに樹木の中心点を指定することで、樹林の3Dマップを生成する（図5）。なお、binデータは、2-4の施工システムでドローンの自律飛行時に活用する。

2-3 計画システム

計画システムでは、スキャンシステムで作成した樹林の3Dマップの多様な樹木配置に合わせて、全体形状の簡易モデルと飛行経路が自動で生成されるシステムをRhino + GH上に構築した。

2-3-1 全体形状の設計

樹木配置に合わせて生成される、全体形状の設計意図について述べる。図6に示すように、樹木の間の空間に、橋のように渡ることや、ハンモックのように寝転ぶこと、その他、パーゴラやツリーハウスといった多様な用途を発見可能な架構物を目指した。

2-3-2 ロープの構成

全体形状は、[1.領域線、2.手摺線、3.外周線]と名づけた、大きく3種類のロープ計28本で構成されている。実際の施工もこの順序で行う。1.領域線は、4本の樹木を結び、網を張る四角形の領域を規定する役割がある。2.手摺線は、架構物に登る際の足場や手掛かりになる役割がある。3.外周線は周囲の樹木上方と下方から、領域線を巻きつけて引っ張ることで、架構を中央付近で安定させる役割がある（図7）。

2-3-3 ドローンに構成可能な工法

ドローンに構成可能な工法として、スペースの大きい領域線の外側を飛行することで、飛行誤差と施工誤差を許容できる冗長性の高い工法を採用した。四角形で構成された領域線の対辺にロープを架けるように飛行して手摺線と外周線を構築することで、中央付近で十字の交差の重なりが生まれ、人が乗れる面的な要素が構築されていく。

2-3-4 飛行経路の生成

樹木からの離隔の確保や先に張ったロープとの衝突回避を考慮した経路が、1.領域線、2手摺線、3.外周線に応じて生成される（図8）。1本ずつ80cmごとに分割点が打たれており、これらの分割点の座標が順

番に、ドローンの自律飛行時の目標座標となる。図8に1本の領域線の飛行経路と目標座標を示す。

2-4 施工システム

施工システムでは、電動リールの開発と、自律飛行システムの開発を行った。

2-4-1 電動リールの開発

材料間の摩擦を考慮しつつ、ドローンのペイロード（積載可能重量）を超えない巻き取り強さの電動リールを開発するために、試行錯誤を繰り返した。最終的に、小型マイコンボードArduino nanoを利用し、2つのサーボモーターをプログラム制御することで、リールの回転速度と巻き取り強さの設定が可能なリールを開発した（図9、10）。電動リールに格納するロープは太さ2mmのポリエチレン製の釣り糸を採用した。この構造材の引っ張り強度は150kgを誇り、重量は13g/10m、電動リールには最大43mを格納することができる。また、価格としても1kmあたり13,500円であるため、軽量かつ、高強度、低コストな構造材である。

2-4-2 自律飛行のアーキテクチャ

図11に自律飛行のアーキテクチャを示す。システムを起動すると、2-2スキャンシステムで生成した点群マップをVisual SLAMで再度読み込み、ドローンの自己位置の常時取得を開始する。取得した座標と、2-3計画システムで生成した飛行経路上の目標座標の距離が閾値以下であれば、次の目標座標を読み込み、距離が遠ければ、目標座標に近づく方向にドローンに動作指示を送るシステムを開発した。この自律飛行のシステムと電動リールを用いて1本ずつロープを施工していく。

2-4-3 ロープの固定

ロープ端部の固定には、引っ張り強さを後から調整可能な自在金具を用いて、人間が樹木の幹に巻きつける必要がある。したがって、計画システム上で、始端と終端はすべて人間の手が届く樹木底部に来るように計画した。このように、手法上の課題点として、高所における施工はドローンで自動化できたものの、低所における固定は人間が行うという、人間と機械の協業による制作システムとなった。

図4 Visual Slamによる点群の取得

図5 Rhino+GH上に生成した樹林の
3Dマップ

3章　実験

3-1 実験内容

2章で述べた、一連のシステムを用いて、異なる2つの敷地の樹林に対して実際に空中架構物の制作を行った。本節では、それぞれの敷地における各システムの結果を述べる。

3-1-1 実験環境

実験は、慶應義塾大学SFC学園内の木立と、岡山県高梁市の山林で行った。以降それぞれの実験を、「実験SFC」「実験岡山」と呼ぶ。「実験SFC」の敷地には、高さ10m程度の8本の広葉樹が平均7.5mの間隔で植樹され、「実験岡山」の敷地には、高さ15mを超える針葉樹が平均2.5mほどの間隔で植樹されている。

3-1-2 検証項目

検証項目は、1-3 研究の位置づけで述べた、（A）自動制作が可能、（B）システムが多様な環境下で利用可能の2つである。

3-2 実験結果

「実験SFC」「実験岡山」それぞれについて、手法で解説した、「スキャン」「計画」「施工」の各システムの結果を述べる。

3-2-1 実験SFC

・スキャンシステムの結果

「実験SFC」のスキャンシステムでは、Visual SLAMとドローンのマニュアル操作によって、実際に屋外樹林の3Dスキャンを行い、自己位置推定を行う点群マップと、樹林の3Dマップを生成することができた。1回のスキャンには15分程度の時間が必要だった。また、光環境が変化しやすい開けた環境だったことで、すべてのロープを張るまでには9回のスキャンが必要だった。

・計画システムの結果

「実験SFC」の計画システムでは、スキャンシステムによって作成した3Dマップ上に、実際に全体形状を把握するための簡易モデルと、それをもとにしたド

ローンの飛行経路を自動で生成することができた。敷地の木立は高さ3m程から枝ぶりが大きく広がっていたため、高さ方向の設定を調整することで、枝ぶりより低い高さに架構物を計画した。

・施工システムの結果

「実験SFC」の施工システムでは、実際にドローンにロープを出力する電動リールを装着し、計画システムで作成した飛行経路通りに自律飛行することで、空中架構物を制作することができた（図12）。1本あたりの自動施工にかかる時間は約12分だが、すべて

のロープの施工には1週間程度必要だった。

3-2-2 実験岡山

・スキャンシステムの結果

「実験岡山」のスキャンシステムにおいても、Visual SLAMとドローンのマニュアル操作によって、実際に屋外樹林の3Dスキャンを行い、自己位置推定を行う点群マップと、樹林の3Dマップを生成することができた。1回のスキャンには12分程度の時間が必要だった。山林の中は、比較的光環境が安定していたため、すべてのロープを張るまでのスキャンの総

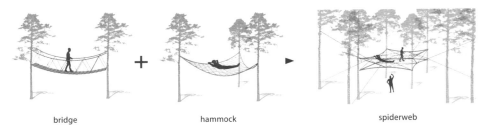

bridge　　　　　　　　　hammock　　　　　　　　　spiderweb

図6 全体形状ダイアグラム

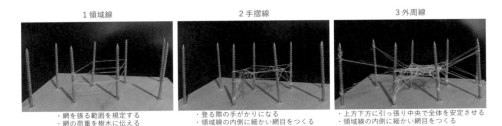

1 領域線　　　　　　　　　2 手摺線　　　　　　　　　3 外周線

・網を張る範囲を規定する　　　・登る際の手がかりになる　　　・上方下方に引っ張り中央で全体を安定させる
・網の荷重を樹木に伝える　　　・領域線の内側に細かい網目をつくる　　　・領域線の内側に細かい網目をつくる

図7 ロープの構成

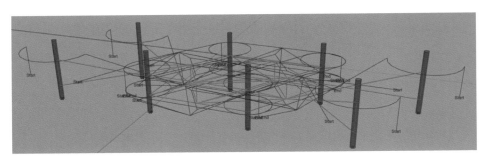

図8 全体形状のモデル（緑）と飛行経路の生成（赤）

数は4回だった。

・計画システムの結果

「実験岡山」の計画システムにおいても、スキャンシステムによって作成した3Dマップ上に、実際に全体形状を把握するための簡易モデルと、それをもとにしたドローンの飛行経路を自動で生成することができた。敷地の樹木は高さ8m程度まで枝打ちされていたため、高さ方向のパラメーター設定を調整し、架構物の中心高さが3.5mとなるよう、より立体的な計画を行った。

・施工システムの結果

「実験岡山」の施工システムでも、実際にドローンに

図9 電動リールの開発

ロープを出力する電動リールを装着し、計画システムで作成した飛行経路通りに自律飛行することで、空中架構物を制作することができた。1本あたりの自動施工にかかる時間は約10分であり、すべてのロープの施工には1週間程度必要だった。また、山林が薄暗いことで、ドローンのホバリング精度が低下し、施工に時間がかかるケースがあった。光学的なセンサーは光環境に大きく影響を受けるため、今後電磁波や超音波を利用した、位置制御の補完が必要になると考えられる。

4章　考察

4-1　自動制作が可能か

3章の「実験」において、計画システム全般と高所にロープを架ける作業を自動化することができたが、樹林の3Dスキャンや低所におけるロープの固定において、人間の介入が必要だった。また、ドローンの自律飛行の精度や迅速性について課題が残った。したがって、問題意識である「(A)自動制作が可能」は完全には達成されておらず課題が残ったと考える。

4-2　システムを多様な環境下で利用可能か

3章の「実験」において、実際に異なる2つの敷地で空中架構物を制作することができた。加えて、計画システムではその他の多様な樹木配置で全体形状の

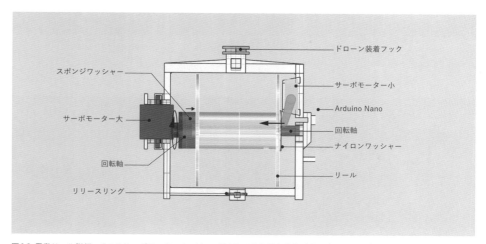

図10 電動リール詳細。2つのサーボモーターをつけて、巻き取る力を最大積載重量以内にキャリブレーションできる設計

簡易モデルとそれに合わせた飛行経路の生成が可能であることから、問題意識である「(B)多様な環境下で利用可能なシステム」は達成されたと考える。

4-3 架構物の強度

架構物の強度検証として、「人が乗ることが可能か」（図13）と「局所荷重（40kg）によるたわみの計測」を行った。結果的に両項目において破断しないことを確認した。

4-4 多様な使い方が可能である

「実験岡山」の架構物ではビニールシートを床と天井に敷くことで、実際に内部に滞在可能なツリーハウスを制作した（図14）。

5章　終章

5-1 結論

本研究の目的である、「自律飛行するドローンとロープを出力する電動リールを利用して多様な樹木で空中架構物を制作可能なシステムの開発」は自動化の側面に課題が残ったが、多様な環境下で利用可能なシステムの構築ができたと結論づける。

5-2 課題・展望

本研究では、主に自動化の側面で以下の課題が残った。
(1)ドローンによるスキャンの自動化
(2)点群データからの樹木の自動検出
(3)計画段階での構造評価
(4)自律飛行の精度と迅速性の向上

　展望としては、テンション膜構造の大きな架構物の建設への利用を目指す。また、小型かつローコストなドローンは多様なユーザーの利用可能性があると考えられるため、第3者が利用可能なUIの実装を目指す。

[参考文献]
(1) ArchDaily「11,877 Results for"digital fabrication"」〈https://www.archdaily.com/search/all?q=digital%20fabrication&page=2〉2023年1月12日閲覧
(2) Parametric House「Drone Fabrication」〈https://parametrichouse.com/drone-fabrication/〉2023年1月12日閲覧
(3) Gramazio & Kohler and Raffaello D`Andrea in cooperation with ETH Zurich「Flight Assembled Architecture, 2011-2012」〈https://gramaziokohler.arch.ethz.ch/web/d/forschung/209.html〉2023年1月12日閲覧
(4) Serge Ferrari「テンション膜構造」〈https://www.sergeferrari.com/jp-ja/achievements〉2023年1月12日閲覧

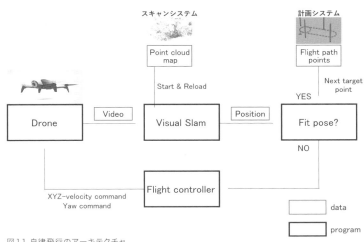

図11 自律飛行のアーキテクチャ

図12 「実験SFC」完成した架構物

図13 人間の荷重に耐えることが可能。
上：「実験岡山」／下：「実験SFC」

(5) Ammar Mirjan, Federico Augugliaro, Raffaello D'Andrea, Fabio Gramazio and Matthias Kohler, "Building a rope bridge with flying machines", *Robotic Fabrication in Architecture, Art and Design 2016*,Springer International Publishing Switzerland, 2016

(6) Numen/ For Use「Tape」〈http://www.numen.eu/installations/tape/vienna-odeon/〉2023年1月11日閲覧

(7) bomboy「Triple Tree Hammock」〈https://www.instructables.com/Triple-tree-hammock/〉2023年1月11日閲覧

(8) NANOXEED「Visual SLAMとは何か」〈https://nanoxeed.co.jp/application/visualslam〉2023年1月14日閲覧

図14「実験岡山」ツリーハウス。床と天井としてビニールシートを張っている

出展者コメント ── トウキョウ建築コレクションを終えて

Q このテーマを選んだ理由

建築を生物的に表現することに学部時代から関心がありました。本研究では、蜂や鳥が巣をつくるように、小さなドローンで建築をつくることに挑戦したいと考えました。また、1つのシステムで多様な形を生成することに興味があり、いくつもの巣をつくり出す蜘蛛そのものをデザインする意識で取り組みました。

Q 修士論文を通して得たこと

着地点がわからない状態で始めた修士論文でしたが、広く技術や既往研究を学び、徐々に自分の研究の位置づけが見えるようになったと感じます。技術的なシステム開発と、論文としてのストーリーを1つにまとめる、難しくて面白い経験が得られました。

Q 論文を通じて社会に向けて発信したいメッセージ

ドローンの活用はさまざまな産業で広がっていますが、建築をつくるプロセスでの活用は、まだ始まったばかりです。今後、小型かつ3次元空間を自由に可動できるドローンならではの利用方法や造形が見つかると考えます。本研究がドローンを建築に活用する契機になればと考えています。

Q 修士修了後の進路と10年後の展望

友人達と共同設立した、SAKIYA株式会社の事業を進めていきます。ドローンや特殊なスキャナーの開発を行い、建築物の壁や部材の内部まで可視化する、非破壊検査システムを製品化していく予定です。10年後には事業の延長線上でドローンを活用した建築ができればいいと思います。

大戦下企業勃興と建築家武田五一における歴史主義以降の建築表現

産業ネットワークの結節点としての建築家

山﨑 晃
Yamazaki Akira

明治大学大学院
理工学研究科　建築・都市学専攻
青井哲人研究室

1章　序章

1-1 研究背景と本研究の視座

日本におけるアール・ヌーヴォー建築の旗手、武田五一（1872–1938）は、歴史主義を乗り越えるべく新造形を模索した「第二世代」の建築家として評価されてきた。そうした武田は金属溶射や外装タイルなど、当時の建築界では新しい材料を用いており、それらの多くが国産品であったことが2010年の明治村の精緻な調査によって解明された[1]。「第一世代」の建築家たちが建築材料の調達のために欧米へと出向かざるを得なかった実情をふまえると、20世紀に入った頃の日本産業界には新しい造形を求めていた武田の要求に応えられる素地ができていたと考えられる。経済・産業研究史上、当該期は「諸産業で欧米技術および制度を取り入れた大規模な会社や工場が定着した」、「『企業勃興』期と呼び習わされている」[2]。この枠組みが建築材料企業（以下、建材企業）にも当てはまるとすれば、武田による新意匠の導入と建材企業勃興の時期が符合する。この仮説的な着眼から武田を捉え直していくと、歴史主義を脱却しようとする建築表現と建材企業の関係性だけでなく、建築材料の育成や技術開発にコミットする建築家像が新たに見い出されてきた。これが本研究の発端である。

1-2 既往研究と本研究の位置付け

産業に着眼した日本近代建築史は、鉄鋼・セメント・ガラスに関する研究から始まる[3][4]。これらの文脈に武田の名前は出てこない。その後1970年代から建材企業による関連研究が進み、タイル・繊維板・金属屋根など産業史の対象は広がりをみせた[5][6]。こうした近年の成果では武田やその建築作品が取り上げられるものの、1つの産業が主軸として扱われるため、簡単な紹介に留まっている。武田を理解するためには当時の産業界全体を把握したうえで、武田との連関を読み解くことが重要だと考える。

　一方でこれまでの武田研究では、企業との関係を主題とするものはなく、武田建築を材料との関係から論じられていない。しかし産業界が未熟な当時の建築家にとって材料調達は意匠設計と同等に重要な仕事であったはずであり、産業との関わりは無視できない。

　以上から本研究では、建材企業全体の勃興期と、新しい造形を求めて産業界の育成に尽力した武田に着目する。日本の建築産業界全体の動向のなかで武田の活動と建築作品を捉え直すことは建築産業研究と武田研究の双方に、ひいては日本近代建築史研究の方法に、新たな視座を提示することになるだろう。

1-3 研究目的

本研究の目的は、以上に述べた問題関心と枠組みにおいて、以下の3点を明らかにすることである。

① 建材企業が勃興した期間と契機

② 企業や産業と関わる武田像

③ 武田が用いた新材料と意匠の関係性

1-4 本論文の構成

本論は2部構成をとる。2-4章では、武田が盛んに活動した明治末から大正時代と、建材企業勃興期の合致を明らかにする。そのうえで5、6章では武田の活動や建築作品を産業や建築材料に着眼し、産業界に関わる建築家像と新材料と意匠の関係性を示す。

2章　武田五一のアール・ヌーヴォー 受容と材料調達

本章では材料調達に着眼し武田がセセッションを好んだ理由を示し、武田の建築作品と《旧東宮御所》を比較した。

2-1 武田五一のアール・ヌーヴォー受容

武田は1908年に渡欧した際、明確にセセッションを支持するようになる。その理由として武田は「各材料の良き部分をいかんなく発揮できる点」を挙げた[7]。また「我国の材料を使って建築を進めていきたい」とも述べており[8]、洋行中のスケッチからはステンドグラス・壁紙などの材料や製法に関するメモが確認されている[9][10]。このことからセセッションの意匠に惹かれたことと、それらの国産化を視野に入れていたことが推察される。

2-2 武田の材料調達

次に武田が用いた建材について、文化財調査の成果から輸入品と国産品に分類した[11][12][13]（図1）。これらは、日本で生産開始されて間もないリノリウム、武田が特別につくらせたスパニッシュ瓦、当時の住宅にしては珍しい陶器製の便器など先駆的な使用例が多い。以上から武田の産業界に対する知見の広さや、材料調達の積極性が窺える。

2-3 第一世代の建築家による材料調達

片山東熊が設計した《旧東宮御所》を例に「第一世代」の建築家の材料調達を示す[14][15][16]。10年にもおよぶ建設過程のなかで、片山は鉄骨・暖房設備・室内装飾などを調査・発注するため欧米各国を3度奔走し、あらゆる材料を輸入した（図1）。国家的プロジェクトであった《旧東宮御所》は、意匠だけでなく建材についても完全に西欧から移植された建築といえる。

2-4 片山と武田の比較

武田は《芝川邸》のような住宅作品の設計においても《旧東宮御所》に近い姿勢で、材料を調達していたことがわかる。20世紀に入り建築家に求められる仕様が多様化してきたなかでも、武田は意欲的に産業界にコミットしていた。

3章　経済史・産業史における企業勃興

本章では、計4次の企業勃興を経済史の既往研究から概説する。

3-1 企業勃興の研究

一般的な経済史・産業史は、1885年から1910年代までを大規模な企業や工場が定着した「企業勃興期」と位置づけている[17]。宮本・阿部はそれらを、第一次企業勃興・第二次企業勃興・第三次企業勃興の3つに細分化した[18]（図1）。また続く第一次大戦下の好景気も企業設立が相次いだことで知られており、本論文ではそれを「大戦下企業勃興」と名づけた。

3-2 第一次企業勃興（1886-1889）

第一次企業勃興の契機は、緊縮財政（松方デフレ）の収束である。以前より好調であった紡績業や鉄道業への投資が増加し、関連企業の設立が相次いだ。建材企業でいうと、日本煉瓦製造株式会社が当該期に設立された。

3-3 第二次企業勃興（1895-1897）

日清戦争で得られた賠償金と、主に軍備拡張を目的とした財政支出の増加を背景に、第二次企業勃興は発生した。この時期に設立された建材企業は、やや時代は下るが官営八幡製鉄所や旭硝子などが挙げられる。

3-4 第三次企業勃興 （1905-1907、1909-1912）

第三次企業勃興は日露戦争直後に始まる。賠償金は獲得できなかったものの、政府は公債発行を継続

《旧東宮御所》（片山の調査開始 1897年、竣工 1909年）
　輸入品
　　仕上げ材の大半（大理石・壁織物・絨毯・天井画用カンバス
　　など）・マントルピース・シャンデリア・調度品・スレート
　　屋根・大理石・彩色瓦・輸入家具・暖炉前飾り・暖房器具
　　鉄骨（アメリカで設計・製造依頼、技師派遣、大型機械輸入）
　　見本（絵図・織物・敷物）・模型（柱キャピタル・石膏模型）
　輸入した見本を模倣（国内で製作）※総数の一部
　　天井画・室内造作板材・家具・外観装飾・壁用裂地・絨毯
　国産品
　　スレート屋根（1割）・花崗岩・躯体煉瓦・美術壁画・七宝

```
                                        ┌──────《旧東宮御所》──────
 1885  辰野金吾が工部大学校教授に着任      1901  官営八幡製鉄所設立
       浅野セメント設立                   1902  旭硝子株式会社設立

    1886      1889              1895    1897
  第一次企業勃興           第二次企業勃興
  （1886-1889）          （1895-1897）
```

図1 片山と武田の使用材料と各次企業勃興

させることで軍拡・植民地経営・産業育成へと積極的な財政資金の投下を行っていた。この時期には在来の家具・陶磁器業を中心とする雑貨製造業が輸出総額の8-10%を占めたとされる。

　多業種の企業が勃興した理由として、沢井は高等工業学校出身の技術者が増加したことを挙げている[19]。同校には在来産業の科目が設置されており、卒業生は家業を継ぐ場合が多かったため「軽工業・在来産業の近代化の担い手」となった（表1）。タイルや家具、室内装飾の国産メーカーは彼らが勃興を担うことになる（4-3で詳述）。

3-5 大戦下企業勃興（1915-1919）

第一次世界大戦の勃発は、国際市場における欧州企業の後退を引き起こし、日本の輸出を著しく拡大させた。とくにアジア圏との貿易関係が強まり、綿製品や雑貨品を中心とする軽工業の輸出の増大をうけて、企業の設立が相次いだ。

4章　建築材料企業勃興

本章では、建材企業の設立年と契機を示す。

4-1 『建築土木資料集覧』からみる設立年

本節ではできるだけ多くの建材企業の勃興期を明らかにするため『建築土木資料集覧』[20]に収録された企業の設立年を調査した。同書に収録された明治以降に生産が開始された新材料を扱う248社を、『日本会社役員録』[21]や『日本のタイル工業史』等と照合したところ76社の設立年を明らかにできた[*1]。しかし業種にまとまりがなく勃興の全体像を把握するには不十分であったため個々の事例として以降の論で引用することにする。

4-2 塗料メーカーからみる勃興の全体像

上記をふまえ本節では、『日本塗料工業史』[22]を用い対象を塗料メーカーに絞ることで、企業が設立する期間の全体像を把握した。同資料は明治期と大正期に設立された塗料メーカーの総数を96社と解明しており、それらをグラフで表した（図2）。その結果、第三次企業勃興期に15社、大戦下企業勃興期に23社の設立がそれぞれ確認できた。また第一次世界大戦終了後も設立が相次いでおり、これは後述するタイルメーカーとも共通している。

《名和昆虫記念館》（竣工 1907 年）
　国産品　外装タイル（黄）※武田が陶工に作らせた
　　　　　《京都府記念図書館》（1909）にも使用

《芝川邸》（竣工 1912 年、増改築 1928 年）
　輸入品
　　タイル・衛生機器・色ガラス（ステンドグラス製作）
　国産品（あるいはその可能性が高い）
　　釘・ボルト・照明器具・リノリウム・コルク（床材）
　　スパニッシュ瓦・金属溶射メタリコン・ベランダ幅
　　木タイル・鉄筋・セメント・メタルラス・家具

《山口県庁及県会議議事堂》（竣工 1916 年）
　輸入品　建具金物
　国産品　銅滓瓦（赤褐色）、外壁石材（2種類）

《求道会館》（竣工 1925 年）
　輸入品
　　模様入り床タイル
　　色ガラス（ステンドグラスを製作）
　国産品（あるいはその可能性が高い）
　　石綿スレート・外装タイル・暖炉周りタイル
　　人造石・金属製手すり・家具

	東京帝国大学	高等工業高校
授業科目	重化学工業・土木・鉱業中心	在来産業科目も設置（繊維・窯業）
主な就職先	官公庁や財閥系商社中心	民間企業・家業継承・起業
海外留学割合	21.9%	15.9%（東京高等工業高校のみ）
同一企業の滞在率	68.8%	51.1%

表1　1900年から1914年における高等工業高校卒の技術者の特色

4-3 タイルメーカーからみる勃興の契機

本節では、第2節に加えてタイルメーカーの発展過程を用いて、勃興する建材企業の特徴を明らかにする。タイル産業の発展過程を図3、それらが設立される契機を表2に、それぞれ示した[23][24][25]。国産のタイルは（A）から（C）の3つの経路で発展し、これらの設立契機は①から⑤の5つある。第一次世界大戦期には、これらの契機を経たタイルメーカーが市場に出揃う。終戦後には不況にみまわれるも、関東大震災でRC造がさらに増加したことから再び好況となり、タイルの種類も豊富になった。これは先述した塗料メーカーとも重なっている。

またこれら5つの契機と本章第1節で明らかにした例を照合すると、他業種の建材メーカーにおいても同様に当てはまった。たとえば、鉄道の座席メーカーから転じた「住之江合資会社」は契機③と捉えられ、熟練の職工を抱え国産製品の価値を訴えた「合資会社清水製作所」は契機②と考えられる。このことから②・⑤の企業は、高等工業高校卒業の技術者たちによって、大量販売よりも少量で質の高い商品を売り出していたと推察される。武田は地方の工場にスパニッシュ瓦を生産させていたが、それを可能にしたのは在来産業から転換を図っていた企業の存在があったからであろう。

（時系列図：1905年から1930年のタイムライン。《芝川邸》《山口県庁県議会議事堂》《求道会館》。第三次企業勃興（1905-1907, 1909-1912）、大戦下企業勃興（1915-1919））

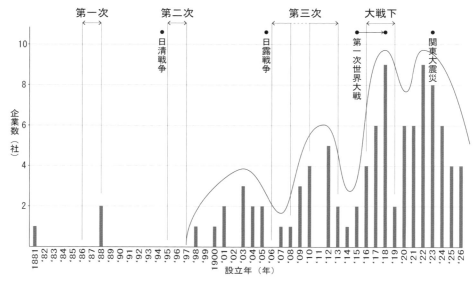

図2 塗料メーカーの設立年

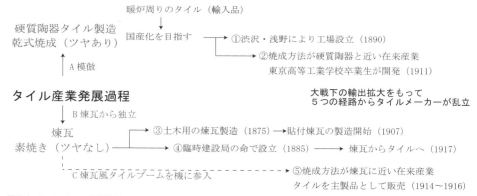

図3 タイルメーカーの発展過程

	建材企業勃興の主な契機	主な勃興期	タイルメーカー
①	殖産興業政策（官営工場・お雇い外国人）	第一次	ワグネルの工場
②	在来産業からの参入（国内で代替化）	第三次	淡陶社・不二見焼合資会社
③	鉄道・軍事関連企業の経営多角化	第三次	品川白煉瓦株式会社
④	大規模建材企業からの経営多角化	第二・三次	日本煉瓦製造株式会社
⑤	在来産業からの参入（WW1－関東大震災）	大戦下	伊奈製陶・有田製陶所など

表2 企業設立の契機とタイルメーカー名

4-4 建材企業勃興と建築家

産業史と同じ区分において、建材企業の勃興が確認された。1930年に新名種夫は「一般工業界の建築材料への着目。能率の良い建築部材の出現およびその大量生産」により、材料を工夫し製作する役目を製造業者に取って代わられた建築家は、それら既製品を配列し組み立てる役を受け持つにすぎなくなると危惧している[26]。このことから本論で明らかにした建材企業勃興は、建築表現を多様化した一方で、建築家から建材を選定する機会を奪い、建築表現が既製品の組み合わせのみで決定される要因になったといえるだろう。

5章　施主からみる武田五一と産業界の関わり

本章では、施主を起点に武田と産業人・経営人とのつながりを提示する。

5-1 施主推察

武田と産業界の関わりを明らかにするために、住宅の施主を特定する。『武田博士作品集』[27]では36棟の住宅それぞれの施主の姓と住所を読み取れる。そこで本節では『人事興信録』[28]と作品集を照合することで、13名の施主を推定した。つぎに同史料から既知の施主を含む24名の職歴を明らかにした結果、技術者兼経営者が2名、商社を中心とした企業の経営者が13名と判明した。このことから武田と産業界の距離の近さが窺える。

5-2 施主に着眼した武田と企業の関係

本節では、武田の住宅作品における施主に着目する。

まず福島行信を取り上げる。武田が第一回洋行から帰国直後に設計した《福島邸》(1905)は、小豆色の壁体や赤瓦、先端的な家具を有しており、これまでは日本におけるセセッション建築の嚆矢として取り上げられている。しかし本研究では、これら材料の調達方法に目を向ける。1907年、武田は貿易商人である施主の福島行信からウィーン製の家具を輸入していた[29]。加えて福島が設計に深く関与していたことも確認した[30]。これらから福島邸に用いられた家具やタイルなども、福島から輸入していたと推測できる。また先述したとおり家具や内部装飾メーカーは、輸入品に触発された技術者集団によって設立されていた。以上から《福島邸》は、洋風家具・敷物の国産化を促進させた建築とも位置づけられるだろう。また《青柳邸》の施主、青柳栄治にも着眼した。電燈や台所にも及ぶ幅広い知見をもった武田は電気工学の専門家である青柳や、大戦下の好況で電熱機械を発展させた京都電燈株式会社と関わることで、電化製品の普及に努め、都市デザインを牽引していたことを示した[31]。

6章　武田の建築における材料と表層

6-1 表層と建築材料

建材と歴史主義という観点から、第一世代の建築家である辰野や片山と武田を比較した(図4)。この具体例を以降の節で示す。

6-2 同時期のRC造と比較する武田のタイルの扱い

本節では、武田が設計顧問を務めた《大阪朝日新聞社》

	歴史主義	表層／深層	輸入／国産
辰野・片山	継承	一体	移植（輸入）
武田	様式をベースとしつつ部分的に新意匠を導入（歴史主義でないモチーフ）	表層のデザインに意欲的	極力国産品（ナショナリズム）

様式を脱却することはなかったがむしろその安定的な基盤のうえに
国産化された新材料を用いて自由な表層をデザインしていた

図4 第一世代の建築家と比較した武田の特徴

図5 《芝川邸》の外観

（RC造、1916年）から武田のタイルの扱いを示した。同建築以前で外装タイルが用いられた6棟のRC造・SRC造のなかで、武田はもっとも多くの外装材を用いていたとわかった[*2]。それらは基段やコーニスに挟まれた壁面に、ふんだんに盛り込まれていることから、積極的に産業へ関わっていた武田は歴史主義様式の基盤を活かし、RC造の黎明期に他の建築家よりも豊穣な表皮をデザインしていたといえる。

6-3 《芝川邸》の金属溶射メタリコン

石田潤一郎は《芝川邸》（1912年新築、1928年増改築）のベランダ空間を、小屋組があらわになった天井から「単なる和洋折衷ではない、見たこともない空間が出現した」と高く評価している[32]（図5、6）。本節では、同空間の壁面に用いられた金属溶射メタリコンに着眼する（図7）。これは金属粉による皮膜を物体表面につくる塗料のことで、1921年に艦船用具等の目的で国産化された。また下地にはメタルラスが用いられており、武田は1914年に金属下地の特許を取得している[33]。このことから大胆な塗装を行うことをあらかじめ想定していたと考えられる。数寄屋の小屋組とタイルが貼られたベランダは一見すると和洋折衷ともとれるが、この壁面だけはどの様式にも当てはまらない。むしろ様式を安定的な型としつつ、その間の壁面に新しい意匠を試み「見たことも

ない空間」を生み出したと考えられる。

6-4 アシンメトリーなモチーフ

本節では2種以上の部材を継ぎ合わせることで、シンメトリーではない多様なパターンへと展開可能な製品を武田が使用・考案していたことを、《求道会館》の半円アーチ、伊奈製陶の「万華タイル」を例に示した[34]。

結章

本研究では、武田五一を基軸とし、建築家の材料調達と企業勃興に着眼したことで、以下の知見を得た（図8）。

①建材企業勃興の期間が、産業史の説くところと重なることを明らかにした。とくに第三次・大戦下企業勃興期には、他業種から建築分野への経営多角化や、専門技術者による在来産業からの輸入代替化が確認され、それらからの技術の伝播や需要増加を受けて、各地の在来産業が新材料へと徐々に経営転換したことを示した。またこうした建材企業勃興期が、建築家の役目を大きく揺るがす契機となり建築表現へ影響したことを見い出した。②企業勃興期に関わる武田像を、施主に着眼して提示した。③企業勃興によって誕生した新材料に着眼し、武田が様式を安定的な基盤として捉え、その表層に新材料を自由に

図6 《芝川邸》のベランダ空間

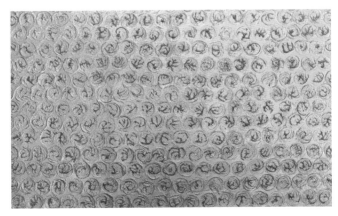

図7 《芝川邸》の金属溶射メタリコン

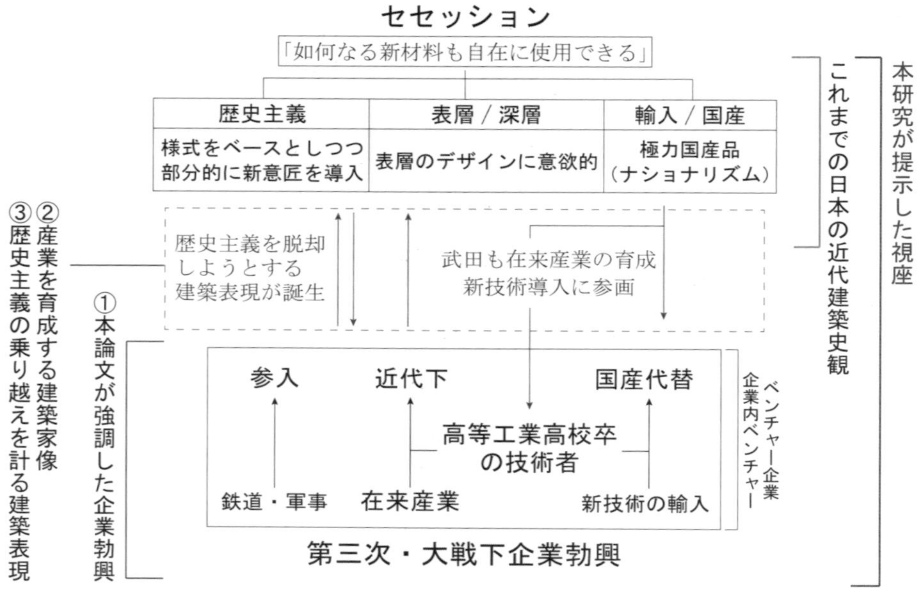
セセッション
「如何なる新材料も自在に使用できる」
歴史主義
様式をベースとしつつ
部分的に新意匠を導入
表層／深層
表層のデザインに意欲的
輸入／国産
極力国産品
（ナショナリズム）
歴史主義を脱却
しようとする
建築表現が誕生
武田も在来産業の育成
新技術導入に参画
参入
近代下
国産代替
高等工業高校卒
の技術者
鉄道・軍事
在来産業
新技術の輸入
第三次・大戦下企業勃興
ベンチャー企業
企業内ベンチャー
本研究が提示した視座
これまでの日本の近代建築史観
①本論文が強調した企業勃興
②産業を育成する建築家像
③歴史主義の乗り越えを計る建築表現

図8 本研究の成果

用いていたことを示した。武田の産業界に対する積極的な姿勢から、こうした建築表現が生み出されたと考えられる。

本研究では、材料生産を指導する建築家と、意匠の幅を広げる産業、双方の関係性を強調し武田を捉え直すことで、意匠設計と同等の比重で材料調達を行う建築家像を見い出した。この建築家像は、建材企業勃興によってほとんど失われたため、現代で問い直される意義があるだろう。また下部構造から建築家を捉える視点は、建築家の主体性を重んじ彼らの言説を作品の説明に帰着させる従来の研究では見過ごされてきた。そのため本研究の視点は、武田に限らず他の建築家に対しても重要だと考える。以上より本研究は、現代の建築家像、武田五一研究、そして日本近代建築史研究に新たな視座を提示した。

［註］

＊1 参考文献[(20)]のみで設立年を判明できた企業もあった。

＊2 参考文献[(5)]と『建築雑誌』に掲載された建築作品を対象としている。具体的には、以下。《三井物産株式会社横浜支店》(1911)、《八十四銀行本店》(1913)、《大阪株式取引所貸家》(1913)、《三菱21号館》(1914)、《四十三銀行本店》(1916)

［参考文献］

(1) 博物館明治村『明治村建造物移築工事報告書 第十二集 芝川又右衛門邸』、2010年
(2) 沢井実、谷本雅之『日本経済史』有斐閣、2016年
(3) 稲垣栄三『日本の近代建築―その成立過程―』丸善、1959年
(4) 村松貞次郎『日本近代技術史』地人書館、1959年
(5) 日本のタイル工業史編集委員会『日本のタイル工業史』INAX、1991年
(6) 「材料からみる近代建築史」『建築施工単価』経済調査会、2012-2019年
(7) 武田五一「アール・ヌーボーとセセッション」『建築ト装飾』第2巻6号、1912年
(8) 武田五一「歐洲を巡りて」『建築雑誌』1932年6月号、pp.759-768、日本建築学会
(9) 足立裕司「武田五一の建築観とその形成期について――武田五一研究Ⅰ」『日本建築学会計画系論文報告集』

pp.105-116、1985年

（10）足立裕司「武田五一とアール・ヌーヴォー──武田五一研究（2）」『日本建築学会計画系論文報告集』pp.97-111、1985年

（11）東京都『求道会館修理工事報告書』2002年

（12）山口県『山口県旧県会議事堂保存修理工事報告書』2005年

（13）博物館明治村『明治村建造物移築工事報告書 第十二集 芝川又右衛門邸』2010年

（14）小野木重勝『明治洋風宮廷建築』相模書房、1983年

（15）児嶋由美子「赤坂離宮の室内装飾の調達・製作実態」『日本建築学会計画系論文集』pp.183-189、2006年

（16）仁科薫、平賀あまな、藤田康仁「旧東宮御所（迎賓館赤坂離宮）造営事業における石材調達の実態──日本近代における建材としての石材利用の展開に関する研究（1）」『日本建築学会大会学術講演梗概集』pp.263-264、2020年

（17）平井健介、島西智輝、岸田真『ハンドブック日本経済史──徳川期から安定成長期まで』ミネルヴァ書房、2021年

（18）宮本又郎、阿部武司「概説 一八八〇年代−一九一五年」『経営革新と工業化』岩波書店、1995年

（19）沢井実「重化学工業化と技術者」『経営革新と工業化』岩波書店、1995年

（20）建築土木資料集覧会『建築土木資料集覧』1929年

（21）商業興信所『日本全国諸会社役員録 第39回』1931年

（22）日本塗料工業編纂委員『日本塗料工業史』1953年

（23）伊奈製陶株式会社30年史編集委員会『伊奈製陶株式会社30年史』1956年

（24）品川白煉瓦株式会社社史編纂室編『創業100年史』1976年

（25）煉瓦製造株式会社社史編集委員会編『日本煉瓦100年史』1990年

（26）新名種夫「建築事務所は何処へ行く」『建築と社会』1930年9月号、日本建築協会、1930年

（27）武田博士還暦記念事業会『武田五一博士作品集』1933年

（28）人事興信所『人事興信録 4版』1917年

（29）『武田五一の建築標本』INAX、2017年

（30）「福島氏の住宅」『建築』第76号、1906年5月号

（31）京都電灯株式会社編『京都電灯株式会社五十年史』1927年

（32）石田潤一郎『関西の近代建築──ウォートルスから村野藤吾まで』中央公論美術出版、1996年

（33）田中和幸「材料からみた近代日本建築史──メタルラスとコンクリート」『建築施工単価』2015年秋号、経済調査会、2015年

（34）『日本のタイル工業史』INAX、1991年

出展者コメント ── トウキョウ建築コレクションを終えて

Q このテーマを選んだ理由

初めはアーツ・アンド・クラフツが示した手仕事の意義に漠然と興味をもっており、その日本受容を考えたとき、武田五一に目が留まりました。しだいに武田から意匠と産業の緊密な関係性が得られ、新しい視点を提示できると感じ、テーマに設定しました。

Q 修士論文を通して得たこと

抽象的な言葉だけで理解した気になるのではなく、具体物に迫り考えることの重要性を痛感しました。またそうした具体物を配列し現在とつなげることで、私たちが当たり前だと（無意識に）思い込んでいる見方を変える方法を学びました。

Q 論文を通じて社会に向けて発信したいメッセージ

建築家にとって材料調達が、意匠設計と同等に重要な仕事であったことを、多様な建築材料が流通している現代で見つめなおしてほしいと思います。また言説ではなく、材料生産という下部構造から建築作品や建築家を捉え直す可能性や意義を伝えたいです。

Q 修士修了後の進路と10年後の展望

新聞社に入社して、展覧会の企画・運営に携わります。就職しても学び続ける姿勢を忘れず、視野を広げ、考えを深めていきたいです。10年後には、修士論文の経験を活かし、従来とは異なる切り口で作品を捉えることで、新たな視点を与える展示を企画したいです。

都市のオーセンティシティの文脈化を通した河川空間整備のあり方に関する研究

愛知県岡崎市乙川リバーフロント地区を対象として

山口乃乃花
Yamaguchi Nonoka

早稲田大学大学院
創造理工学研究科　建築学専攻
有賀隆研究室

1章　序章

1-1　背景・目的

近年、都市の更新による、ある一定の都市空間における「地域らしさ」を意味する都市のオーセンティシティのゆらぎについて議論されている[*1]。とくにビルなどの敷地内に一般公衆が自由に出入りできる「公開空地」の導入等により、開発敷地内において地形や緑地などの自然空間の保存を謳った、都市のなかに自然空間を「演出」する計画が見られるようになった。このようなランドスケープデザインは、一見都市のオーセンティシティを形成しているように見えるが、都市のオーセンティシティを形成する要素を丁寧に捉える段階を経ていない場合が多く、結果的に都市のオーセンティシティを喪失させるデザインとなりかねない。

　以上のような背景のなかで、近年ではとくに河川空間を活かした開発によって都市のオーセンティシティを読み取ることの可能性が見直されている。都市のオーセンティシティを読み取る計画の対象となり得る、空間・使い方がともに変容している河川空間において、都市のオーセンティシティを形成する要素を正確に捉えるための評価指標を構築し、都市のオーセンティシティの文脈化(図1)を通して河川空間の整備のあり方を見直す必要がある。

2章　都市のオーセンティシティに関する概念の整理と評価指標の構築

2-1　都市のオーセンティシティを形成する要素の整理

内田(2020)[(1)]は、観光分野においてオーセンティシティの議論が発展してきたことを述べ、観光のオーセンティシティ論において確立された3つのオーセンティシティの分類について以下の通り示している[*2]。

①客観的/リアルなオーセンティシティ
②構成主義的/構築的/社会政治的オーセンティシティ
③実存的/個人的/現象学的オーセンティシティ[*3]

また都市のオーセンティシティを考える場合、観光分野と比較して関与する時間軸の長さと真/偽の判断の難しさがあり、観光のオーセンティシティと違い「馴染み」の感覚をもち、常に「再解釈」の機会・危機を内包することも述べられている。

　3つのオーセンティシティに関して、それらの特性をオーセンティシティの「ゆらぎ」という言葉を用いて位置づけている。つまり時間軸において過去に近づき、また場所志向に近づくほどオーセンティシティは「確定」に向かい、時間軸において現在に近づき、また体験志向に近づくほどオーセンティシティは「ゆらぎ」

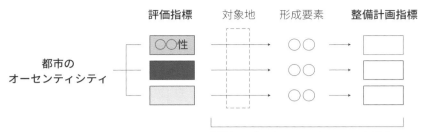

図1 都市のオーセンティシティの文脈化

に向かうということを示している。よって客観的、構築的、個人的の順にオーセンティシティが「確定」に向かう。

2-2 河川空間における 都市のオーセンティシティの捉え方

河川空間における都市のオーセンティシティを考えるにあたり、空間志向である客観的オーセンティシティは、ハード整備が推進される河川空間においては常に「ゆらぎ」が生じる可能性がある。また近年では支援制度により河川空間の活用が推進され、より体験志向の構築的、個人的オーセンティシティの形成が進むことが予想される。よって、河川空間においては、客観的、構築的、個人的といった異なる分類のオーセンティシティを切り離して考えず、互いに補い合うものとして考える。また、河川空間における客観的オーセンティシティは河川「空間」、構築的オーセンティシティは河川空間における伝統的催事やミズベリング等の新たな取り組みによって生まれる文化や営み、個人的オーセンティシティは河川空間における個人の体験と位置づける。これら3つのオーセンティシティの集積によって河川空間における都市のオーセンティシティが確実なものとなることとする。

2-3 河川空間における都市の オーセンティシティを形成する 指標の構築（用語の定義）

客観的、構築的、個人的オーセンティシティの3つと「馴染み」の感覚を都市のオーセンティシティの文脈化のために用いる評価指標として位置づける。河川「空間」に対応する指標を「象徴性」、河川空間の文化・営みに対応する指標を「社交性」、河川空間に

おける個人の体験に対応する指標を「想起性」とする。また、河川空間が時間軸のなかで「馴染む」ための認知主体の性質を「受容性」とする。以上の概念と評価指標の位置づけを整理し、各用語の定義を含めて図2に示す。また、受容性は体験を通して空間を認知すること、つまり「体験的空間認知」を繰り返すことによって可能となることとする。

2-4 対象地概要

本研究の対象地である愛知県岡崎市乙川リバーフロント地区は旧城下町としての歴史をもつ地域である。また2017年に「乙川リバーフロント地区公民連携まちづくり基本計画―QURUWA戦略」を策定し、公共空間の各拠点を結ぶ主要回遊動線を「QURUWA」と名づけ、公民連携プロジェクトを実施することによりまちの活性化を図る戦略を行ってきた。この一環として「かわまちづくり」支援制度にも登録され、2015年以降河川空間の整備がソフト・ハードともに進んできた。本研究では、「QURUWA」の対象範囲のうち、乙川と隣接する範囲を対象とする。

3章 周辺住民による都市の オーセンティシティ認識要因に 関するテキストデータの分類

3-1 都市のオーセンティシティ認識空間 選択理由における自由回答テキストデータ の分類方法の提示

分析のために乙川リバーフロント地区を主要な景観構成要素と河川敷空間14カ所のエリアに分け、河川敷空間については、エリアと川の南北をそれぞれAN1-CN2、AS1-CS2というように名称を設定し

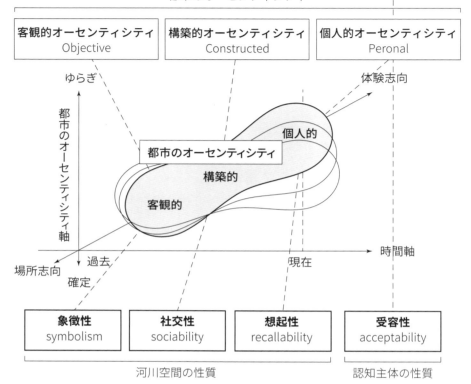

『馴染み』の感覚をもつ

都市のオーセンティシティ

客観的オーセンティシティ Objective	構築的オーセンティシティ Constructed	個人的オーセンティシティ Peronal

ゆらぎ

体験志向

都市のオーセンティシティ軸

都市のオーセンティシティ

個人的

構築的

客観的

場所志向

過去

確定

現在

時間軸

象徴性 symbolism	社交性 sociability	想起性 recallability	受容性 acceptability

河川空間の性質　　　　　　　認知主体の性質

象徴性 |symbolism	客観的オーセンティシティが認識される「空間」の性質 （河川空間の性質）
社交性 |sociability	構築的オーセンティシティが認識されるための文化・風土を生む人間の営みを受け入れる場としての性質 （河川空間の性質）
想起性 |recallability	個人的オーセンティシティが認識されるための各個人の心象体験を生む場としての性質（河川空間の性質）
受容性 |acceptability	体験的空間認知の経験を重ね、空間に対して馴染みの感覚をもつことで向上する、空間の受け入れやすさを示す性質（認知主体の性質）
体験的空間認知	体験を通して空間を認知すること
認知主体	都市のオーセンティシティを認識する主体

図2 河川空間における都市のオーセンティシティの概念図と評価指標の構築

図3 対象範囲のエリア分け

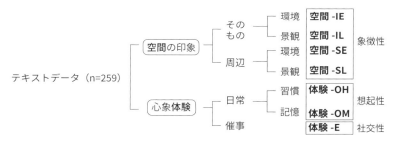

I：Itself　S：Surrounding　E：Environment　L：Landscape
O：Ordinary　H：Habit　M：Memory　E：Event

図4 テキストデータ分類方法

た（図3）。各エリアについて、周辺住民に対して行ったアンケート調査における自由解答欄に記述された「乙川らしい」空間の選択理由のテキストデータ全259個をすべて挙げ、分類を行った。その空間の象徴性が高い場合、「空間」の印象に関する内容、社交性の記述が、想起性が高い場合、「体験」に関する内容の記述が多くなることを仮定し、分類を行う。「空間」の印象をその空間自体を指す内容の「そのもの」とその空間から見える他の対象を指す内容の「周辺」に分け、さらに「環境」に関するものと「景観」に関するものに分類する。また、心象「体験」を「日常」と「催事」に関するものに分け、さらに「日常」に関するものに関しては「習慣」と「記憶」に関するものに分類した。ここで、「催事」に分類されるものは社交性、「日常」に分類されるものは想起性を示すものとする（図4）。

4章　「空間」に関するテキストデータ　　　から見る象徴性形成要素の解明と　　　整備計画指標の導出

4-1 本章の分析方法

3章で分類した「空間」に関する各エリアのテキストデータ数とその内訳（「そのもの-環境」「そのもの-景観」「周辺-環境」「周辺-景観」）を図5に示す。本章では、行政へのヒアリング調査と文献調査から乙川リバーフロント地区における「空間」の特徴を把握したうえで、アンケート結果からわかる住民評価と照らし合わせ、象徴性を形成する河川空間の整備計画指標を提示する。

4-2 象徴性の形成につながる　　　整備計画指標の導出

調査・分析の結果、象徴性を形成する要素は城郭、橋、桜等に向けた視点場、岡崎城・桜城橋のようなランドマーク・水辺との近さであった。よって、空間計画

に関する整備計画指標としてA）視点場の保存・創出、B）ランドマークの保存・創出、C）親水性の向上、D）土塁への植栽、E）風土に適した材料の使用を設定した。また一方で、城郭への視点場の確保や過去エレメントの継承という景観に考慮した整備が行われた空間は、桜城橋以外あまり象徴性の評価が見られず、公民連携事業の推進過程でハード整備においてはほとんど住民意見を取り入れずに進められたことが理由として考えられる。このことから、推進手

法に関する整備計画指標として、ア）空間整備に関する住民意見の収集を行う段階を設けることを設定する。

5章 「体験」に関するテキストデータから見る社交性・想起性形成要素の解明と整備計画指標の導出

5-1 本章の分析方法

3章で分類した「体験」に関するテキストデータは、

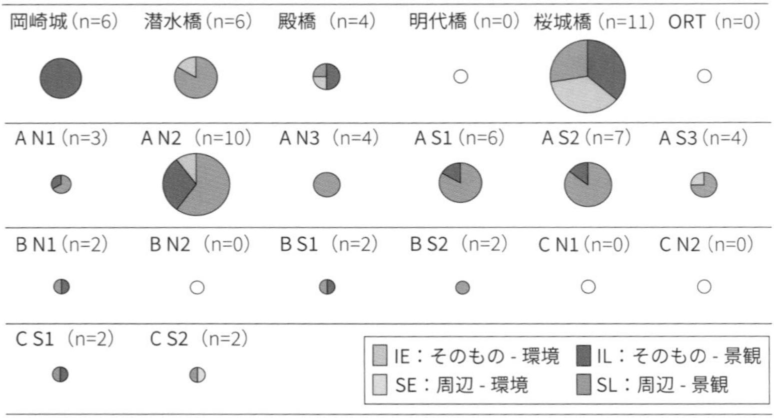

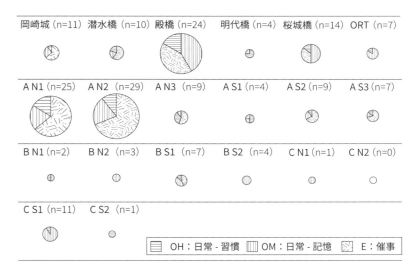

図5「空間」に関するテキストデータのエリアごとの分類

図6「体験」に関するテキストデータのエリアごとの分類

「催事」に分類されるものを社交性、「日常-習慣」「日常-記憶」に分類されるものを想起性を表すデータと捉え、各エリアのテキストデータ数とその内訳を図6に示す。本章では、行政へのヒアリング調査と文献調査から公民連携事業期間における催事の開催方法を把握し、社交性を形成する河川空間の整備計画指標を提示する。また「日常-習慣」「日常-記憶」に分類されたテキストデータが多く集まった空間の特性から、想起性を形成する河川空間の整備計画指標を提示する。

5-2 社交性・想起性の形成につながる整備計画指標の導出

調査・分析の結果、社交性の形成につながった要素は伝統的催事の存在と2015年以降の河川敷活用事業の定着であった。社会実験の期間を段階的に長くしていき、継続的な担い手や催事の定着を図ったこと[*4]、また催事をハード整備と並行して継続的に開催したことが社交性の形成につながった主な要因であった。よって、社交性を形成するための推進手法に関する整備計画指標として、イ)河川空間活用事業の段階的な開催による担い手・催事の定着、ウ)ハード整備進行と催事の両立を設定した。またバックヤードとして使える施設の有無によって開催場所の選択肢が狭まっていることから、空間計画に関する整備計画指標として、F)バックヤード施設の設置を設定した。また想起性が高い空間の特徴から、想起性を創出するための空間計画に関する整備計画指標として、G)アクセス性の向上、H)アクティビティを生む仕掛け・十分な広さを設定した。

6章 認知主体の受容性から見る都市のオーセンティシティ認識メカニズムの考察

6-1 認知主体の受容性によるグループ分けと選択理由における各評価指標の割合

本節では、認知主体の性質である受容性という評価指標を加えて分析を行う。まずアンケート調査を行った対象者全員を「初めて乙川リバーフロントエリアに訪れた年」と「訪問頻度」により分類を行った。受容性がもっとも高い、河川整備が行われる前の

2014年以前から訪問経験があり、さらに半年に1回以上の頻度で訪れているA-2014のグループ（N=41）、訪問頻度が高く訪問経験期間が短いA-2021-2022のグループ（n=19）、3年に一度以下と訪問頻度が低く訪問期間が長いD-2014のグループ（n=10）を抽出し、各グループの都市のオーセンティシティ認識空間の選択理由を自由記述のテキストデータから明らかにする。テキストデータを河川空間の象徴性、社交性、想起性によるものの3つに分類し、割合と、訪問経験期間と頻度の2軸による傾向を示す（図7）。すべてのグループにおいて社交性に基づく選択要因の割合が大きかった。訪問経験期間が長い認知主体ほど象徴性に基づく選択要因の割合が大きくなっていた。また受容性がもっとも高いグループは、象徴性、社交性、想起性の割合のバランスがもっとも取れていることがわかった。

6-2 認知主体の受容性向上につながる整備計画指標の導出

認知主体の受容性の向上につながる整備計画指標として、エ)「体験」によって「空間」の象徴性の高さを認識できるコンテンツの計画を設定した。

7章 都市のオーセンティシティの文脈化を通した整備計画指標の整理と河川管理プロセスへの適応

7-1 河川管理プロセスの提示

4、5、6章で明らかにした、評価指標が強く見られた空間を整理し、導出した整備計画指標を整理する（図8）。そして本章では、前章までに導出した整備計画指標を実際の「かわまちづくり」支援制度における計画から施行、またその後と平常時の管理項目のプロセスにおいて各段階に位置づける（図9）。[*5]「計画作成」の段階では、空間計画に関する整備計画指標A)-H)に基づいて、ア)空間整備に関する住民意見の収集の機会を設ける。その後の「活動推進」の段階では、「計画作成」の段階で収集した意見と専門家の助言に基づきハード整備を行う。またこの間の河川敷活用事業の推進において、イ)ハード整備の進行と催事の両立、そしてウ)社会実験などの活用事業の段階的な開催による担い手・催事の定

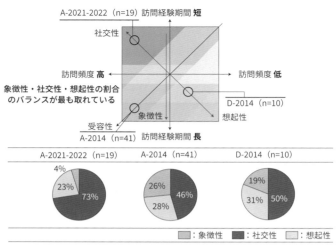

図7 各グループにおける選択理由割合と傾向の把握

着を行う。また施策終了後は、ハード・ソフトともに整備された河川空間が「馴染む」ための期間に入る。社会実験等の活用事業により生まれた催事が定期イベントとして定着し始める段階において、エ）「体験」によって「空間」の象徴性の高さを認識できるコンテンツの計画を行うことにより、河川空間に訪れる認知主体の体験的空間認知の質を高め、受容性の向上につながる。また平常時の河川管理項目について、治水のための項目として堤防除草が設けられているが、ここでB）ランドマークの保存・創出を適応し、ランドマークへの眺望ラインを妨げる木枝の伐採を同時に行う。また環境の状態把握のために行う調査や河川空間の利用の把握において、G）アクティビティを生む仕掛け・十分な広さを適応し、平常時の河川敷や橋の使われ方や交通量を調査することで、より定量的なデータも含めた河川空間の計画につながる。以上のように、河川整備だけでなく平常時の河川管理プロセスのなかに整備計画指標を組み込むことで都市のオーセンティシティを形成し続けるための円滑な河川管理が可能になる。

8章　展望

本研究は、近年見られる「地形の保存」や「水辺景観

の尊重」のような一見都市のオーセンティシティを形成しているように捉えられるコンセプトを謳ったランドスケープデザインを問題視し、とくに整備が進められている河川空間を対象として、既往の議論の整理から都市のオーセンティシティの評価指標を構築し、整備計画指標を導出した。分析の結果、認知主体の都市のオーセンティシティの認識理由として、「体験」に分類される、地域に根付く伝統的な営みを示す社交性の割合がもっとも多く、都市のオーセンティシティの形成には「空間」のあり方だけではなく、そこで生み出される伝統的な人々の営みが大きな役割を示していることが明らかになった。近年のランドスケープデザインは過去の「空間」の保存のような象徴性のみが重視されたデザインが多いが、都市のオーセンティシティを正確に捉えた計画のためには社交性、想起性につながる人々の営みや体験を支えるためのデザインが必要となる（図10）。

　本研究で導出した整備計画指標は一つの対象地を通して導出されたものであり、より多くの河川空間を通して同じ分析を行うことでより一般解に近い計画指標が導出できると考えられる。また都市のオーセンティシティは、「壊す」ことはできるが「つくる」ことが難しい性質であり、整備計画指標による

受容性（acceptability）
周辺住民（認知主体）

桜城橋の景観
C N2　C S2　オトリバー
　　　　　　　サイドテラス
明代橋　　C N1
　　　　　　　　C S1・日常心象体験
B N2　B S2　想起性（recallability）
桜城橋　　　　　・視点場・日常心象体験
B N1　B S1　　・夜景
殿橋

象徴性（symbolism）
A N3　　A S3

桜への景観
水辺の景観
　　　　　　A S2
城郭への視点場
A N2
　　　　　　　　　　A S1
岡崎城　　　　　　　潜水橋
・桜まつり
・岡崎城下家康
公夏まつり
社交性（sociability）
A N1

○：体験（日常）　●：体験（催事）

	空間計画	推進手法
象徴性（symbolism）	A) 視点場の保存・創出 B) ランドマークの保存・創出 C) 親水性の向上 D) 土塁への植栽 E) 風土に適した材料の使用	ア) 空間整備に関する 住民意見の収集
社交性（sociability）	F) バックヤード施設の設置	G) アクセス性の向上 H) アクティビティを生 む仕掛け・十分な広さ
想起性（recallability）	イ) 活用事業の段階的な開催によ る担い手・催事の定着 ウ) ハード整備進行と催事の両立	
受容性（acceptability）		エ)「体験」によって「空間」 の象徴性の高さを認識でき るコンテンツの計画

図8 評価指標の形成要素と導出した整備計画指標の整理

都市のオーセンティシティの形成には限界がある。しかし吉阪隆正による「発見的方法」のように、潜在的に存在する都市のオーセンティシティを形成する要素を「発見」することは一つの「計画」となるのではないかと筆者は考える。本研究で構築した評価指標：象徴性・社交性・想起性の概念や整備計画指標の使用が、都市のオーセンティシティの喪失の抑止、さらには「発見」による計画の一助となることを期待する。

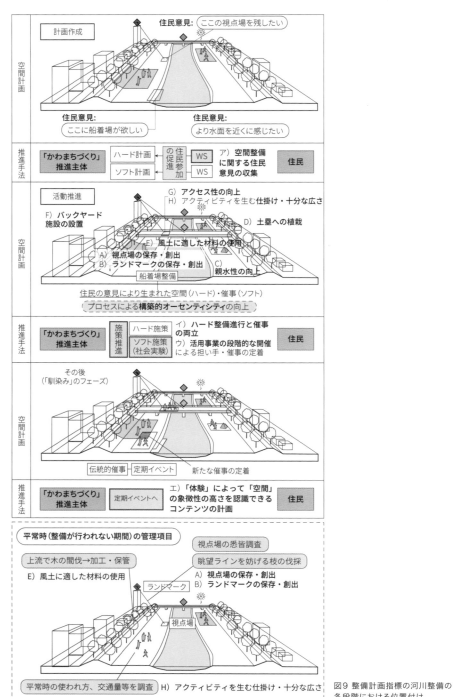

図9 整備計画指標の河川整備の各段階における位置付け

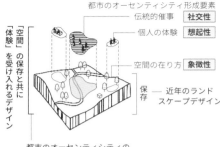

都市のオーセンティシティ形成要素

伝統的催事 【社交性】
個人の体験 【想起性】
空間の在り方 【象徴性】

「空間」の保存と共に「体験」を受け入れるデザイン

保存 —— 近年のランドスケープデザイン

都市のオーセンティシティの文脈化を通したデザイン（本研究の主張）

図10 ランドスケープデザインの展望

[註]
*1 参考文献[(1)]p.22より引用
*2 内田は、ズーキンによる参考文献[(2)]を参照して3つのオーセンティシティの概念を整理している。
*3 参考文献[(3)]p.125より引用
*4 参考文献[(4)]p.36より引用
*5 参考文献[(5)]を参考に記述

[参考文献]
(1)内田奈芳美「都市のオーセンティシティのゆらぎと解釈」『地域経済学研究』38巻、pp.17-26、2020年
(2)シャロン・ズーキン著、内田奈芳美・真野洋介訳『都市はなぜ魂を失ったか』講談社、2013年
(3)内田奈芳美「都市のオーセンティシティとは——その定義と、観光関連の土地利用が示す変化」『観光学評論』Vol.8-2、pp.123-137、2020年
(4)おとがワ！活用実行委員会『OTONOTO』2020年
(5)国土交通省 水管理・国土保全局「河川管理の現状と課題」〈https://www.mlit.go.jp/river/shinngikai_blog/shaseishin/kasenbunkakai/shouiinkai/anzenkakuho/dai01kai/dai01kai_siryou2.pdf〉2022年12月1日閲覧
(6)エドワード・レルフ著、高野岳彦・阿部隆・石山美也子訳『場所の現象学』筑摩書房、1999年
(7)中村良夫『風土自治——内発的まちづくりとは何か』藤原書店、2021年
(8)建部謙治、松本直司、花井雅充「生活空間における心象風景と地区特性との関連性——子どもの心象風景に関する研究 その1」『日本建築学会計画系論文集』68巻565号 p.217-223、2003年
(9)佐藤滋＋城下町都市研究体『図説城下町都市』鹿島出版会、2015年

出展者コメント —— トウキョウ建築コレクションを終えて

Q このテーマを選んだ理由

私は本論文の対象地（岡崎市）の出身で、対象地に含まれる明代橋は通学路でした。帰省するたびに変化し、活気が出てくる乙川に嬉しさを感じる一方で、新たな人道橋の建設への賛否や大きく変容する風景を目の当たりにし、岡崎の人々の捉え方について純粋に興味をもったことがきっかけです。

Q 修士論文を通して得たこと

事例を批判的な目で見ることの重要性を学びました。遠くから地元の変化を見ていた身として、乙川は空間の整備だけが独り歩きしていないかという批判的な目線から研究が始まりました。結果的に、鈴木先生に仰っていただいたように事例に入れ込みすぎず客観的な目線から研究することができました。

Q 論文を通じて社会に向けて発信したいメッセージ

本論文は、計画者に対する「地域らしさ」を保持するための都市空間の計画手法を提示しています。一方で、本論文を通して都市空間を「使う」側の地域住民に対しても、彼らが生む営みこそが空間のあり方以上に重要であり、一人ひとりが「地域らしさ」を支える存在であることを伝えたいと考えました。

Q 修士修了後の進路と10年後の展望

修了後は組織設計事務所の都市部門で働いています。河川のような大きな都市空間の計画に関わる機会は少ないと思いますが、設計することや「空間」に固執してしまうことなく、地域における「体験」の文脈を読み解き、営みを継承するような都市空間を創造する設計者になりたいです。

木造建築の参加型施工・運営手法に関する研究

シュトゥットガルト大学の学生寮「バウホイズレ」を事例として

清水俊祐
Shimizu Shunsuke

慶應義塾大学大学院
理工学研究科　開放環境科学専攻
ホルヘ・アルマザン研究室

1章　序章
1-1 背景と目的

人々が環境構築のための意思決定の過程に参加することで、集団的創造の経験を通じた良好なコミュニティの形成が期待される[1]。本研究ではその点において、利用者が建築行為（設計・施工・運営）に参加する「参加型建築」に着目している。近年、建築の参加型設計の事例が増加し、その研究が盛んに行われる一方で、建築の施工や維持管理の過程に利用者が参加する可能性については、個々の実践に留まっている。より持続可能な参加型建築の実現に向けて、建築の参加型施工・運営手法を体系的に示すことに意義がある。

　1968年以降の欧州では、1980年代にかけて数多くの参加型建築が実践された[*1]。イギリスの建築家W．シーガルは、参加型建築の先駆者であり、木造建築の参加型設計・施工手法「シーガル・メソッド」を開発した。その手法で1977-82年にかけて、住民の参加型設計・施工で集合住宅「シーガル・クローズ」を建設した[2]。彼の影響で1980年代に、授業の一環として学生と教授陣による参加型設計・施工で建設されたのが、シュトゥットガルト大学の学生寮「バウホイズレ」であり、シーガル・メソッドがイギリス国

外で応用され、現存する数少ない事例の1つである[3]。そこでは40年間、居住学生達によって参加型施工・運営手法が継承されてきた。

　本研究は、良好な居住コミュニティの形成・維持に寄与してきた、バウホイズレの参加型施工・運営手法の効果と課題を明らかにすることを目的とする。

1-2 既往研究における本研究の位置づけ

参加型建築の既往研究は、参加型施工、参加型設計、参加型建築の定義・意義の3つに大別され、参加型施工に関しては、落合ら[4]のような小規模木造建築物の参加型施工事例に関する研究が多く、参加型設計に関しては、龍ら[5]のように、施工への利用者の参加が難しい大規模な公共文化施設の設計に関する研究が多い。参加型建築の定義・意義に関しては、奥山ら[6]のように国内の事例に留まり、かつ建築プロセスのうち設計から竣工までしか議論されない研究が多い。

　本研究の対象事例バウホイズレに関する研究は少なく、主な参考文献は、書籍や雑誌、ネットメディアである。一時的な訪問でのインタビュー調査や文献調査に留まったNasutionら[7]による生活実態の研究や、図面・写真の情報は限定的であり、詳細まで知ることはできないが、建設の過程を知ることが

できるP. ヒューブナーら[8]による書籍、建設直後の寮の様子を知ることができる、P.B.ジョーンズによる雑誌記事[9]や書籍[10]が主な参考文献である。

本研究は、国外の主要先進国における参加型建築を事例とし、そこで40年間継承されてきた施工・運営手法を明らかにすることで、施工から維持管理まで一気通貫の参加型建築プロセスに考察を与える点で新規性・独自性がある。本研究が今後の建築界における木造建築の参加型施工・運営手法の参照源となることが期待される。

1-3 研究対象「バウホイズレ」の概要と歴史

バウホイズレは、水廻りのサービスコアである共同棟を中心に、30の居室といくつかの共有部からなる学生寮である（図1、図2）。1981年から1983年にかけて同大学建築学科の1年生向けの授業として設計・施工された。設計・施工はすべて学生と指導教員の参加型で実施された。1981年春学期の授業として約230名の学生が個々の部屋を設計。最終的には、各グループ4-5名からなる9つのグループが実施設計と施工を担当した（図3）[*2]。1982年

3月に最初の学生が入居し[*3]、1983年6月に竣工した[8]。建物自体は15年間限定の実験的建造物とみなされていたが[9]、40年経過した今もなお認可は延長され、学生の自治により利用されている[10]。

1-4 論文構成・研究方法

2つの章立てで本論を構成した。本研究は、著者が2022年1月から9月にかけてバウホイズレに滞在することで実施した[*4]。

2章では、バウホイズレの参加型施工・運営手法の特徴を分析した。まず文献調査、実測調査によりバウホイズレの代表的な棟の図面を作成し、構法的特徴を比較・分析した。次に建築家P.ヒューブナー氏協力のもと、バウホイズレの居住学生22名の参加型で、バウホイズレの構法に倣った小規模木造パビリオンを制作し、その過程を分析した[*5]。また文献調査と参与観察により、運営組織図を作成することで、バウホイズレの参加型運営手法を分析した。

3章では、バウホイズレの参加型施工・運営手法に対する居住学生の評価を分析した。2022年9月に居住学生9名に対して半構造化インタビューを実

図1 バウホイズレ鳥瞰写真［写真：P.ヒューブナー］

施し、その結果を概念化の手法により分析し*6、参加型施工・運営手法に対する評価を分析した。

4章では結章として、2章、3章から得た参加型施工・運営手法の特徴とそれに対する居住学生の評価を総合し、バウホイズレにおける参加型施工・運営手法の効果と課題について考察した。

2章　バウホイズレの参加型施工・運営手法の特徴分析

2-1　バウホイズレ各棟の建築構法の比較

実測調査と文献調査、内観写真撮影をもとに、バウホイズレの代表的な棟の図面を作成し、構法を比較した（表1）。文献や史料から当時の図面が入手でき(11)、かつ純木造で建設された棟として、共同棟、A棟、F棟、22棟の4棟を選定した（図2）。

まず各棟の単位構造体に着目する。各棟は、単位構造体を繰り返すことでそれぞれの建築が構成される。たとえばF棟ではフレームを地面でつくり、

それを仮留めしながら組立てることで躯体が施工できるため、重機不要で施工できた（図4）。

次に部材について、ホームセンターで入手可能な規格材のみを使用していた。たとえばA棟で採用された、フレームの柱の120×120mmや、梁の50×280mm、50×160mmの材などである。

壁工法について、バウホイズレではダブルグリッドを採用していた。たとえば中央棟では、ドイツのパネル材の規格幅である625mmに遊びを入れた630mmの柱、80mmの間柱によって、芯押えで710mmのグリッドとなる。それを4回繰り返すことで壁を構成するため、フレームの構造用柱は2,840mm間隔で現れた。断熱材も同様の規格のスタイロフォームを嵌めるのみで、施工が容易であった。仕上げは、外装が下見板張りかステンレス板、内装が石膏ボードかデッキ材で、外壁を構成する柱は空間に出現しない。

次に内観について、仕上げがデッキ材であり、

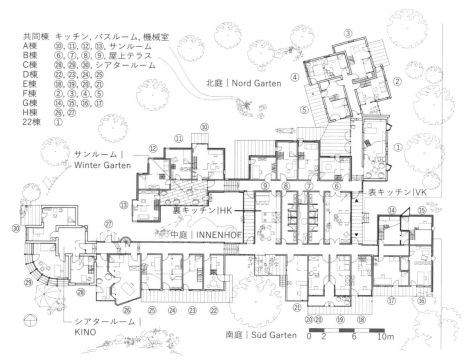

共同棟　キッチン, バスルーム, 機械室
A棟　　⑩, ⑪, ⑫, ⑬, サンルーム
B棟　　⑥, ⑦, ⑧, ⑨, 屋上テラス
C棟　　㉘, ㉙, ㉚, シアタールーム
D棟　　㉒, ㉓, ㉔, ㉕
E棟　　⑱, ⑲, ⑳, ㉑
F棟　　②, ③, ④, ⑤
G棟　　⑭, ⑮, ⑯, ⑰
H棟　　㉖, ㉗
22棟　　①

北庭 | Nord Garten

サンルーム |
Winter Garten

裏キッチン|HK

中庭 | INNENHOF

表キッチン|VK

シアタールーム |
KINO

南庭 | Süd Garten

0 2   6   10m

図2 バウホイズレ平面図［出典：バウホイズレ提供図面を基に筆者作成］

図3 建設時の様子［写真：P.ヒューブナー］

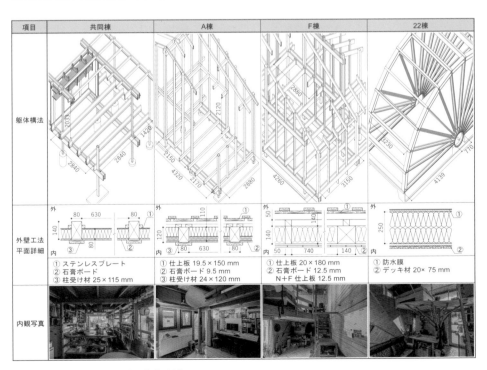

項目	共同棟	A棟	F棟	22棟
躯体構法				
外壁工法平面詳細	① ステンレスプレート ② 石膏ボード ③ 柱受け材 25×115 mm	① 仕上板 19.5×150 mm ② 石膏ボード 9.5 mm ③ 柱受け材 24×120 mm	① 仕上板 20×180 mm ② 石膏ボード 12.5 mm N＋F 仕上板 12.5 mm	① 防水膜 ② デッキ材 20×75 mm
内観写真				

表1 バウホイズレ各棟の構法と空間構成の比較

かつ外壁に係らない柱梁が空間内に出現するため、いずれの棟においても居住学生による自発的なカスタマイズが見られた。とくにビスやボルトで棚や机、手摺などを増築するケースが多く見られた。

一方で、フレキシブルなカスタマイズ性により、当初の設計意図を妨げてしまう参加型改修事例も見られた（図5）。たとえばA棟では、既存のロフトが後の住民により延長され、南側の採光用の窓が遮られた。そのため1階部分が暗くなり、日中でも照明が必要な空間となってしまった[*7]。

2-2 施工実験
施工実験では、バウホイズレの構法で建築を設計・施工し、その過程を詳細に書き出すことで、特性を分析した（表2）。ホームセンターで入手可能かつ車で運搬可能な3m以下の規格木材のみでパビリオンを設計した。接合部は工具の発達により、ボルトを排除しビスのみとした。そのため、各フレームの施工は墨出しを含めて、それぞれ約3時間で終了し、3日目（約11時間）で躯体が完成した。躯体完成後は、作業を分担して4日目で壁と床も施工完了した。5日目には、構造のルールを施工から学んだ学生たちにより、設計にはないベンチや段差が余剰材を活用して、即興で施工された。

2-3 バウホイズレの建築構法の特性のまとめ
2-1、2-2項の結果より、バウホイズレの建築構法の特性として、①ホームセンターで入手可能な規格材の活用、②規格材に合わせたダブルグリッドの採用、③木造躯体を空間内に現す、④大壁工法により木造躯体を外部から隠す、⑤建設時から即興の施工を許す明快な構法の5点を得た。これらの特性により、建設時の参加型施工だけでなく、竣工後も居住学生が自分好みにアレンジ可能な建築となっており、参加型改修が促されている。たとえば④より学生たちの外装仕上げの改修が頻繁に見られる。一方、⑤は空間の性能低下につながる改修を誘発する可能性も孕むため、注意を要する（図5）。

2-4 バウホイズレの運営組織の特性
文献[*8]と参与観察によりバウホイズレの運営組織を明らかにし（図6）、(1)計22名分、12の係仕事の存在、(2)一部負担の大きな仕事に対する在寮契約期間延長の報酬の存在、(3)参加型施工を促すイベントの定期的な開催、(4)学生支援団体、外部清掃員、職人など専門家の支援、(5)入居前面接の実施の5点の特性を得た。

(1)に関して、多様な係仕事が存在し、いずれもセメスター開始時に開催される会議での投票で係員が決定していた。(2)に関して、特定の係仕事に従事するか、50時間以上の参加型施工作業に従事することで、在寮契約を延長できた。(3)に関して、毎月第一日曜日を「建設日曜日」として、建設係主導で寮の参加型改修を実施していた。(4)に関して、寮自体の運営や普段の改修は学生委託だったが、最終的な責任は主契約者である学生支援団体が負っていた。また共用部の清掃のみ、毎週月・木曜日の2日間、外部委託していた。改修でも、屋根や漆喰など専門的な技術を要する改修は、職人と協働で参加型改修を実施していた（図7）。(5)に関して、新規入居希望者に対して、入居前面接を実施し、居住学生が新規入居学生を選んでいた。

以上のようにバウホイズレの運営は、細分化された係仕事により学生主導で実施されるが、契約期間の延長や、参加型イベントの定期開催など学生の参加を促す仕組みと、適切な外部委託による対立を未然に防ぐような仕組みの2つによって支えられている。

3章 バウホイズレに対する居住学生の評価分析
3-1 半構造化インタビュー結果概要
居住学生に対する半構造化インタビューを実施した。被験者は、7つの異なる専攻から男性5名女性4名と、居住2.5年以下の学生と4年以上の学生の割合が等しくなるよう、22棟を除くすべての棟から選定した。インタビュー内容は、基本情報、評価、建築、生活、展望の5つの観点から34の質問を用意し、その都度追加で質問した。

3-2 バウホイズレの建築的側面への居住学生の評価分析
バウホイズレの建築的側面に関する評価として、本紙ではQ.4-1.、Q.4-2.、Q.4-4.の結果に着目する。Q.4-1./4-2.からは居室と共用部に関する評価を、

1. フレームを地組みする

2. フレームを立ち上げて仮固定

3. フレーム同士を組み合わせる

4. 重機不用で躯体が完成する

図4 F棟施工手順

日時	活動内容	施工の様子
6月20日 放課後	**材料調達・運搬・フレーム①施工** 車で運搬可能な 3m 以内の材料をホームセンターで購入、運搬した。搬入後3時間でフレーム①が完成した。	
6月21日 放課後	**フレーム①の立ち上げ** 建築家 P.ヒューブナー氏指導の下、重機を使わず、トラで仮固定しながら、1つ目のフレームを立ち上げた。	
6月30日 放課後	**フレーム②の施工・立ち上げ** 学生のみでフレーム②を施工し、構造体が完成した。フレーム①の繰り返しで、約3時間の作業であった。	
7月1日 夕方	**壁・床の施工** 柱間隔をOSB板の規格幅で設計し、現場での切削量を節減。デッキ材の長さは固定後に現場合わせできた。	
7月2日 終日	**屋根・ベンチ・段差の施工** 屋根はガルバニウム鋼板を打ち付けるのみ。ベンチと段差は躯体構法に倣い学生が余剰材で即興施工した。	
竣工後	**パビリオンの活用** バウホイズレ40周年記念式典の演台や展示として活用。ゲストルームへの転用が計画中である。	

表2 施工実験のプロセス［写真：M.パイル（上から2番目） ／ 筆者（左記以外）］

Q.4-4.からは参加型施工を行う理由をそれぞれ得た（表3、4）。

居室の良い点として〈外部との関係性〉〈空間の質・利活用〉〈建物のデザイン〉が、良くない点として〈環境性能〉が挙がった。賃貸でありながらも自室のような体験ができたり、他者や外部といった環境要素を感じながら生活できることが評価されていた。その一方で、冬場の室内温度差や1階部分の照度の低さといった熱光環境性能に対する不満や、建具や仕上材料の老朽化に対する不満が多く見られた。

共用部の良い点として〈調理機能〉〈空間の質・利活用〉が挙がり、共同料理のしやすさや、15人程度がちょうど過ごせる空間構成、シンプルな構法などが指摘された。一方、良くない点として〈空間の質・利活用〉〈環境性能〉〈設備〉が挙がり、廊下と連続した大空間による騒音や冬場の寒さ、窮屈な動線が

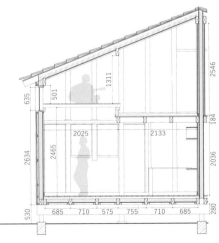

図5 部屋13 断面図

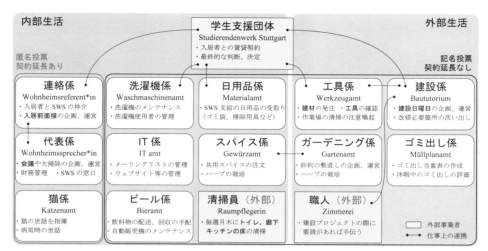

図6 バウホイズレ運営組織図

指摘された。

　参加型施工を行う理由としては、空間カスタマイズへの意欲といった〈内的要因〉と、併設の作業場の存在や、明快な建築構法といった〈外的要因（建築）〉、内外の人間からの動機づけとしての〈外的要因（人）〉が得られた。カスタマイズ性の高い建築デザインにより施工に対する意欲が掻き立てられる一方で、作業場というインフラが存在する特徴が得られた（図8）。

3-3 バウホイズレの運営的側面への居住学生の評価分析

バウホイズレの運営的側面に関する評価として、Q.5-4の結果に着目する（表5）。参加型運営の良い点として〈帰属意識の醸成〉〈円滑な運営の実現〉〈その他〉の3点が挙がり、良くない点として〈やらない人との負担差〉〈特権的な立場〉の2点が挙がった。すなわち、係仕事を通じて、責任が分散し、その所在が明確化するおかげで、寮の運営が円滑になるという利点がある。その一方で、実際には係を兼任する人がいたり、係仕事に就かない人が、係の人の決定に対して反論しづらいという課題も挙がった。係の者、係仕事に就けない者、その双方の理解を促す取り組みも必要である。

4章　結論

良好な居住コミュニティの形成に寄与する建築の参加型施工・運営手法を明らかにすべく、木造の参加型建築バウホイズレの事例研究を実施した。構法・運営手法の分析と居住者による評価の分析により、参加型施工・運営手法の効果と課題を明らかにした。

4-1 バウホイズレの参加型施工手法の効果と課題

参加型施工に関しては、建築構法と空間構成の2つの観点から効果と課題を得た。参加型施工を可能にした明快な構法が竣工後の即興的な改修のヒントとなり、作業場の併設や共用部の配置といった空間構成が参加の基盤となることで、参加型改修が促されることが明らかになった。一方で、当初の空間構成や構造原理を無視した改修まで許容していたり、環境性能に係る改修が自発的には難しいという課題が明らかになった。

4-2 バウホイズレの参加型運営手法の効果と課題

参加型運営に関しては、係仕事により責任の分散と所在の明確化が促され運営が円滑になったり、係仕事の一部として寮の維持・改修に関わる行事を定期的に開催することで、居住者が運営に関わる機会を

図7 職人と協働する参加型改修［写真：H. シュタインアッカー］

図8 併設された作業場

Q.4-1./4-2. 居室／共用部の良い点・良くない点を教えてください。

	良い点	良くない点
居室	〈外部との関係性〉 ・共有部と部屋が連続し、生活の中で他者を感じることができる ・直接外部に出ることができる 〈空間の質・利活用〉 ・生活空間が用途で使い分けられ、収納スペースも多い ・時間や人数を気にせず過ごせる 〈建物のデザイン〉 ・魅力的な建物形状 ・自力改修を可能にする瓦屋根	〈環境性能〉 ・周辺建物や共用部に対する遮音性 ・開放的な空間と低い断熱性能に… ・窓が大きく夏場に暑くなりすぎる ・室内の段差や窓の配置・大きさにより空間の印象が暗く狭くなる ・仕上材料の老朽化
共用部	〈調理機能〉 ・調理スペースが広い (VK) ・アイランドキッチンにより共同料理がしやすい (HK) 〈空間の質・利活用〉 ・15人の同時滞在に適した大きさ ・フレキシブルに活用できる作り ・キッチンが動線上にあり、偶然の出会いが生まれる	〈環境性能〉 ・多くの人が利用するため汚れている ・開閉窓が小さく、暗さ・寒さ・換気性能の低さを感じる (VK) ・窓が大きく、廊下と連続している (HK) ・騒音や冬場に寒い (HK) 〈空間の質・利活用〉 ・壁を向いて料理する (VK) ・アイランドキッチンにより剥離 (HK) ・静かに料理できない 〈設備〉 ・使わない家具による空間の専有

表3 バウホイズレの建築的側面に対する居住学生の評価

Q.4-4. なぜそのような改築・改修が必要だと思ったのですか。

参加型施工
〈内的要因〉
・モノ作りが楽しいから
・空間に最適な家具を揃え、自分好みに空間をカスタマイズしたいから
〈外的要因（建築）〉
・作業場に材料が揃っており、材料からインスピレーションを得た
・建築の構造が明快で、改修箇所や改修方法を自ら気づくことができたから
〈外的要因（人）〉
・内外にモチベーションの高い人がいたから

表4 バウホイズレの参加型施工に対する居住学生の評価

Q.5-4. 運営体制について良い点と良くない点を教えてください。

	良い点	良くない点
参加型運営	〈帰属意識の醸成〉 ・組織の仕組みや他人を知る ・係仕事を通してコミュニティへの帰属意識が生まれるため、 寮への帰属意識が生まれる 〈円滑な運営の実現〉 ・各係に代理人がおり、対立が少ない ・係仕事を通して責任が分散し、その所在が明確化し、運営が円滑に進む 〈その他〉 ・仕事の選択肢が多い	〈やらない人との負担差〉 ・係の仕事のために時間を差し出す必要があり、でも誰かがやらなければならない ・何もしない人がいる 〈特権的な立場〉 ・係の決定に対して反論しづらい ・係の人に責任が転嫁されることがある ・投票で決まるため、やりたい仕事に就けない人がいる

表5 バウホイズレの運営的側面に対する居住学生の評価

つくり出し、建築や環境に対する責任感向上といった効果が得られることが明らかになった。一方で、共用部の清掃を外部委託したり、運営システムに馴染めない居住者への対応が不明であったりと、すべての居住者ですべての運営を行うわけではなく、一部で対立の火種を見過ごす仕組みであることが明らかになった。

4-3 今後の展望

バウホイズレの参加型施工・運営手法は、いずれも居住者が実行可能な範囲内の仕事を自ら選択することで継承されてきた手法であった。参加型施工手法に関しては、作業場併設や構造・非構造の分離などにより、居住者が自らの能力に応じて参加型施工への介入の仕方を選択でき、それが施工への参加を促す。参加型運営に関しても同様に、責任を分散し、一部は専門家と協働で行う仕組みをもつことで、居住者が自らの範囲内で寮に対する責任感情を養うことができる。

その一方でバウホイズレでは、参加型施工・運営の仕組みに馴染めない人への対応が不明である。その解決策として、居住コミュニティの理念に適う居住者を選定する仕組みの強化や、個人単位でもより建築に介入しやすくするための構法・構成要素の検討が、今後の展望として挙げられる。

［註］
*1 1968年に起きたプラハの春やパリの5月革命に刺激された欧州各国では、社会的・政治的分岐点を迎え、若者主導で市民の自由と平等を求める動きが活発になった(2)
*2 共同棟は1981年夏に指導教員によって設計・施工され、コスト削減と教育効果の最大化を目的として、シーガル・メソッドに倣って建設された。1976年にW. シーガル氏がシュトゥットガルト大学の特別ゼミに招聘されシーガル・メソッドをもち込んだ。当時の成果で、共同棟が設計された(8)。
*3 1982年6月に、バウホイズレの所有権がStudierendenwerk Stuttgartに譲渡された(12)。バウホイズレの記念式典の開催年月はこの月を起点に数える。
*4 著者は2021年9月から2セメスターの間、シュトゥットガルト大学建築学科に在籍し、2022年1月からサブリースのかたちでバウホイズレに居住した。2022年11月末にも追加の撮影や実測調査のために訪れた。
*5 2022年7月第1週開催の「バウホイズレ40周年記念行事」で展示や演台として活用する小規模木造パビリオンを、バウホイズレの居住学生22名と建築家P.ヒュープナー氏とともに施工した。Studierendenwerk Stuttgartより3,000€の支援を受け、実施が実現した。
*6 事前に決めた構造的枠組みに沿ってドイツ語でインタビューを実施した。インタビュー場所は被験者の居室またはオンラインである。予定されていない質問も踏まえて被験者との対話を重視した。分析は以下の手順で実施した。インタビューの録音データを文字に起こした「オリジナルデータ」を、その意味を損なわないように和訳した。和訳した「オリジナルデータ」から接続詞や感嘆詞を抜き、意味をなす箇所を抽出し簡略化した「ローデータ」を作成した。類似の「ローデータ」を「小カテゴリー」「大カテゴリー」にまとめ、質問項目ごとに並べ替え結果を整理して、分析に利用した。

*7 著者は、2022年1月から3月まで部屋13に居住し、改修後の空間を体験した。2022年4月に主契約者の学生が戻って来た際に、改修の事実を伝えたところ、その学生主導でデッキ材をガラスに張り替える参加型改修が実施され、1階部分の採光の問題は、それ以前よりは改善された。

*8 文献としてBauhäusle wikiを活用した。バウホイズレの内部資料がまとまった一般には非公開の内部用データベースであり、そのなかに各係仕事のマニュアルが保存されている。マニュアルの更新も各係の仕事である。

[参考文献]
(1) 福田由美子、延藤安弘 他「コーポラティブ住宅における集住生活の変容過程に関する研究——ユーコートにおける考察」『日本建築学会計画系論文集』No.635、pp.1-8、2000年
(2) Peter Blundell Jones, Doina Petrescu, Jeremy Till, Architecture and Participation, Taylor & Francis Group, 2005
(3) Alice Grahame, John Mckean, Walter Segal: Self-built Architect, Lund Humphries, 2021
(4) 落合隆将、福田展淳、遠藤洸介「ローコスト茶室建設に関する実証的研究」『日本建築学会九州支部研究報告』第53号、pp.109-112、2013年
(5) 龍元、清水裕之、大月淳、杉本宗之「公共文化施設建設における参加型設計プロセスに関する研究——(仮称)可児市文化センターを事例として」『日本建築学会計画系論文集』536号、pp.136-140、2000年
(6) 奥山信一、森山敬太、鈴木淳平、香月歩、藤本章子、大塚優、林恒視「現代日本の建築家のセルフビルドを通した活動姿勢」『日本建築学会大会学術講演梗概集』pp.461-462、2017年
(7) M. Nasution, B. K. Napitupulu, "Bauhäusle as a Cohousing Project", 4th International Conference of Planning in the 2019 Era of Uncertainty, IOP Conf. Series: Earth and Environmental Science 328, 2019
(8) Peter Hübner, Peter Sulzer, Rolf Schneider, Lernen durch Selberbauen: Ein Beitrag zur praxisorientierten Architektenausbildung, Verlag C.F.Müller, 1983
(9) Peter Blundell Jones, "Student self-build in Stuttgart", Architect's Journal, Metropolis International, 1983
(10) Peter Blundell Jones, Peter Hübner, Bauen als ein sozialer Prozess Building as a social process, Edition Menges, 2007
(11) Peter Hübner, Holzleichtbau: Gebaute Geschichten aus schlanken Hölzern als eine Anleitung zum Bauenlernen, IBK Universität, 1990
(12) Norbert Haustein, Thomas Pross, BAUHÄUSLE, Edition Fricke im Rudolf Müller Verlag, 1985

出展者コメント —— トウキョウ建築コレクションを終えて

Q このテーマを選んだ理由

1970年代に「建築の民主化」を実現したイギリスの建築家ウォルター・シーガルに、卒業研究から注目していました。彼の手法で実践された参加型建築は、今なお住民主体で住み継がれており、これからの時代を生き抜くヒントが得られると思い、このテーマについて研究しています。

Q 修士論文を通して得たこと

参加型建築のもつ魅力は、本や写真、動画のみからではわかりませんでした。実際に住み、運営に携わることでこそ見えてきた魅力がありました。その意味で非常に恵まれた1年間でした。今後も理論・実践共に、設計から運営まで深く建築に関わることを大切にしたいです。

Q 論文を通じて社会に向けて発信したいメッセージ

真に居住者から愛され続ける参加型建築は、「住民参加でつくられた」という表面的な事実に留まるものではありません。それは、参加の痕跡が随所に散りばめられ、住民が竣工後も主体的に参加できる仕組みを内包した「ソーシャルプロセスとしての建築」なのです。

Q 修士修了後の進路と10年後の展望

博士課程で参加型建築の研究を継続します。欧州から日本まで学生寮以外の建築タイプについても事例研究を行います。いずれ出版や展覧会開催を実現したいです。事例研究と同時並行で参加型建築を実践し、現代日本における木造参加型建築の可能性も探求します。

中山間地域内で自然形状木の建材利用を容易にする情報技術の研究

石渡萌生
Ishiwata Megumu

慶應義塾大学大学院
政策・メディア研究科　環境デザイン・ガバナンス
池田靖史研究室

1章　序章

1-1 背景・目的

日本の森林には伐期を迎えた木が多く残されている[(1)]。これは、戦後の拡大造林で大量に植林されたものの、適切な間伐や主伐が行われなかったためである。日本の林業は、皆伐・拡大造林の実施と輸入木材の大量流入によって縮小に転じ、山間部の立木の価格は1980年代の7分の1程度にまで低下した（図1）[(1)]。木材の価値が下がれば伐採の機会も減り、次世代に向けた森林管理への投資も難しくなる。この課題を解決するために、木材の新たな活用による価値の創造が必要である。

　また現在の木材生産は工程ごとに閉じたシステムになっており、工程間をつなぎやすくするために規格が設けられている。十分な手入れがされず細く曲がった

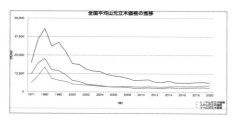

図1 全国平均山元立木価格の推移

木は規格外となるため、このシステムから除外されてしまう（図2）。このボトルネックを解消することで、より多様な形状の木を活用し価値を生み出すことが可能になる。

　本研究ではケーススタディとしてのシステム開発と製作を通して、自然形状木[*1]を活用する新たな方法の手がかりを探る。

1-2 既往研究

3Dスキャンや複合現実（MR）などの情報技術を活用し、自然形状木の扱いやすさを向上させた研究は複数見られる。L. LokとJ. Bae（2022）[(2)]はデザインに専門性をもつ人ももたない人も自然形状木を活用できるようなMRのユーザーインターフェースを開発した。Z. Mollica（2016）[(3)]は3Dスキャンとロボットアーム加工により、枝分かれをもつ自然形状木を構造体として活用した。関口（2022）[(4)]は3Dスキャンを用いて木材のデータを作成し、構造を解析しながら遊び場を製作することを可能にした。Larsenら（2020）[(5)]は自然形状木のデータ化とロボットアームにより、木の曲がりを利用した構造体を製作するためのジョイントを作成した。SahuとWang（2015）[(6)]は3Dスキャンのデータを用いて設計し、角度調整機能をもつチェンソーを開発した。

図2 山中に捨てられた残材

さらにそれを用いて加工することで天然木の曲率を利用した構造体を製作した。

　本研究はスキャンからモデリング、設計、製作の各工程で利用できる情報をつなぎ合わせ、自然形状木を用いた構造体製作における全体のデータフローを設計することに新規性がある。

1-3 研究概要

本研究はスキャン、モデリング、設計、製作の4つのフェーズから構成される。まずスキャンされたデータを単純化させるシステムを作成する。それを利用することで設計や製作のフェーズのデータを扱いやすくする。設計のフェーズでは実環境の木を伐採する前に情報環境上で材木の抽出・組み立てやデザインの修正が可能になるシステムを開発する。施工のフェーズでは木材の生産地である山間部での製作を想定し、MR装置で加工手順を表示しチェンソーなどの携帯工具だけで製作できるようにすることで、製材所がなくても加工できるような方法を提示する。そしてこれらのシステムを用い、実際に1本の立木から構造体の製作を行い、本手法の課題点を洗い出す。

2章　製作に向けた検討

2-1 製作条件の整理

1-1で述べたように、本研究の対象となる自然形状木は現在の木材流通システムから除外されており、値がつかない。そのため運搬費をかけて平野部や沿岸部の製材所で製材することが難しく、伐採されずに山に放置されている。この課題を解決する仕組みには、次の2つの条件を満たすことが必要となる。

1）生産コストの削減：伐採から施工までの全工程を山で行い、輸送費を削減する

2）市場価値の上昇：比較的高価な用途とされる建材や構造体として利用する

　これらに基づいて生産環境を想定すると、（1）場所：木のある山の中、（2）人：チェンソーを扱うことができる1-2名、（3）製作物：人が入れる小屋のような構造体、（4）材料：自然な形の木1本、ボルト、（5）道具：スマートフォン、PC、ヘッドマウントディスプレイ（以下HMD）、チェンソー、ドリル、モンキーレンチとなる。

　山中で持ち運べる最小限の道具で構造体をつくるため、材木を切断する道具にチェンソーを選定した。切断速度やパワーに優れ、木を切り倒すことからできるメリットがある一方、精度が低い。また、基本的に部材の端は直線的に加工する必要がある。

2-2 製作方法の検討

2-1で挙げたチェンソーによる切断精度の低さと加工方法の制限をカバーでき、かつ簡易的な施工が可能な接合部を検討した（図3）。

　このジョイントではボルトを使用する。ボルトでの固定はピン接合となるため、部材によってトラスを構成する必要がある。この接合方法を用い、かつ2-1の条件を満たす構造体の製作を想定すると、木材のサイズは（1）直径50mm以上、（2）長さ600-

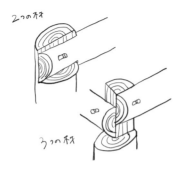

図3 考案したジョイント

図4 イメージモデル

1,500mm（接合作業がしやすく、1人で持ち運ぶことが可能）となった。また、木材の自然形状を活かすという観点から、枝分かれや曲がりをできるだけ残した材の取り方を基本とする。

　接合や材料の条件をもとに、木の枝で構造体のイメージモデル（図4）を作成した。ボルトでの接合部をピン接合、枝分かれを剛接合と考え、それぞれの特徴を活かした構法とした。

　立木のスキャン方法は精度より使いやすさや得られるデータの軽さの方が重要であること、また周辺光が多い山中でのスキャンとなることからフォトグラメトリを採用した[7]。

2-3 ジョイントの試作

2-2で考案したジョイントが2-1及び2-2で想定した環境で製作可能か検証するため、ジョイントの

モックアップを製作した（図5、6）。工程は（1）木材のスキャン、（2）情報環境上での接合部の作成、（3）部材へのARマーカーの貼り付け、（4）チェンソーによる接合面のカット、（5）接合面の穴開け、（6）接合部の固定の6つ。（4）（5）の工程ではHMDを装着し、MRの情報を見ながら作業を行った。

　フォトグラメトリでスキャンした材木データのスケールを情報環境上で調整する際、また接合面をカットする際に誤差が生じたが、ジョイントを製作できることが検証できた。

3章　システム開発

3-1 モデリングシステム

モデリングシステムでは、スキャンした樹木のメッシュデータ（図7）を編集し、形状の特徴を損なわない範囲でポリサーフェスに単純化する。設計システムや施工ガイダンスを利用する際に操作しやすいデータにすることが目的である。

　まず設計に必要な情報を洗い出すと、（1）材の中心線の長さ、（2）材の太さ（断面の直径）、（3）枝分かれの角度（二又材のみ）、（4）材の住所（ナンバリング）の4つであった。これらの条件をもとにモデリングおよびナンバリングのシステムを作成した。

　設計時に取り出す材の場所を把握しやすくするナンバリングでは、初めに枝分かれと端部に樹木の根元から振り分けられた番号を振り（例：121）（図8）、その番号を用いて枝に番号を付ける方法（例：121-1212）をとった。

　メッシュをポリサーフェスに単純化するシステムでは、枝の中心線を抽出するための断面の取り方を工夫する必要があった。木が通直であれば、メッシュデータを入力し、その水平断面を抽出することでポリサーフェスを生成することができる。しかし今回使用した木のように、斜面に立っていて枝が水平に近い方向に伸びている場合は望ましい断面を得ることができない（図9）。一方、木の幹を中心とした半球形から断面を抽出すると、木の根元付近の断面が垂直に近い形でとられてしまい、望ましい断面にならない。そこで、ある数値より小さいものについては半球の底面の直径を固定し、高さ方向のみ減少

させるようにした。これにより断面を徐々に水平断面に近づけることができ、水平断面と球形断面の両方の良さを活かした断面を得ることができる（図10）。

このシステムを利用するために必要な情報は、（1）モデリングする範囲：地面を含まないデータになるような地面からの高さ（例：150mm）、（2）球形／水平断面の変化点：地面から数えた断面（例：7番目）の2つである。また必要に応じて断面間隔の入力値を変更することで形状の再現性とデータの重みのバランスを調整することができる。メッシュからポリサーフェスに簡略化することで設計システムでの操作性を向上させた。

3-2 設計システム

マウスクリックによる選択で材の取り出し、スナップ移動・回転による組立て、さらにそれらの修正ができるシステム。実環境の立木を伐倒する前に情報環境上でデザインを繰り返し修正できることが特徴である。これにより木の自然形状を活かすことや材料効率を上げることも可能となる。

図5 チェンソーによるジョイント加工

図6 接合部の固定

図7 立木のメッシュデータ

図8 ナンバリングされた
ポリサーフェス

　（1）立木からの部材の取り出し、（2）組立場所への材の移動、（3）別の材へのスナップ移動や回転、（4）材の追加、削除、入れ替えという4つの操作を想定し、以下のシステムを作成した。

図9 水平断面

図10 水平と球形で抽出した断面

・材の取り出し（図11、12）
①端点指定モード：抽出する部材の端点をすべてクリックで選択する。
②距離指定モード：端点を一つクリックで指定しその点からの長さを数値で入力すると、他の端点が計算され材が自動で抽出される。
③追従モード：すでに組み立てられている材木の端点同士をつなぐ材木を自動で抽出する。
・材のスナップ移動・回転（図13）
抽出した材を組み立て位置に移動させる。他の材の端点にスナップしその点を中心に回転させることができる。
・材の追加・削除・入れ替え
抽出した木材のデータを保存し、設計変更の際、部材の追加、削除、入れ替えを行うことができる。

3-3 施工ガイダンス

施工ガイダンスでは、部材ごとにするための切断面、ジョイントの切断面や穴あけ位置、組み立て後の完成形をMRで表示し、製作に必要な情報を可視化する。これにより、材料に墨出しすることなく加工や組み立てを行うことができる。
　ガイダンスは（1）立木へのARマーカーの貼り付け位置、（2）材の切断面、（3）ジョイントの切断面と穴あけ位置、（4）組み立て時の全体像の4つを表示する。作成したシステムおよびガイダンスの内容は

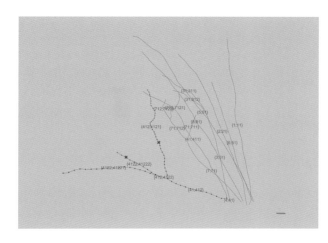

図11 クリックによる材の取り出し

図12 取り出された材

図13 材のスナップ移動と回転

以下の通り。

・ジョイントの自動生成システム

材料の干渉を避けて接合することができるジョイントとそれをつくるための切断面、穴あけ位置を自動で生成する（図14）。

・ガイダンス

→立木モード：立木の状態で必要な情報を表示する。QRコードの読み取りによりARマーカーの貼り付け位置、各部材の切断面、部材のID番号を表示する（図15）。

→ジョイント加工モード：木が各部材ごとに切断された後に必要な情報を表示する。ARマーカーの読

み取りによりジョイントの切断面や穴あけ位置を表示する（図16）。

→組立モード：構造体を組み立てる際に必要な情報。ARマーカーとQRコードの読み取りにより構造体の全体像と各部材のID番号を表示する（図17）。

4章　製作

第3章で作成した各システムの精度を確認し、問題点を洗い出すため、ケーススタディとして1本の木から構造体を製作した。

　まず、3-2の設計システムを用い情報環境上で構造体を設計した（図18）。使用した木は高さ4,000-

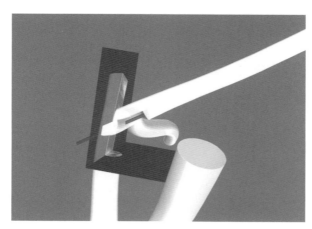

図14 ジョイントの自動生成

図15 立木モード

5,000mm程度のアブラチャン（学名：Lindera praecox）で、株立ちになる特徴がある。使用した道具はスマートフォン、PC、HMD、チェンソー、ドリル、ボルト、モンキーレンチ、QRコード、ARマーカーの9つ。製作工程は（1）QRコードを木の杭に貼り付ける（2）ARマーカー（図19）を立木に貼り付ける、（3）立木を伐倒する、（4）木をそれぞれの材に切断する、（5）材の端部を切断しジョイント面をつくる（図20）、（6）材にボルト用の穴を開ける、（7）構造体に組み立てる、の7つである。（2）-（7）の工程でHMDを装着し、（2）ではQRコードを、（3）-（7）ではARマーカーを読み取ることで必要な情報をMR上に表示させて作業を行った。

　モデリングシステムを利用する前のスキャンデータのスケール調整、製作工程（1）でのQRコードの貼り付け、スキャンから製作日までの期間における木の成長による形状変化などで、実物とデータとの間に誤差が生じた。とくに製作構成（5）では誤差が大きく、22カ所の接合部のうち3カ所で穴を開け直し、他の3カ所では材の干渉を解消する必要があった。しかしながらおおよその形状は作成したシステムで設計した通りとなり、自立した構造体の製作ができた（図21）。

　このケーススタディにより、システム面および製作面での課題点が見つかった。システム面では（1）スキャンしたデータを部分的に修正する必要がある、

（2）設計システムのユーザーインターフェイスが操作しづらい、（3）MRではなくPC上で設計するためスケールを体感しながら設計をすることができない、の3つ。そして製作面では（1）自然光とその反射でHMDの情報が見えづらい、（2）見る角度によって切断面などのMRの表示がずれる、（3）各システムや木の成長・乾燥による誤差が発生する、の3つが挙がった。

5章　結論

伐倒前の1本の立ち木を構造体にするケーススタディとその支援システムを開発することを通して、一貫したデジタルデータによってつなげられた組み立てのデザインと部材加工に関係性があることが検証できた。高い精度に規格化されていない木材でも、その形状の特性を考慮したジオメトリの実現や、チェンソーとMRを用いた切断加工によって限られた条件のなかでも十分に素早く強度のある構造体が製作できることが示された。

　しかし各部材の材料強度の確認やその情報を基にした構造体全体へのフィードバック、立木のスキャンから適切な形状の材を取り出すまでの過程の高速化など、実用化にはまだ多くの課題が残されている。今後、さらなる技術開発により本研究が示した方針が洗練され、木材資源の持続可能な利用が促進されることを期待したい。

図16 ジョイント加工モード

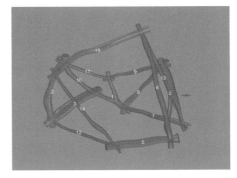

図17 組立モード

図18 HMDを通して見た立木モード

［註］
＊1 本研究では、製材された木材に対して、曲がりやねじれ、二股などの枝分かれ、太さや断面の不整形が残った材を自然形状木と呼ぶ。

［参考文献］
（1）林野庁『令和2年度 森林・林業白書』全国林業改良普及協会、2020年
（2）L. LOK, J. BAE, "Timber De-standardized 2.0.", *Proceedings of the 27th International Conference of the Association for Computer-Aided Architectural Design Research in Asia*, POST-CARBON, CAADRIA 2022, pp.121-130
（3）Zachary Mollica, *Tree Fork Truss: An Architecture of Inherent Forms*, ⟨https://zacharymolli.ca/assets/download/Mollica-DMThesis-Tree-Fork-Truss-an-Architecture-of-Inherent-Forms.pdf⟩ 2023年2月17日閲覧
（4）関口大樹「アーキテクチャ型遊び場環境の構築プロセスに関する研究」⟨https://www.kri.sfc.keio.ac.jp/report/mori/2021/c-36.pdf⟩ 2023年2月17日閲覧
（5）NIELS MARTIN LARSEN, ANDERS KRUSE AAGAARD, LYNN HYUN KIEFFER, "Digital workflows for Natural wood in Construction", *Proceedings of the 25th International Conference of the Association for Computer-Aided Architectural Design Research in Asia*, RE: Anthropocene, CAADRIA 2020, pp.125-134
（6）Sattaveesa Sahu, Yingzi Wang, *Biomass Boiler House*, ⟨http://hookepark.aaschool.ac.uk/biomass-boiler-house/⟩ 2023年2月17日閲覧
（7）Hammer Missions, *Lidar vs Photogrammetry – What's the difference and when to use which?*, ⟨https://www.hammermissions.com/post/lidar-vs-photogrammetry-what-s-the-difference-and-when-to-use-which⟩ 2023年2月17日閲覧

図19 立木へのARマーカーの貼り付け

図20 チェンソーによるジョイント加工

図21　完成した構造体

出展者コメント ── トウキョウ建築コレクションを終えて

Q このテーマを選んだ理由

学部生の頃から気候変動や森林資源の利活用に関心がありました。山林へ足を運んだことで、細い・曲がっているなどの理由で価値がつかず、たくさんの木が捨てられていることを知りました。形の癖をポジティブに捉えて活かす方法はないかと考えたことがきっかけです。

Q 修士論文を通して得たこと

大きく2つあります。1つは頭で想像できることは実現可能であるということ。そしてもう1つは、何のために情報がほしいのかを明確にし、適切に使うことができれば、情報技術によってイノベーションを生みだすことができるということです。

Q 論文を通じて社会に向けて発信したいメッセージ

今回提示した手法が、放置されている山林に目を向け、メンテナンスをしていくきっかけとなったら嬉しいです。この方法以外にもたくさんの可能性があると思うので、さまざまな専門領域の人が森林課題を自分事として捉え、何ができるかを考えて行動することが増えるのを願っています。

Q 修士修了後の進路と10年後の展望

現在は建築設計事務所で働き、設計のスキル向上を図っています。今後はその軸をもったうえで多様な分野の方と協働し、さまざまな社会課題をデザインで解決したいと考えています。周りの人や社会を幸せにできる表現者を目指して、好奇心を持ち、いい意味で遊ぶように学び、働き、暮らしていきたいです。

近代建築のコンクリート型枠に適用された規矩術について

柿島静哉
Kakishima Shizuya

明治大学大学院
理工学研究科　建築・都市学専攻
門脇耕三研究室

1章　序章
1-1 背景と目的
建築学を専門とする学生であっても規矩術（きくじゅつ）がどういうものであるのかを学ぶ機会はほとんどない。職業訓練学校や大工技能に関する専門教育機関を除いて、大工の伝統技術である規矩術は現在の教育システムのなかに含まれていない。この私たちの無知こそ、伝統と近代の技術的断絶を表しているといえる。私たちは明治時代の所謂お雇い外国人から始まる西洋型の建築家の系譜に属し、開国とともにわが国に導入された近代技術をその基盤としている。日本人による日本人建築教育の始まりである帝国大学造家学科に設置されていた講座から、教育は本質的には変わらず今日まで至る[*1]。

規矩術とは、ぶんまわしを意味する「規」、さしがねを意味する「矩」による技術であり、木造建築の個別部材の組み合わせにおける幾何学的解法による墨付けの方法である。主には、伝統建築の反りなどの複雑な曲線を含む軒回りの収め方や継手仕口に適用される[(2)]。大陸から仏教とともに伝わり、その後和算術の影響を受けて発展した規矩術は、その後の近代的建築生産の確立期に、教育システムから逸脱し、さらには鉄筋コンクリート造の発達により衰退する。

しかし、中谷の論考では型枠製作技術への残存の可能性が指摘されている[(2)]。

鉄筋コンクリート造の建築生産における西欧と日本の間の違いとして、豊富な内地材[*2]と木造建築大工の存在が挙げられる。それらは建物それぞれに対して現場ごとに1回限りの型枠製作を可能にしていた[(3)]。在来の生産力に支えられていた日本の建築の近代化は、建築家の意識とは関係なく大工の性質を反映していたといえる[(4)]。そのため、鉄筋コンクリート造の黎明期には型枠製作を専門にする職能が存在せず、木造建築大工がその需要に応じていた[(5)]。また、合板型枠の普及[*3]以前は、細小部材を集積させていた型枠製作技術に対し、大工を媒介として規矩術が引き継がれていた可能性が推測される。

そこで本研究では、日本の建築界に見られる近代と伝統の二重構造（図1）の存在を仮定し、そこで大工を媒介として規矩術がこの構造の交流要素となり得た可能性を明らかにすることを目的とする。

1-2 対象と方法
本研究では、当事者へのヒアリングを行うことができる戦後から現在までの型枠製作技術を対象とする。調査は文献調査およびヒアリング調査を中心として行う。型枠は仮設構築物であり打設後には解体され

残らないため、調査により得られた資料に基づき分析・考察を行う。まずは型枠大工の基本的な技術書である『型枠施工必携』[7]の分析を行い、次に私家本『型枠大工と規矩術』[8]の資料としての位置付けについて考察し、在来木造規矩術との技術的な比較を行う。

また、ヒアリング調査は、合板型枠の普及する1970年前後を施工現場における技術的な転換点であると考え、実際に型枠大工として従事していた人物へのヒアリング調査を行う（表1）。加えて、建築家と大工の関係を明らかにするために、1970年以前の鉄筋コンクリート造建築作品があるアトリエ系建築設計事務所へのヒアリング調査を行う（表2）。

2章　技術媒介としての大工
2-1 木造建築大工から型枠大工への専業化
日本における鉄筋コンクリート造建築は、海外の建築技術雑誌が1891年に抄訳されたことから始まる[9]。その後、造船技術に端を発する鉄骨生産、煉瓦造の導入に先駆けて始まっていたセメント生産を基盤に建設が始まる。鉄筋コンクリート造は防火床などに部分的に採用され始め、その経験の蓄積を経てから、建築全体へと鉄筋コンクリート造が採用される[10]。1923年の関東大震災後、市街地建築物法の制定により、それまで公共建築に採用されていた煉瓦造が禁止される。それとともに耐火・耐震性能の評価より鉄筋コンクリート造建築が広く普及し始める。日本において鉄筋コンクリート造の受容とともに、木造建築大工が在来木造構法の技術的下地により型枠の製作を行っていた（図2）。

日中戦争後の1937年に制定された鉄鋼工作物築造統制規則により、鋼材使用量が50t以上の建築はしばらくの間、許可が必要となる。その後、1943年には工作物築造統制規則により無筋コンクリート造までもが統制の対象となり、戦時中から戦後にかけてコンクリート造建築は資材不足による空白期を迎える。戦後に唯一資材として豊富に使用できたのが木材であったため、戦時中に作成された木構造計算基準をもとに多くの公共建築が木造でつくられた。こうした制約のなかで木造建築大工の仕事に占める型枠工事の割合は減少したと考えられる。

1950年の朝鮮戦争による特需景気により、鉄やコンクリートの建材として使用が再開され始める。1951年の住宅公営法、住宅金融公庫法により住宅の不燃化が推進される[11]。当初の型枠は支保工や下地にも木材が使われていたため建物の原寸のモックアップをつくるのと同等の量の木材を使用していた[12]。当時はまだ型枠専門の道具や材料はなかったため、木造建築大工のものが使用されており[*4]、施工方法も確立されていなかったため、既存の大工技術によって施工が行われていた。

セパレーターやコンクリートパネルなど、現在使用されている道具は1950年代から1965年の間に出現した[12]。高度経済成長による建設現場の増加とともに、木造建築と型枠製作の分業化が進み、これと並行して型枠施工・型枠材料使用の効率化が進むことによって、型枠製作の専門性が高まっていく。

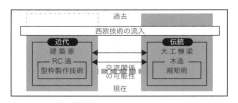

図1 近代と伝統の断絶の構造

	型枠大工 K 氏	型枠大工 O 氏
年表	• 1940 年　誕生 • 1955 年　中学校卒業後、木造建築大工の弟子入り • 1958 年　伊勢湾台風後、愛知に集団就職、型枠大工になる	• 1944 年　誕生 • 1959 年　中学校卒業後、オートバイ屋に就職 • 1964 年　北海道の工務店に木造建築大工の弟子入り • 1972 年　関東に出稼ぎ、当時の仕事は型枠工事と木工事が半々
扱った建築	伊勢湾台風後に増えた住宅需要（一般住宅、集合住宅）	北海道大学計算機センター、札幌市民体育館、東京女子医大増築、入間市庁舎、癌センター、大宮野球場、サッカー場、船橋駅北口再開発、三郷浄水場

表1 ヒアリング調査の対象1

	前川建築設計事務所	大岡實建築研究所
設立年	1935年	1950年
設立者生誕	1905年	1900年
特徴	戦後より図書館、美術館、博物館、学校施設、庁舎等の幅広い建築用途において鉄筋コンクリート造の実績がある	寺社建築、城等の伝統建築において鉄筋コンクリート造の実績がある

表2 ヒアリング調査の対象2

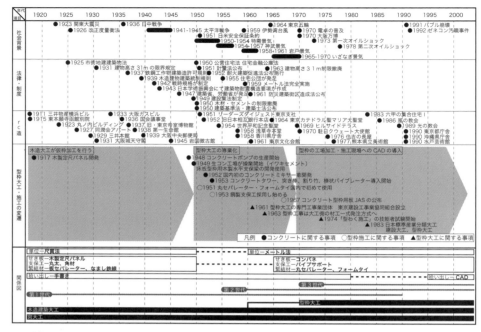

図2 型枠大工・型枠施工と社会的背景・法律・制度の関係

それまでは、型枠施工を専門に行う大工は少なく、木造と型枠どちらも施工していたが、東京オリンピック開催前後の1960年代から1970年代にかけて専業化していく。専業化していった人たちの大半は元々木造建築大工であり、初めから型枠大工になる人は少数であった[*5]。

3章　コンクリート型枠製作技術への規矩術の適用

3-1 技術書の分析

3-1-1 基本技術書『型枠施工必携』

型枠施工分野の基本的な技術書として『型枠施工必携』があり、その付録として「簡単な規矩術について」が収録されている。坂上武による『建築大工技術読本』(1966)からの引用である。関東を中心とした型枠工事業者によって組織された作成委員会が編んだものだが、初版から40年ほど経過しているため、すでに廃業しているなどの理由で、当時の委員会に参加していた人物は見つからなかった。監修である労働省(現在の厚生労働省)職業訓練局技能検定課にも資料は見つからなかった。掲載経緯は不明であるが、型枠大工は大工として木材を扱う性格上、規矩術を含む最低限の木造大工技術を持ち合わせているべきだという意見が当時の作成委員会のなかに存在したと推察される。

3-1-2 私家本『型枠大工と規矩術』

内村工務店の内村 力によって書かれた私家本『型枠大工と規矩術』は、社内の若手技能者向けの教育および型枠施工技能士試験への提言として作成されたものである。資料の発見時には著者は存命ではなく、直接ヒアリングを行うことはできなかった。また内村工務店はすでに存在せず、著者の出自や本書の作成年代についても不明な点が多い。内村は型枠技能者として、京都府優秀技能者および厚生労働省の卓越した技能者として表彰されており、受賞時の年齢から1936年前後生まれであることがわかる。また、

図3 法蓋付きフーチング基礎型枠
[提供：前川建築設計事務所]

技能功績の概要として「木造大工としての経験から規矩術に精通し、型枠大工の加工に規矩術を取り入れた業界でも稀有な職人である」[13]との記録が残っており、義務教育修了後に大工となったと仮定すると、内村は1950年前後に木造大工となり、その後型枠大工へと専業化していったと考えられる。一般社団法人日本型枠工事業協会に所蔵されていた本書は、規矩術を用いた型枠制作の技術書としては唯一のものであり、大工を媒介として型枠製作技術に対して規矩術が適用されていたことの証明となるものである。

3-1-3 技術書の比較

『型枠施工必携』は全489ページからなるが、うち規矩術についての言及は14ページである。その記述内容は在来木造の技術の引用に過ぎず、型枠製作技術において規矩術をどのように使用するか、独自の内容は含まれていない。『型枠大工と規矩術』においては、型枠基本項目とともに、規矩術を利用した型枠加工の展開図の作図法、計算の仕方、さしがねの使い方が記載されている。在来木造構法の要素である、転び、軒回りに関する項目が引き継がれながら、鉄筋コンクリート造建築において出現した基礎型枠などの新出項目に対する言及もある。

3-2 施工現場における規矩術の適用範囲

施工現場における規矩術の適用範囲に関するヒアリング調査の結果を表3にまとめる。規矩術の使用に関して回答が分かれた。どちらも階段や斜め梁などの矩形ではない型枠においては、現場に1/1の原寸図を引き、寸法、勾配を取っていたと回答したが、規矩術の使用に関してはO氏のみが、基礎型枠の桟木加工に使用していたと回答した。地域差や、扱う建築の

規模、また木造大工の経験の差によって回答の違いが出たと考えられる。当時は法蓋付きフーチング基礎（図3）であり、法蓋の取り合い部分の桟木の小口は、3面図では表せない加工手順が出てくる。そのような幾何学的な取り合いは、既存の大工技術によって解決されていた。

また、『型枠大工と規矩術』に掲載されている内容を確認したところ、当時の墨付け方法と同じではあるが、打設時の側圧を考え、型枠が複雑になるほど型枠を緊結する技術とその中に鉄筋を組む技術が必要になり、ここまでできる大工の数は多くないと回答した。技術レベルによって型枠大工の習得すべき技術レベルが異なると考えられる。

4章　在来木造に継承された要素技術との比較

4-1 技術書を用いた要素技術の比較

表4に規矩術の適用場面を木造と型枠に分けて示す。規矩術の基本は直角三角形の定理であり、規矩術では直角三角形の底辺を殳、垂線を勾、斜辺を玄と名づけた勾殳玄法を用いる。

木造において茅負、広小舞、淀、裏甲、鼻隠しなどの部材は、隅角部においては規矩術の中勾勾配を用いて向こう留め墨、長玄勾配を用いて上ば留め墨付けを行う[14]。鉄筋コンクリート造では、同様の屋根スラブにおいて中勾勾配を用いてコンクリート止めの向こう止め墨として使われている（図4）。鉄筋コンクリート造建築の出現とともに生まれた新しい建築構成材であるコンクリート止め部材は、同様の幾何学的解決方法によって対応されていることがわかる。しかし、木造とは異なり型枠はあくまでも仮設構築物であるため、型枠自体の意匠的な美しさよりも、施工効率や、コンクリートへの転写のされ方によって組み方が決まる。そのため、出隅のコンクリート留めの上ばは、長玄勾配の留め墨ではなく、短玄勾配の胴付き墨によって解決されている。したがって、要求のレベルに応じて、型枠製作において使用される規矩術の勾配は異なると考えられる。

4-2 在来木造とコンクリート型枠製作
技術に残る規矩術

木造建築大工の国家資格である建築大工技能士試験において、2級建築大工技能試験では実技試験に柱立て四方転びの出題があり、1級建築大工技能試験では実技試験に振れ隅木小屋組が出題されている。また1級2級ともに学科試験に規矩術の出題がある[15]。現在の在来木造においてはプレカットが主流であり、規矩術を使用する場面は限られているが、伝統的な技術が継承されていることがわかる。

型枠施工技能士試験においては、1級2級ともに実技試験としてフーチング基礎・柱・梁の部分型枠が主題され、法蓋の桟木加工に際して規矩術の知識が必要となる。しかし、学科試験においては規矩術の出題はない。また現在、実際の現場において法蓋は採用されていない。現在の基礎型枠はより簡易化されているが、技能試験の出題問題として難易度を維持するため、規矩術、鉋がけなどの技術を使用する法蓋を含むフーチング基礎型枠が問題として使用されている。つまり、技能試験問題としてわずかに規矩術の残存があるのみで、型枠製作の場面において規矩術は継承されていないとわかる。

4-3 コンクリート型枠製作技術における
規矩術の衰退

型枠の製作技術において、木造建築大工を源流とする規矩術が独自の発展と衰退を見せたことは確かである。型枠製作における規矩術の衰退には、以下の3つの理由が考えられる。

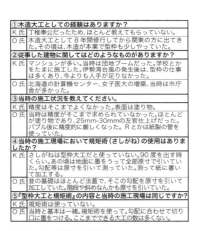

表3 ヒアリング調査の回答表

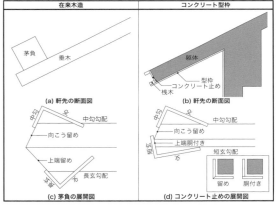

図4 在来木造とコンクリート型枠の規矩術の比較

勾殳玄法			木造	コンクリート型枠 「型枠大工と規矩術」
	平勾配	短玄勾配	1. じょうご形四方転びの側板の上ば留め墨 2. 柱建て四方転びのぬきの上ば胴付き墨	屋根スラブのコンクリート止めの上ば胴付きの墨に使う
		中勾勾配	1. 茅負、広小舞、淀、裏甲、鼻隠し等の隅部、向こう留め墨 2. 柱建て四方転びの柱の勾配、甲板への胴付き墨、根本切り墨 3. 柱建て四方転びの成の胴付き墨 4. じょうご形四方転びの向こう留め墨、たて胴付き墨	屋根スラブのコンクリート止めの向こう留めの墨に使う
		長玄勾配	1. 茅負、広小舞、淀、裏甲、鼻隠し等の隅部の上ば留め墨 2. 山勾配付き隅木の馬乗り墨（出中の方） 3. 隅木鼻（立水切り）の上ば墨 4. 配付けだるき上部の胴付き墨 5. 角柱、束への隅木上ほぞ差し墨、胴付き墨 6. じょうご形四方転びの側板の上ば留め墨	隅のスラブの留めの墨に使う
		半勾配	1. 隅木落ち掛かり墨 2. 隅木のほぞ差し口の上・下ほぞ穴墨	落ち掛かりの墨に使う
		裏目勾配	投げ墨	隅梁の投げ墨を出す時に使う
		半中勾勾配	柱建て四方転びのぬき穴の上ば墨、下ば墨	梁底、落ち掛かりの小口の墨に使う
	隅勾配	隅中勾勾配	隅木山勾配（隅勾配直角切り）	隅梁の断面を書く墨に使う
		隅長玄勾配	1. 隅木鼻の下端切り墨（立水切り） 2. 角柱、束への隅木下端胴付き墨 3. 隅木下端のたすき墨	隅梁梁底の墨に使う

勾÷勾÷玄＝短玄
勾×勾÷玄＝中勾
殳×殳÷玄＝長玄

半勾配又は落ちが掛かり勾配

表4 適用工作墨に関する在来木造と鉄筋コンクリート造の比較

①戦後の徒弟制度の解体：戦後の社会的な変革により、徒弟制度が事実上解体[4]され、生産体制の変化とともに、従来の人的資源を媒体とした技術の継承が行われなくなった。木造建築大工の経験をもつ型枠大工の第1世代、第2世代の引退はさらなる技術の衰退を引き起こした。

②複雑な形状の型枠のプレファブ化：1963年に型枠工事は大工側の材工一式発注方式[*6]に変わり、それまでの手間受けから、型枠大工、型枠解体工[*7]のように型枠工事業のなかでさらに分業化が進む。1970年代より複雑な形状の型枠製作の外注化が進み[16]、それまでの既存の技術に依存した近似による形状の製作ではなく、薄いベニヤをプレス機で成形することによって複雑な形状が製作されるようになった。現場の技術は工場生産の技術へと置き換えられた。

③型枠施工現場への電卓、CADの導入：会社によって導入の時期に差はあるものの、電卓は1990年代頃[17]、CADは2000年代頃に型枠施工現場へ導入される[*8]。それまでは原寸場で行われていた墨出し作業がCADに置き換わり、規矩術の使用場面がなくなった。

　以上の3点は建設現場において、技術継承の側面おいて転換点であったと考えられる。

5章　型枠大工と建築家の関係

5-1 複雑な型枠への規矩術の適用の可能性

型枠大工へのヒアリング調査から一般的な建築において規矩術の適用は限定的であったことがわかった。

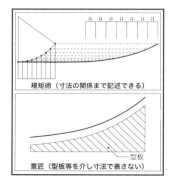

図5 軒反りの作図例に見る規矩術と意匠の違い

しかし、打ち放しを仕上げとし、複雑な形状を含んだ建築家の作品には規矩術を必要とする場面が多かったと推測される。当時の施工写真の分析、宮大工へのヒアリング調査、『型枠大工と規矩術』を通して、近代建築の形態と規矩術の適用の可能性を考察する。

5-1-1 規矩術と意匠の違い

宮大工へのヒアリングを行い、現在の寺社建築に対する規矩術の適用範囲を元に、近代建築の形態と規矩術適用の可能性を考察する。

　ヒアリングを行った工務店では、現在でも原寸を引いて寺社建築の軒反りや破風などの曲線の形を決めている。しかし、規矩術を使用する場面は茅負の収め方のような、3面図では表せない部分に限られており、原寸場で引かれる曲線は、規矩術の円の分割による作図法ではなく、不規則なRによって描かれる意匠として設計していると回答が得られた（図5）。原寸場で引かれた曲線は型板を用いて木材に転写される。

5-1-2 複雑な型枠

設計施工の分業化後、近代的な建築生産のなかでの原寸場の役割は、建物の形態を決めることから、加工に必要な寸法の拾い出しのみが残った。表5より正円、曲線、シェルは、その形状を2次元の作図によって、形状を把握できるため、さしがねを用いなくても加工可能である。しかし、多面体では3面図では表せない収まりが出てくる場合があり、構成する面の角度が建築家の任意の数値であったとしても、規矩術は比の計算であるため、規矩術によって解決されていた可能性が高いと推測される。

5-2 近代技術と伝統技術の交流

前川建築設計事務所では、基本図とともに型枠施工参考図を作成しており、円柱や曲線などの複雑な形態を含む型枠については、型枠の緊結方法やサポート材の構成について記載している。しかし、実際の施工現場においては、3面図にも表れない幾何学的解釈が必要となる場合があることがわかった。鉄筋コンクリート造建築を施工する際には、建築家の図面指示を超えて、大工を媒介として引き継がれた規矩術が技術的支えとなっていたことが少なくないと推察される。

　近代の建築家は木造建築における構法などの制

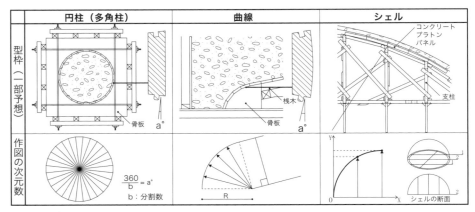

	円柱（多角柱）	曲線	シェル
型枠（一部予想）		桟木　骨板　a°	コンクリートプラントパネル　支柱
作図の次元数	$\dfrac{360}{b} = a°$　b：分割数	R	シェルの断面

表5 複雑な型枠の施工方法と作図の次元数の関係

限から解放され、近代技術によってより多くの形態的な自由さを獲得したと理解されている。しかし、実際には鉄筋コンクリート造建築においては型枠に加工可能な技術的範囲の制約がある。鉄筋コンクリート造における形態的自由の獲得は虚像であり、豊富な大工と引き継がれてきた大工技術によって実像化されていたといえる。つまり、近代技術と伝統技術は構法や工法のレベルでつながっており、近代建築の独創的な表現の多くを伝統建築が支えていたといえるのである。建築家の独創性のなかで語られてきた近代建築史のなかには、大工、木造、伝統技術の存在を垣間見ることができ、それらは建築家が提示してきた意匠的な意図を上回って近代建築を形づくってきた。こうした場面では、長い歴史をもつ大工技術の経験的蓄積に対して、建築家の幾何学的な理解が追いついていなかったと推察される。

6章　結論
木造建築大工の人的資源は、その需要の増加とともに鉄筋コンクリート造建築の現場に流れ込んでいた。そして大工を媒介として引き継がれた規矩術は近代技術と伝統建築をつなげる役割をもち、近代においては建築家の幾何学的な理解をときに凌駕して近代建築を支えていた。木造建築大工を源流として規矩術は近代的建築生産のなかで独自の発展を見せた。しかし、現在の型枠製作現場において規矩術は使わ

れておらず、型枠施工技能士試験に残る局所的な残存を除いて、専業化後の型枠大工に規矩術は継承されなかった。

　今後の展望として、型枠大工の3世代における年代別の構成比率の変化と、鉄筋コンクリート造の意匠の関連について考察の余地がある。

[註]
*1 参考文献[1]、pp.38-40参照。
*2 国内で採れる木材を指す。
*3 参考文献[6]、p.151参照。型枠せき板の変遷より木製かまち式と合板の年代別比較。
*4 型枠大工へのヒアリング調査より。
*5 型枠大工へのヒアリング調査より。
*6 参考文献[12]参照。型枠に使用される材料は元請けのゼネコンが管理を行い、大工は手間受けだった。その後、材工一式発注方式に変わり現在のような業務体系に変わった。
*7 参考文献[12]参照。当初、解体工事は鳶土工の分野であった。
*8型枠大工へのヒアリング調査より。

[参考文献]
(1) 東京帝国大学『東京帝国大学一覧』1886年
(2) 中谷礼仁・中谷ゼミナール『近世建築論集』アセテート、2004年
(3) 内田祥哉「伝統的建築から戦後の木造建築の変遷（協会設立10周年記念講演）」『PSATS report』Vol.40、NPO法人建築技術支援協会、2009年〈https://www.psats.or.jp/column/tokusyu/040.pdf〉2023年1月閲覧

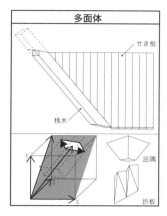

多面体

せき板

桟木

庇隅

折板

（4）渡辺保忠『工業化への道〈NO1〉——工業化への道の中で職人はどう変化して来たか』不二サッシ工業株式会社、1963年
（5）柳川裕「コンクリート型枠の話（1）型枠工事の出現から現在までの経緯（戦後建築技術史への証言）」『PSATS report』Vol.55、NPO法人建築技術支援協会、2012年〈https://www.psats.or.jp/shogen.html〉2023年1月閲覧
（6）『新建築1980年7月臨時増刊——建築戦後35年史 21世紀へ繋ぐ』新建築社、1980年

（7）労働省職業訓練局技能検定課監修『型わく施工必携』東京建設工業協同組合、1980年
（8）内村力『型枠大工と規矩術』内村工務店（私家本）
（9）日本建築学会『近代日本建築学発達史』丸善株式会社、1972年
（10）村松貞次郎『日本近代建築の歴史』日本放送出版協会、1977年
（11）大塚慎平、大川三雄「戦後の公的住宅供給による不燃化住宅 1950年代の都市不燃化運動を背景として」『平成23年度日本大学理工学部学術講演会論文集』2011年
（12）編集委員会編「現代建築職人事典」『現代建築職人事典』工業調査会、2001年
（13）厚生労働省報道発表資料（現代の名工——晴れの栄誉！）「参考資料2 卓越した技能者の表彰制度の概要」2011年〈https://www.mhlw.go.jp/stf/houdou/2r9852000001t2t7.html〉2023年1月閲覧
（14）大塚常雄『建築大工さしがね術図解』理工学社、1984年
（15）富樫新三『図でわかる規矩術』オーム社、2018年
（16）千葉拓、権藤智之、林 盛、鎌田展輝、蟹澤宏剛「日本における複雑形状RC建築の型枠施工の変遷に関する研究」『日本建築学会関東支部研究報告集』第92号、2022年
（17）国立科学博物館産業技術史資料情報センター編『国立科学博物館技術の系統化調査報告』第6集、2006年

出展者コメント —— トウキョウ建築コレクションを終えて

Q このテーマを選んだ理由

可能性は示唆されていても、その実情に誰も触れられていない歴史を紐解いていくことに浪漫を感じたからです。

Q 論文を通じて社会に向けて発信したいメッセージ

近代建築史はあと数年で歴史が事実から見立てに変わってしまいます。当事者が生きている今だからこそできる研究があり、また他の誰かが歴史を紡いでいってほしいと思います。

Q 修士論文を通して得たこと

論文を進めるまでは意識していなかった、建築を支えている方たちの存在に気づくことができ、お話を聞かせていただくなかで、たくさんのことを学ぶことができました。

Q 修士修了後の進路と10年後の展望

設計事務所に勤めています。海外でも経験を積み、表現し続けていきたいと考えています。

論文展

汎用有限要素解析コードを用いた木造籠目格子シェルの形状解析と座屈解析

白鳥 寛
Shiratori Kan

工学院大学大学院
工学研究科　建築学専攻
山下哲郎研究室

1章　本研究の背景と目的

空間構造に分類される代表的な構造形式の1つとして、ラチスシェル構造がある。ラチスシェルは、鋼などの線材を格子状に組み合わせ、シェル状に形を構成したものの総称である。現代では、大英博物館グレートコート（ノーマン・フォスター、2000）、マンハイム多目的ホール（フライ・オットー、1975）など、多くの優れたラチスシェルが建設されている。ラチスシェルは、基本的には2方向に曲がっており、形状が連続体シェル（RC造のシェルなど、1枚の板からなるシェルの総称）と類似しているため、構造特性も似る。連続体シェルは、面外方向の荷重に対して面内力で抵抗する。同様に、ラチスシェルは、部材に曲げモーメントがほとんど生じることなく、軸力（面内力）で外力に抵抗する。このような特性があるため、シェルの構造設計では、軸力による座屈の危険を第一に考え、シェルの座屈荷重を適切に評価することが重要となる。

　このようなラチスシェル構造において、木造ラチスシェルにのみ、部材の初期曲げによってシェル形状を形成する特殊な施工方法がある[1-3]。この場合、木材は現場で曲げて施工されるため必然的に初期応力を内包し、ラチスシェル構造において重要な座屈耐力に影響を及ぼすと考えられる。一方で、コン

ピュータの利用により、このような部材の初期曲げを考慮したシェルの釣合形状を探索するDynamic Relaxation法（以下、DR法）など、初期曲げを考慮したラチスシェル構造の解析や実験を行う研究も盛んになっている[4-7]。しかし、DR法などこれらの形状解析手法は特殊な解析ソフトを要することが多く、初期曲げによる座屈耐力への影響を連続して解析することが難しい。また、シェルの形状解析に関する既往研究[6]の多くは2方向格子シェルを対象としており、実際に建設されたシェルにも2方向格子が多い（図1）。しかし、2方向格子より高い座屈耐力を期待できる3方向格子として籠目格子があり、その性質は三角形格子と同様の有効剛性[*1]をもつことで知られている[8]。さらに、籠目格子は三角形格子などと違い、1接合部あたり2部材で構成されるため、部材をねじらずに曲面を構成できる。ただし、3方向格子面は2方向格子面より面内せん断剛性が大幅に高く、接合部が固定された状態では、そもそも平板からシェル状に大きく変形させることが困難である。加えて、木造シェルは、木材を曲げ、積み重ねて曲面をつくる場合、曲面は部材厚さだけ偏心を伴い、かつ、面外曲げ剛性を確保するため、部材を複層構成とする場合が多い。実例でもその多くは偏心・複層をともなった曲面を

構成している。しかし、その座屈耐力への影響は未だ
明快ではない。

　このような背景より本研究では、籠目格子シェルの
形状解析および、形状形成による初期応力、部材の
偏心、断面構成を考慮した座屈耐力の検討を目的と
する。そこで、偏心を伴って木材を3方向に重ねた籠目
格子シェルの形状解析（図2）、その後、連続して実施
する座屈解析を、形状解析に特化しない汎用有限要
素解析ソフトで実行可能にする解析手法を開発した。

2章　偏心した籠目格子シェルの解析手法
2-1　解析手法概要

本研究の形状解析および座屈解析は汎用FEMソフ
トMarc[9]を用いて、静的増分法で形状形成stepか
ら座屈stepを一貫した時間軸で連続的に実施する
（図3）。座屈解析では、幾何学的非線形性[*2]を考慮
した弧長法による弾性座屈解析を行う。本研究の形
状解析では、平板材端の支点に、面内中央方向へ強
制変位を与え、部材を座屈させて曲げることにより曲
面を形成する方法を用いる[6]。この場合、初期形状
の格子平板と変形に要する強制変位の値によって、
必然的に変形後の形状（釣合形状）が決定する。そこ
で本研究では、釣合形状を先に定め、逆算で初期形

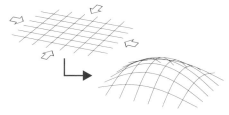

図1　境界に強制変位を与えて2方向格子シェルを形成する例

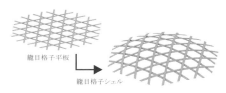

籠目格子平板

籠目格子シェル

図2　木造籠目格子シェルの形状形成

状と強制変位を決定する。釣合形状は球形籠目格子
シェルとし、その部材を平面状に展開して平板を形
成する。与える強制変位はシェル境界と平板境界の
差分とする。ただし、強制変位を与える前に、モデル
は完全に平坦であるため、全節点に面外上向きの微
小な荷重を与え、スパンの1/1000程度のライズに
なるまで変形させる。強制変位を与えてシェル状に
大きく変形させた際、部材は座屈して曲がり、曲げ応

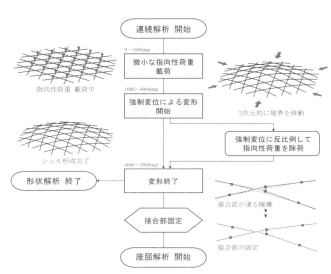

図3　本研究の解析手法フローチャート

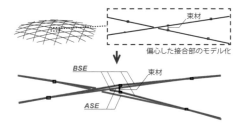

図4 仮想ルーズホール機構の適用例

図5 仮想ルーズホール機構の挙動

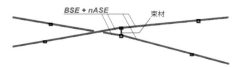

図6 仮想ルーズホール機構の固定

力に従った曲面へと変形する。変形終了と同時に形状解析は終了となる。変形による初期応力を内包した状態で、続けて座屈解析へと移る。

2-2 接合部に設ける仮想ルーズホール機構

本研究では接合部の固定を解除する仮想のルーズホール[*3]機構を開発し、籠目格子平板の曲面への変形を可能にした（図4）。仮想ルーズホール機構とは、部材同士を接合しつつ、曲面に沿って接合部を滑らせるために、曲げ・ねじり剛性のみを有する要素（以下、BSE）と軸剛性のみを有する要素（以下、ASE）の組み合わせにより、接合部の節点が移動可能となる機構である。偏心をモデル化するために、部材厚さを考慮して接合部に束材を設ける。束材は施工時の貫通ボルトを想定しているため、両端節点の接合は剛接合とする。この機構は1つの接合部周りにBSEが4本、ASEはBSE2本に対して1本ずつで2本、計6本の組み合わせで成り立つ。

BSEは軸剛性をゼロとすることで自身が抵抗なく伸縮し、節点の移動を可能とする役割を果たす（図5）。BSEは接合部で束材とつながり、その節点はルーズホールのようにBSE内を移動できる。

ただし、移動可能な範囲は接続したBSEの長さに依存し、隣の節点を超える移動はできない。一方で、ASEはBSEの両端をつないで部材の長さを保ち、軸力を伝達する役割を果たす（図5）。

2-3 座屈解析へ続くための接合部固定

さらに、形状形成直後のモデルは接合部が部材軸方向に固定されていない。そこで座屈解析を行うための準備として、仮想ルーズホール機構を固定して形状を安定させる必要がある。そこで、ASEと同様の性能をもつ新たな梁要素nASEを生成し、BSEに重ねて節点を共有させる。これによりBSEは伸縮不可となり接合部を固定できる（図6）。nASEを生成した後、形状解析中に使用したASEは消去する。ASEに生じていた軸応力は大きな誤差なくnASEが負担する。以上より、汎用FEMソフトで籠目格子シェルの形状解析が可能となり、それに連続して幾何学的非線形性を考慮した弾性座屈解析が実施可能となる。

3章　木造籠目格子シェルの形状解析例
3-1 形状解析モデル

変形後の釣合形状をライズ/スパン比0.1の測地線[*4]に沿って部材を配置した球形籠目格子シェル（図7）とし、その部材を平面状に展開して初期形状の平板を構成する。形状解析モデルは以下の4種類仮定する（図8）。実際に不可避な偏心の影響を調べるために、接合部の偏心の有無でモデルを仮定する。加えて、単層の部材断面と複層の部材断面を区別する。木材は入手し易く柔らかいスギを想定し、ヤング係数$E=6800N/mm^2$、ポアソン比$\nu=0.4$で一定とする[(10)]。本研究では木材を均一な弾性体とみなし、木材の性質のばらつきや破断、クリープ等の材料学的非線形性[*5]は無視している。単層の部材断面は幅60mm厚さ10mmの矩形断面とする。一方で、複層では空きを考慮した幅60mm厚さ40mmのサンドウィッチ断面の等価曲げ剛性を与える。ただし、偏心量は全モデル一定で木材厚さ10mmとする。また、偏心したモデルに設ける束材は施工時の貫通ボルトを想

定し、ねじり剛性Jを極めて0に近づけた円形断面とする。材質は鋼材としてE=2.1×10⁵N/mm²、断面積A=79mm²、断面二次モーメントI=491mm⁴、断面係数Z=98mm³で一定とする（表1）。以降、各モデル名は「幾何名称+層構成_偏心量」と表記する。

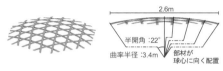

図7 球形籠目格子シェル

[単層・偏心無]　　　　　　[複層・偏心]

図8 形状解析モデルの断面構成イメージ

図9 形状解析による完成形状例

3-2 形状解析による完成形状

図9の完成形状を見ると、複層・偏心モデルのみ部材が外に広がらず内に曲がる変形が見られた。図10は完成形状が球形から離れるほど濃く赤く表示され、各図に示す倍率でその乖離を可視化している。どの

モデル		複層		単層		束材
部材要素		BSE	ASE	BSE	ASE	
断面形状		矩形				円形
材質		木				鋼
E	N/mm²	6800				2.1×10⁵
v		0.4				0.3
A	mm²	0.1×10⁻⁵	1200	0.1×10⁻⁵	600	79
I_{xx}	mm⁴	2.8×10⁵	0.1×10⁻⁵	5000	0.1×10⁻⁵	491
I_{yy}	mm⁴	3.6×10⁵	0.1×10⁻⁵	1.8×10⁵	0.1×10⁻⁵	491
Z_{xx}	mm³	1.4×10⁴	0.1×10⁻⁵	1000	0.1×10⁻⁵	98
Z_{yy}	mm³	1.2×10⁴	0.1×10⁻⁵	6000	0.1×10⁻⁵	98
J	mm⁴	4.0×10⁴	0.1×10⁻⁵	1.9×10⁵	0.1×10⁻⁵	0.1×10⁻⁵

表1 形状解析モデルの部材断面性能諸元

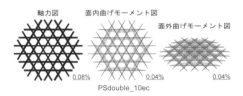

軸力図　　　面内曲げモーメント図　　　面外曲げモーメント図

0.08%　　　0.04%　　　0.04%

PSdouble_10ec

図11 完成形状の応力分布例（1mm=1N）

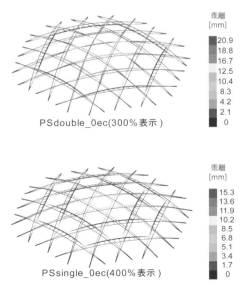

PSdouble_0ec(300%表示)

乖離
[mm]
20.9
18.8
16.7
12.5
10.4
8.3
4.2
2.1
0

PSsingle_0ec(400%表示)

乖離
[mm]
15.3
13.6
11.9
10.2
8.5
6.8
5.1
3.4
1.7
0

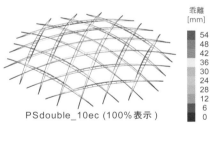

PSdouble_10ec (100%表示)

乖離
[mm]
54
48
42
36
30
24
28
12
6
0

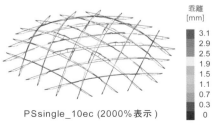

PSsingle_10ec (2000%表示)

乖離
[mm]
3.1
2.9
2.5
1.9
1.5
1.1
0.7
0.3
0

図10 完成形状と球形の形状比較

モデルも共通して、部材は境界付近では球形より下方に、中央付近では球形の上方に位置する。この球形との乖離は部材の支点を内向きに押して座屈させたことに起因する。座屈のモードはsin波形に近いため、境界付近では、球形の円弧アーチ部材より曲率が小さくなる。これにより、境界付近での完成形状と球形の形状差が生じたと考えられる。球形との乖離がもっとも小さかったのは単層・偏心モデルであり、スパンの1/1000程度に収まっている。対して乖離がもっとも大きかったのは複層・偏心モデルで、他と異なり部材が面内で大きく曲がったことに起因する。図11の完成形状応力図は、軸力はASE、曲げ応力はBSEに生じた応力を用い、軸力の圧縮を青、曲げモーメントは緑で図示する。視認性のため応力は平板に図示し、各図に示す倍率により可視化した。

軸力図より、どのモデルでも共通して各方向もっとも外側の部材群で最大の圧縮軸力が確認された。曲げモーメント図より、曲げ応力はどの部材にも比較的一様に分布している。

4章　木造籠目格子シェルの座屈解析例
4-1　座屈解析モデル
座屈解析モデルは初期応力をもったモデル（PS）の4つに加え、PSの完成形状と同じ形状で作成した初期応力ゼロのモデル（SF）の計12種類のモデルを想定し、PSとの座屈挙動や、偏心・断面構成やラチスシェル構造において重要な初期不整[*6]の影響を確認する。本研究では初期不整を1次モード比例型とし、最大振幅はラチスシェル指針[(8)]より、単層で等価板厚[*7]の20%、複層は単層よりも等価板厚が大きいため、

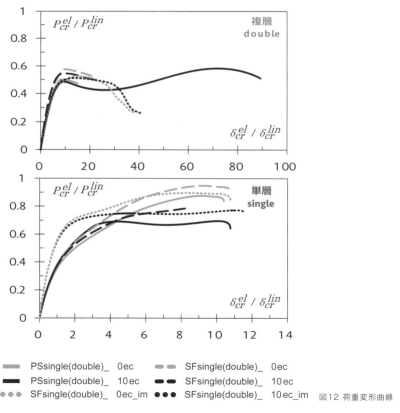

図12 荷重変形曲線

PSsingle(double)_ 0ec
PSsingle(double)_ 10ec
SFsingle(double)_ 0ec_im
SFsingle(double)_ 0ec
SFsingle(double)_ 10ec
SFsingle(double)_ 10ec_im

スパンの1/1000として与える。座屈解析は、SFの4モデルに対して初期不整を得るために行う線形座屈解析と、全モデルに対して非線形座屈解析を実施する。境界条件は共通して各部材端でピン支持とし、籠目格子の斜交部材交点に均一な節点荷重を鉛直下向きに与える。各モデル名は「幾何名称+層構成_偏心量」に加えて、初期不整を与えたモデルのみ末尾に「_im」を付ける。

4-2 弾性座屈挙動

荷重変形曲線（図12）縦軸は弾性座屈荷重/同形SFの線形座屈荷重、横軸は弾性座屈時の変位をSFの線形座屈荷重に対応する変位で無次元化した値である。図13、14の座屈波形を確認すると、単層モデルに比べて複層モデルは耐力が高いため、座屈波形が全体にわたっている。対して、単層モデルは面外に薄く、座屈波長が短いため、面外への個材座屈も疑われる。本研究の初期応力を内包したモデルは、初期応力をもたないモデルに比べ座屈波長が長くなった。偏心や初期不整の有無では、座屈モードに変化は確認できなかった。

　座屈耐力について、図12より、本研究の初期応力を内包したモデルは、単層、複層モデルともに無応力シェルに比べ、約90%の座屈耐力を示した。これは既往研究[5]の結果とも一致しており、形状解析手法の違いは大きく影響しなかった。偏心の影響について、単層モデルでは、偏心したモデルは偏心のないモデルに比べ、約80%の座屈荷重を示した。これは、初期応力ありのモデルや無応力のモデル同士でも比率が変わらず、偏心をもつことで座屈耐力が低下することがわかった。対して、複層モデルでは、各モデルで偏心の有無による明確な差が確認できなかった。これは、単層よりも複層モデルの方が、偏心量に対して等価板厚が大きいため、相対的に偏心の影響が小さくなったと考えられる。初期不整の影響に関して、無応力シェル同士、初期不整の有無で座屈耐力を比較した場合、単層、複層モデルともに大きな差異は確認されなかった。これより、本研究で対象とした籠目格子シェルは、1次の線形座屈モード比例型の初期不整に鈍感であると推測できる。

5章　まとめ
5-1 本研究の結論

本研究では、汎用有限要素解析コードを用いた木造籠目格子シェルの形状解析と、その後連続して実施する座屈解析によって、形状形成による初期応力や部材の偏心、断面構成が座屈耐力に与える影響の検討を目的として、3方向格子面である籠目格子平板を曲面に変形させる形状解析手法の開発、その形状解析に連続して座屈解析を行う解析手法の提案をした。さらに、形状解析より形成された球状の籠目格子シェルについて、形状形成による初期応力、偏心や断面構成、初期不整などの弾性座屈挙動への影響を、初期応力ゼロの球形シェルと比較しながら調査した。本研究の形状解析手法では、目標形状ありきでモデルの形成および境界条件の設定を実施したため、あらかじめ目標・初期形状を決定する過程については別途方法を考えなければならない。次に、解析ソフトの問題である。本研究の解析手法は、一貫した時間軸上で解析法を変えて形状形成から座屈検討の連続解析を実施する。本研究で扱った汎用解析ソフト以外のなかには、一貫したtime stepにおいて、増分法から弧長法（座屈解析）へと続くことが不可能なソフトもあると考えられる。そのような解析ソフトではこの手法は実践できない。加えて、仮想ルーズホール機構を適用した形状解析は、要素の長さに依存するため、格子が密、またはライズが高くてルーズホールの移動量が大きい形状を対象とすると正常に解析できない可能性がある。また、要素の長さを保つために

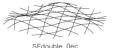

SFdouble_0ec　　　　　　SFsingle_10ec

図13 SFの線形座屈モード例

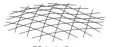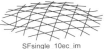

PSsingle_0ec　　　　　　SFsingle_10ec_im

図14 弾性座屈形状例

その分割数が粗くなりやすいため、解析ソフトによっては精度良く解析が実施できない可能性もある。これらは本手法の限界である。

5-2 今後の展望

我々の研究室では現在、本研究の連続解析手法の妥当性を確かめるため、形状解析による形状から模型製作、座屈実験の準備を行っている（写真1）。形状解析による完成形状の束材（交点を止めるための貫通ボルト）と境界の位置や角度を測定し、その位置に合わせて木材に孔を空け、境界を設置することで、模型の形状は幾何学的に完成形状と一致すると考えた。部材に関しても、解析の初期形状から部材長さを測定し、その長さをもった木材を準備した。結果として、部材長さ、接合部の孔の位置（写真2）、境界の位置や角度を解析と揃えたことにより、木材を曲げて籠目格子シェル模型を作成することに成功した。座屈実験は近日中に予定されている。

写真1 木造籠目格子シェル模型全体

写真2 シェル交点部

[註]
＊1 格子平板の剛性を力学的に等価な板に置換して考え
られた剛性
＊2 形状が大きくひずむ、回転することによって、応力ひず
みの関係が比例関係にない状態
＊3 ボルトの接合位置を調整するための遊び。楕円形上
に開けられる孔
＊4 曲面上の2点を結ぶ最短の曲線。球の場合、大円に当
たる
＊5 材料の性質がある条件の変化に対して、非線形性を
示すこと
＊6 実際の構造物に存在する施工誤差や荷重の偏心を表す
不完全さ
＊7 格子板の板厚を力学的に等価な板に置換して考えら
れた板厚

[参考文献]
(1) E. Happold, W.I. Liddell, "Timber Lattice Roof for
the Mannheim Bundesgartenschau", *The Structural
Engineer, Vol.53*, pp.99-135, 1975
(2) R. Harris, J. Rohmer, O. Kelly and S. Johnson,
"Design and Construction of the Downland Gridshell",
Building Research and information, Vol.31, No.6,
pp.427-454, 2003
(3) J. Chilton, G. Tang, *TIMBER GRIDSHELLS
-Architecture, structure and craft*, Routledge, 2017
(4) B. D'Amico, A. Kermani and H. Zhang, "Form
finding and structural analysis of activity bent timber
grid shells", *Engineering Structures 81*, pp.195-
207, 2014
(5) R. Mesnil, J. Ochsendorf and C. Douthe, "Influence
of the pre-stress on the stability of elastic grid shells",
*Proceedings of the International Association for
Shell and Spatial Structures (IASS) symposium
2013, Wroclaw.*, International Association for Shell
and Spatial Structures (IASS), 2013
(6) 山本憲though、中村達哉、本間俊雄「格子状平板の初期曲げに
より形成されるグリッドシェルの形状解析」『日本建築学会構
造系論文集』Vol.76、No.668、pp.1803-1812、2011年
(7) B. Lefevre, C. Douthe and O. Baverel, "Buckling of
elastic gridshells", *Journal of Proceedings of the
International Association for Shell and Spatial
Structures (IASS), Vol.56, No.185*, pp.153-171, 2015
(8) 日本建築学会『ラチスシェル屋根構造設計指針』2016年
(9) MSC Software Inc.:*MARC2021, Vol.A, Theory
and User Information*, 2021
(10) 日本建築学会『木質構造設計規準・同解説──許容応
力度・許容耐力設計法』2006年

出展者コメント ── トウキョウ建築コレクションを終えて

Q このテーマを選んだ理由

研究室でやったことがない研究をしたいと教授に打
診したところ、木造シェルを挙げてくださったのが始
まりでした。木造シェルの問題点は何か、鋼やRC
との違い、木造特有の性質などを調べ、最終的には
木造シェルらしい研究になって誇らしく思います。

Q 修士論文を通して得たこと

謙虚な姿勢、物事の順序を間違えないこと、この
2点です。何かを学ぶうえで、謙虚であることは
とても重要だと思い知りました。また、物事には順
序があり、それを間違えると言いたいことが伝わら
ない、ということをあらためて意識するようになり
ました。

Q 論文を通じて社会に向けて発信したいメッセージ

世界には多くの美しい木造シェルが存在しますが、
日本ではまだまだ事例が少ないです。この研究を
皮切りに、木造シェルがより一般的な構造物として
解析・施工できるようになり、建築を学んでいない
人々にも認知されることを願っています。

Q 修士修了後の進路と10年後の展望

建材メーカーの設計部で建築設計をする予定です。
今までのシェル研究を活かして、空間構造の屋根
に特化した設計ができる企業で腕を磨きます。そこ
でチャンスがあれば、海外に挑戦してW杯で使用
されるようなビッグスタジアムの設計に携わりたい
です。

領域横断のコラボレーションを促す ワークプレイスの視覚特性

3D Visibility Graphを用いた建築空間の分析を通して

関 拓海
Seki Takumi

関東学院大学大学院
工学研究科　建築学専攻
酒谷粋将研究室

1章　はじめに

1-1 研究の背景と目的

専門的な能力や知識を組み合わせ、新たな知を生み出す知識社会[1]を迎えている近年、知的創造の場としてのワークプレイスの需要が高まっている。そこでは効率性を重視した合理的な業務空間から、イノベーションの引き金となるワーカー同士の知的交流、とくに他者、他部署、他業種といった領域横断的なコラボレーションを生み出す創造的な空間が重視されるようになってきている。そして、そうしたコラボレーションを可能とするためには、業務に直接的に関係するフォーマルなコミュニケーションだけでなく、普段業務をともにすることの少ない他のワーカーともインフォーマルなコミュニケーションを日常的に行えるような環境マネジメントが求められてくるだろう。一方でそのようなインフォーマルなコミュニケーションは、業務連絡のように目的をもって行われるものではなく、他のワーカーとの偶然の出会いから発生することが多い。コミュニケーションに先立って互いの存在を認識するような段階が少なからずあるだろう。このとき、空間の中でのワーカー同士の見る・見られるといった視覚的関係の重要性が浮かび上がってくる。そこで本研究では、ワークプレイスにおける領域横断のコラボレーションを生む他者とのコミュニケーションが起こるきっかけとなる空間の特性を、Visibility Graphと呼ばれる視覚分析の手法を用いて明らかにすることを目的とする。

1-2 研究の方法

本研究では、3DモデリングのソフトウェアRhinocerosのプラグインであるGrasshopperを利用し、3DのVisibility Graphを構築して分析に用いる。また、対象となる事例の3Dモデルを解析し、その結果を複雑なネットワークの分析と視覚化のための一般的なプラットフォームであるCytoscapeを利用しネットワーク分析を行う。そして、分析によって得られた中心性指標（Centrality）をもとに、さまざまなワークプレイスにおける建築空間の評価を行い、その空間の特徴について考察を加える。

1-3 既往研究と本研究の位置づけ

空間の視覚特性に着目した研究は、Space Syntax理論[2]に基づく都市空間における「人間の認知・行動」と「空間のつながり・関係性」に関するものが有名である。また、その理論の枠組みのなかでVisibility Graphの手法がTurnerら[3]によって提案された。国内では宮崎[4]や安田ら[5]などによる応用研究が報告されている。Visibility Graphを用いた研究の

多くは、各視点につながる視線、すなわちネットワーク分析における次数中心性を指標とするものが多いが、本研究では、ワークプレイスにおける偶然的でインフォーマルなコミュニケーションが生まれる空間の特性を捉えようとする点において研究の独自性があると考える。

2章　ワークプレイスにおける コラボレーション

2-1 知的創造の場としてのワークプレイス

人々が働く場所では、仕事の内容や働き方とともに、その空間のあり方も時代とともに大きく変化している[6]。家の中に同居していた作業の場と事務管理の場が、産業革命を境に工場とオフィスというかたちで独立した新しいビルディングタイプとして誕生し、その後近代化のプロセスを経て、現代に至るまでオフィスは大規模、複雑化してきた。その過程でオフィス空間は、「労働者の作業が管理しやすいパノプティコンの原理に基づいたオフィス空間」から、「部署ごとに役割分担を明確化し、どの組織でも効率的に利用できるユニバーサルなオフィス空間」、そして「徐々に執務空間に快適性が求められ、新しいアイデアから新たな価値を創造する知的創造の場としてのオフィス空間」へと移り変わっている[7]。また新型コロナウイルスの感染拡大によるテレワークの急激な普及の後も、すべての業務がリモートの環境でこなされるわけではなく、オンラインでは不十分なワーカー同士のコミュニケーションを補うために今では対面出社とのハイブリット型の働き方が一般化しており、ワーカー同士の知的交流を狙いとしたオフィスのニーズは相対的に高まっている。

2-2 コミュニケーションと視覚的関係

同じ空間にいるときの人間同士の関わりには4段階の階層性があるといわれている[8]。はじめに同じ場所に存在していることを意味する「コプレゼンス」があり、そのコプレゼンスを前提としたうえで相手の存在を認知している状態である「アウェアネス」がある。そしてアウェアネスが生まれて初めて行われる「コミュニケーション」、最後にコミュニケーションがときとして発展して「コラボレーション」につながる。

このように、コラボレーションの前提となる「コプレゼンス」から「アウェアネス」、「コミュニケーション」へと至る過程には少なからず人の視覚的な行為や認識に関わる要素が深く関係していると考えることができるだろう。

3章　3D Visibility Graphを用いた 空間の分析

3-1 ネットワーク分析における 媒介中心性の指標

本研究において、ワーカー同士の視覚的関係性を定量的に分析するための手法として、Visibility Graphを対象としたネットワーク分析[9]を行う。とくにネットワーク分析によって得られた中心性指標のなかでも次数中心性(Degree Centrality)と媒介中心性(Betweenness Centrality)の解析結果に着目した。次数中心性とは各ノードに接続しているエッジの多寡によりそのノードのネットワーク内での重要性を評価する指標である。一方で、媒介中心性とは、あるノードが他のノード間の最短経路上に位置する程度を評価する指標である。つまり、媒介中心性の高いノードはネットワーク全体の構造のハブとしての役割が強い場所として理解することができる。

　以上2つの指標が空間のVisibility Graphのなかでどのような意味をもつのかを理解すべく、図1に示すような簡素な構成の建築空間の解析を比較し、考察する。廊下を挟んで2つの部屋がある場合、次数中心性の解析結果では各部屋での値が高いことがわかる。これは廊下に比べて、各部屋の中にある視点同士を結ぶ視覚的関係性が多く発生し、多方面から視線が集中していると同時に広くあたりを見渡せる場所であるためといえる。一方で、媒介中心性の解析結果では、廊下での値が高くなっていることがわかる。これは、強い視覚的関係性をもつ2つの部屋を結ぶ役割をもつ場所であることを示し、仮にそれぞれの部屋がオフィスにおける異なる部署であるならば、廊下がそれぞれの部署をつなぐ結節点となり、領域横断のコミュニケーションの発生が期待される場所になると考えられるのではないだろうか。

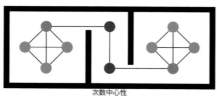

次数中心性 　　　　　　　　　　　媒介中心性

図1 簡素な構成の建築空間における中心性モデル

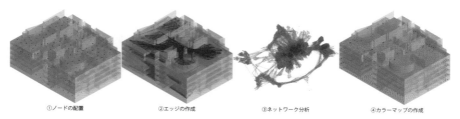

①ノードの配置　　　　②エッジの作成　　　　③ネットワーク分析　　　④カラーマップの作成

図2 分析の流れ*2

作品名	マサチューセッツ工科大学 新メディア研究所	平面図	
設計	槇総合計画事務所		
出典	新建築 2010 年 9 月号		
面積	15,142 ㎡		
設計概要	異なる研究グループの間に垣根がなく、それぞれの議論がお互いの研究活動を活性化するMITメディア研究所らしく、吹き抜け空間やガラスのスクリーン、開放的なアトリウムなど、研究の協創を促す空間がつくられている。		

表1 MITメディアラボ概要

図3 MITメディアラボ（2階）における次数中心性の解析結果

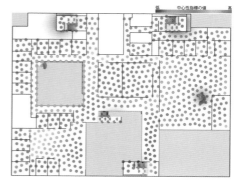

図4 MITメディアラボ（2階）における媒介中心性の解析結果

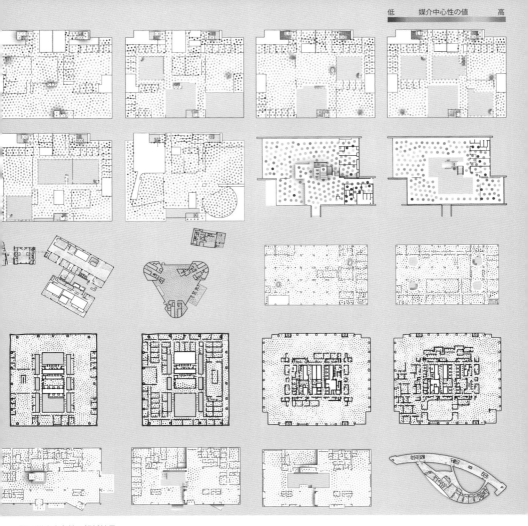

図5 媒介中心性の解析結果

個室と個室を結ぶ空間

図6 個室と個室を結ぶ空間の例

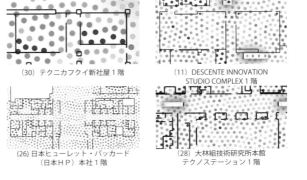

（30）テクニカフクイ新社屋1階

（11）DESCENTE INNOVATION
STUDIO COMPLEX 1階

（26）日本ヒューレット・パッカード
（日本ＨＰ）本社1階

（28）大林組技術研究所本館
テクノステーション1階

3-2 3D Visibility Graphの構築

3D Visibility Graphのプログラム構築に関しては、図2で示す以下の手順で行った。分析の対象とする建築モデルの床や階段などの人がアクセス可能な場所のサーフェイス上に任意の点を配置[*1]し、それを人のアイレベルを仮定した1,500mmの高さに移動した点を視点のノードとする。次にすべてのノード同士を結ぶエッジを作成し、それぞれ壁や柱（ガラスも壁として扱う）といった障害物のメッシュとの交差判定を行い、交差するエッジは除外する。以上の手順を通して残ったエッジでできたVisibility Graphをネットワーク分析した。ただし、媒介中心性の算出のためネットワークが複数に分節する場合には、ノード数が最大となるネットワークのみを分析対象とした。

4章 ケーススタディーを通した 媒介中心性の評価

4-1 「MITメディアラボ」を対象とした分析

建築の内部空間における媒介中心性の評価をするにあたり、表1に示す、領域横断のコミュニケーションを促進する建築空間として国内外で評価されている槇総合計画事務所による「マサチューセッツ工科大学新メディア研究所（以下、MITメディアラボ）」のケーススタディを行った。この建物はまったく違ったパラダイム、考え方をもった人々、研究グループを併置することで予定調和を超えた議論がわき起こり、違った価値観のぶつかり合いから新しい地平が開かれることを目的に計画されている。

4-2 Visibility Graphの分析結果

図3の次数中心性[*3]の解析結果では、吹き抜け周辺の廊下や大きな平面をもつ研究室で高い値が確認できる。吹き抜け周辺については、2階から1階を見渡せると同時に1階から2階への視線が集中することが、研究室については、そこがひとまとまりの大きな空間となっていることがその要因となっていると考えられる。

図4の媒介中心性の解析結果では、吹き抜け周辺は、次数中心性の解析結果と同様に高い値が表れており、吹き抜け周辺が上下階の人々を視覚的に媒介していると考えられる。一方で、研究室では媒介中心性の値が次数中心性に比べてそれほど高くないこと

がわかる。このことから、研究室内ではある特定のコミュニティの集合が形成されており、吹き抜けやプラザに比べて、他領域の人との出会いが少ないことが考えられる。また、研究室から共有空間へとつながる出入り口付近で値が高いことから、研究室内に比べてその出入り口付近で他領域の人との出会いが生まれやすく、その場所が研究室の内外の人を結ぶ結節点となっていると考えられる。MITメディアラボの解析結果から、領域横断的なコラボレーションに至るきっかけとなる空間が、媒介中心性の解析結果から明らかにできると考えられる。

5章 ワークプレイス事例を 対象とした分析

5-1 分析の対象とデータベースの構築

ワークプレイス事例の分析を進めるにあたって、2002年-2021年の20年間に日経ニューオフィス賞（ニューオフィス推進賞）[(10)]を受賞した作品のうち、『新建築』[(11)]誌に掲載され平面・断面情報が揃い3Dモデリングが可能な36事例を分析対象とする。分析を進めるにあたり、各対象の作品概要、設計概要、プラン、解析結果をデータベースにまとめた。

5-2 分析の結果

分析対象としたワークプレイスの媒介中心性の解析結果の一部を図5に示す。

5-3 高い媒介中心性をもつ空間の特徴

5-3-1 個室と個室を結ぶ空間

図6で示す「個室と個室を結ぶ空間」には、それぞれの空間自体を媒介する役割がある。分析対象では執務室、会議室、トイレといった個室同士を、廊下などの共有空間で媒介している事例が多く見られた。この結果に鑑みると、たとえば、会議室やトイレ付近の一角に自販機やコーヒーテーブルを設け、人が佇み、会話がしやすい環境を設けることはワーカーらの他者とのコミュニケーションを促進することに有効なのかもしれない。

5-3-2 個室と大空間を結ぶ空間

図7で示す「個室と大空間を結ぶ空間」では、部屋の出入り口付近で媒介中心性の高い値をとる。分析対象では、会議室と大空間の共有部や吹き抜け空間に

面した出入り口付近で表れており、視線の広がりが大きく変化すると同時に、そのことによってアウェアネスが生まれやすいと考えられる。また、個室の出入り口や廊下の延長線上に大空間側に向かって線上に媒介中心性の値が高いエリアが生まれることがわかる。つまり、大空間が執務室であるとするならば、偶然に他者と出会う機会が執務室内で増えることを示唆し、その場所をコーヒースポットや少しリラックスして談笑できる空間のしつらえとすることによって空間の視覚的なポテンシャルを向上することができる。

5-3-3 角の空間
図8で示す「角の空間」では、廊下の曲がり角や大平面オフィスのL字空間に媒介中心性の高い値が見られた。オフィスでは会議室が連続して計画されていることが多く、それらを結ぶ廊下の角でワーカー同士の偶然の出会いは多く起こることは経験的にも推測できるだろう。また、J.J.ギブソン[12]が述べる連続的な一群の可逆的変移のなかである景色が別の景色をもたらす遮蔽縁（Occluding Edge）は、他者の存在を認知し会話のきっかけとなる場所であるともいえるだろう。一方で、高層オフィスのセンターコア型オフィスに多く見られた大平面オフィスのL字空間は、廊下の曲がり角を大きなスケールで捉えたものと見ることもできるが、大平面をもつことでその利活用の方法には大きな違いが生まれる。たとえば、大人数の部署同士を平面的につなぐために、それぞれのバッファーとしての役割を持つコミュニケーションスペースをL字空間の一部に計画すると、視覚的なポテンシャルを活かせるかもしれない。

5-3-4 上下の階を結ぶ空間
図9に示す「上下の階を結ぶ空間」では、上階の吹き抜け周辺と下層の吹き抜け下部で媒介中心性の値が高い場所が見られた。分析対象の多くでは、吹き抜け周辺エリアにコモンスペースを設け、上下階の異なるコミュニティに属するワーカーの交流を促す仕掛けが計画されていた。また、吹き抜けの上下階を結ぶ階段や、上階で吹き抜けを通過する渡り廊下でも高い値が見られ、視覚的につながるだけでなく、アクセシブルな場所として重要な起点であることもわかった。

6章　結論
ワークプレイスにおける領域横断のコラボレーションを生む他者とのコミュニケーションが起こるきっかけとなる空間の特性を、視覚分析から明らかにすることを目的に、3D Visibility Graphおよびネットワーク分析における媒介中心性に着目して建築空間を分析し、考察した。MITメディアラボにおけるケーススタディを通して、建築空間における視覚的関係をネットワークとして捉えたときのそれぞれの中心性指標がどのような意味をもつのか、その結果を検証した。そして、ワークプレイスの36事例を分析対象とした各作品の概要と媒介中心性の解析結果等を要素とするデータベースを構築、総覧した。それにより領域横断のコラボレーションを生む他者とのコミュニケーションを誘発する空間について「個室と個室を結ぶ空間」「個室と大空間を結ぶ空間」「角の空間」「上下の階を結ぶ空間」という大きく4種類の特性を見い出した。

　本研究の知見が、今後の新たなオフィスの設計手法に役立つだけでなく、私たちがすでに日常生活で多くの時を過ごしている場所でも、視覚特性を活かしたしつらえや計画にすることで、革新的な価値を生み出す可能性を秘めていることを示せたのではないだろうか。

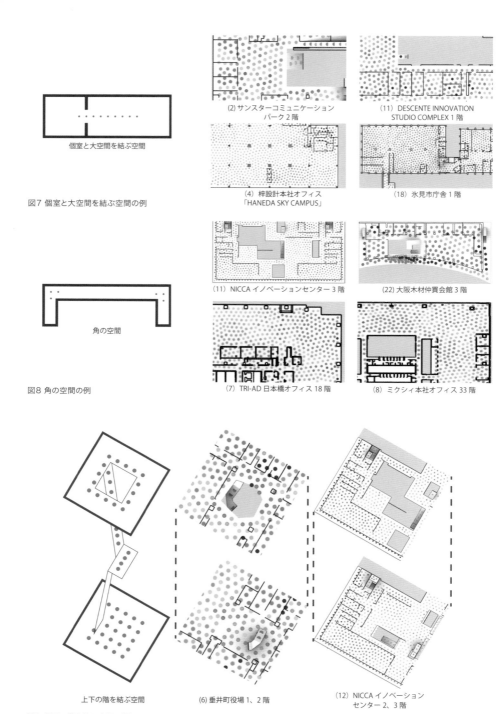

個室と大空間を結ぶ空間

図7 個室と大空間を結ぶ空間の例

(2) サンスターコミュニケーション
パーク 2 階

(11) DESCENTE INNOVATION
STUDIO COMPLEX 1 階

(4) 梓設計本社オフィス
「HANEDA SKY CAMPUS」

(18) 氷見市庁舎 1 階

角の空間

図8 角の空間の例

(11) NICCA イノベーションセンター 3 階

(22) 大阪木材仲買会館 3 階

(7) TRI-AD 日本橋オフィス 18 階

(8) ミクシィ本社オフィス 33 階

上下の階を結ぶ空間

図9 上下の階を結ぶ空間の例

(6) 垂井町役場 1、2 階

(12) NICCA イノベーション
センター 2、3 階

［註］
＊1 Grasshopperのコンポーネント「Tri Remesh」を利用し、一辺1,500mmの三角形に近いメッシュの頂点にノードを配置した。
＊2 ノードの配置間隔は、一辺1,500mmの三角形の頂点に配置して解析を行っているが、図2の①ノードの配置および②エッジの作成では見やすいように一辺4,000mmの三角形の頂点に配置した図を用いている。
＊3 媒介中心性については最大値を取るノードとそれよりも値の小さなノードとの間に大きな値の差異があるため、カラーマップの見やすさのため、常用対数を取った値をもとにカラーマップを作成した。

［参考文献］
（1）P.F.ドラッカー『ポスト資本主義社会』ダイヤモンド社、1993年
（2）Space Syntax〈https://spacesyntax.com/〉2022年9月1日閲覧
（3）Alasdair Turner, Maria Doxa, David O'Sullivan, Alan Penn, "From isovists to visibility graph:a methodology for the analysis of architectural space", *Environment and Plannig B Planning and Design*, volume28, pp.103-121, SAGE Publications Ltd, 2001
（4）宮崎慎也「3D Isovist Graph 解析システムの開発と応用」『日本建築学会計画系論文集』第84巻765号、pp.2367-2377、2019年
（5）安田渓、三浦研「可視性分析を用いた高齢者居住施設の共用空間の計画 サービス付き高齢者向け住宅を対象として」『日本建築学会計画系論文集』第86巻781号、pp.727-737、2021年
（6）日本建築学会『コンパクト建築設計資料集成』丸善株式会社、2005年
（7）中村陽一、高宮知数、五十嵐太郎、槻橋修『ビルディングタイプ学入門：新しい空間と社会のデザインがわかる』誠文堂新光社、2020年
（8）松下温、岡田謙一『コラボレーションとコミュニケーション（分散協調メディアシリーズ）』共立出版、1995年
（9）鈴木努『Rで学ぶデータサイエンス8ネットワーク分析』共立出版、2009年
（10）一般社団法人 ニューオフィス推進協会〈https://www.nopa.or.jp/〉2022年9月1日閲覧
（11）『新建築』2002年1月号-2021年10月号、新建築社
（12）J.J.ギブソン『生態学的視覚論―ヒトの知覚世界を探る』サイエンス社、1986年

出展者コメント ── トウキョウ建築コレクションを終えて

Q このテーマを選んだ理由
学部生時代から働く場所に興味を抱き、次第に新しいものやアイデア、イノベーションといったものがどのように生まれるのかへと関心が変化していきました。ゼミのなかで視覚分析の手法を知り、建築空間でそれらが起きるきっかけを定量的に探りました。

Q 修士論文を通して得たこと
知識や論理的な思考力、プログラミングや解析のスキル、論じるうえでの創造性、そして何より探究心を突き詰めることです。そして、このどれも私1人だけでできたわけではなく先生や研究室メンバーとの時間がこれらを得る機会を与えてくれたと思います。

Q 論文を通じて社会に向けて発信したいメッセージ
領域横断のコラボレーションの重要性が増している昨今、もし建築空間をトリガーとしてそれを生み出すことを必要とするならば、ぜひこの論文も参考の一つにしていただければと思います。

Q 修士修了後の進路と10年後の展望
修了後は組織設計事務所で働きます。設計者としてまずは一人前に仕事ができるように経験を積み、その先は学生時代に研究の傍、設計、空き家の改修、運営、まちづくりなどマルチに好きなことをやっていたように、建築に限らずいろいろなことに挑戦し続けたいです。

場所を介したネットワーク「Self-Place identified Network」の概念構築

A地区の子育て支援を起点とした地域拠点の運営者を対象として

米ケ田里奈
Mekata Rina

東京電機大学大学院
未来科学研究科　建築学専攻
山田あすか研究室

1章　背景と目的

1-1 背景

人口減少・オンライン化の社会を迎える今、社会的弱者を含む多様な人々が「居ることができる」場所が必要である。近年注目される、孤独・孤立の害に苦しむ人々を癒やす「社会的処方」や、適切な場所とそれらをつなぐ道があるからこそ人々が行き交いまちに活気を生む「ウォーカブル・シティ」の概念に照らしても、実際の場所があること、それらの場所と場所を利用する人々がつながることでまちのコミュニティが結ばれることに人々は気づき始めている。地域社会では、コミュニティカフェや子ども食堂、暮らしの保健室といった民間がつくる場の実践例が増えており、貧困や社会的孤立への支援として重要な位置付けとなっている。

　また、現代の人々は、自己確立と社会的存在としての自己のバランスを取るため、自らの生活拠点であるファーストプレイス（自宅）、社会的所属の基盤であるセカンドプレイス（学校や職場）、そしてそれらを離れた自由で選択的な社会的交流の場であるサードプレイスを必要とする[1]。このレイ・オルデンバーグのサードプレイス理論を援用すると、人もまた、場所との関係において自分自身を構築していくと説明できる。

1-2 本研究の構成と目的

本研究の第1部では、「脱成長」の都市での生活の質を高める健康的なまちづくりに必要な場所要素を考えることを目的とする。

　第2部では、場所とともにつくられてきたその人らしさの記述を、「場所を介した生活史 Place Based Life History」として記述すること、これらの「私の／私たちの場所」によって特徴付けられ、その利用者・運営者が織りなすまちのあり方を「（私の／私たちの場所）を介したネットワーク『Self-Place identified Network』」として捉える。これを目的1とする（図1）。さらに、個人のQOLと、生活者の支援の基盤となるまちをなすコミュニティ・ネットワークの構築の観点

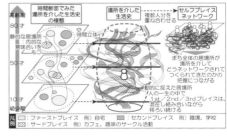

図1「Self-Place identified Network」の概念図

から、コミュニティ・ハブであり、人をその人たらしめる「まちの中の場所」の意味の記述を、場の運営者に対して試行する。こうして場づくりへの着想を捉え、担い手育成への知見を得ることを目的2とする。

2章 第1部——居場所で見る健康的な都市とその評価

2-1 調査概要

次章の理論を用いて、3種の場所とそのバランスを東京都足立区の4エリアで検証した。

2-2 方法:定食にたとえる居場所理論

本章では、山田が提唱した、「健康的なまち」を定食になぞらえて都市における居場所のバランスを理解する概念[2]について論じる。この概念では、オルデンバーグの概念を踏まえて、健康的な生活と健康的なまちは、以下のように説明される。①都市生活者の健康的な生活を支える場所は、住まい、自己の役割を基盤とする社会的帰属先、それらではない居場所:サードプレイス、のバランスによって成り立つ。②これら3つの場所をバランス良く有するまちは、健康的なまちである。

定食にたとえる居場所理論では、この3種の場所とその「バランス」を健康的な食事スタイルとされる日本の「定食」にたとえる(図2)。

定食は主食、主菜1品、副菜2品と汁物の構成を意味し、この献立によって必要な栄養素をバランス良く摂取できるとされる。また、西洋料理のコーススタイルと異なり一度に供されることで、主菜・副菜・汁物を少しずつ食べ進めることができ、ちょうど良い量までバランス良く食事を摂ることができる。

すなわち、住まい(ファーストプレイス)が主食、職場や学校(セカンドプレイス)が主菜、その他副菜や汁物がサードプレイスとしての「居場所」である。主食を中心に、主菜が献立づくりの基本になる。副菜や汁物は、主菜と主菜だけでは偏ってしまう栄養バランスを補い、気分転換の場/箸休めになり、食欲や食の楽しみを助け、カロリー摂取(働き過ぎ)のコントロールにも役立つ。

2-3 健康の観点で見た、足立区の評価

A:千住エリアでは地域の歴史・文化を踏まえ、また人口集積の効果を狙った多種多様なサードプレイスがあり選択肢が多い都市構造が観察できる。利用圏域にサードプレイスが多いことが特徴で、主食であるファーストプレイスや就労場所はそれに比べてエリアとしては少ない。たとえるなら副菜エリアといえる。

B:西新井・梅島エリアは、ファーストプレイスを中心に、住民の属性に合わせたケアの要素をもつサードプレイスが、公共発でつくられた後、民間に拡がっていったことでサードプレイスの選択肢が充実したエリアといえる。とくにケアを必要とする人々に対してそれらの場所がつくられた点が特徴である。対象を想定したスペシャルプレートにたとえられる。

C:竹ノ塚・保木間・花畑エリアは、農地開発によって、産業(セカンドプレイス)が居住用途に取って変わられたエリアである。現在はファーストプレイスを中心にしたエリアといえるが、大学が新設されたこともあり、ファーストプレイスとセカンドプレイスのバランスが良いエリアといえる。さらに高齢化の影響で、ファーストプレイスがケアの場となっている様相も捉えた。さらに、公的コントロールを伴わ

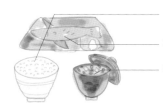

1. 生活の場所
   =ファーストプレイス :主食
2. 職場や学校等の社会的所属の場所
   =セカンドプレイス :主菜
3. 責任や義務から解放され、
   人々が平等にアクセスできる交流の場所
   =サードプレイス:副菜や汁物

主食を中心に、主菜が献立作りの基本になる。副菜や汁物は、主菜と主菜だけでは偏ってしまう栄養バランスを補い、気分転換の場/箸休めになり、食欲や食の楽しみを助け、カロリー摂取(働き過ぎ)のコントロールにも役立つ。

→
健康な都市
: 多様な居場所とその選択肢がある都市

健康的な生活
: 人々が家をもって社会的な参加をし、さまざまな居場所をもつ生活

図2 定食にたとえる居場所理論
[出典:参考文献[2]をもとに筆者作成]

ない、「隙間」となる空間が地域にあることで多様なサードプレイスが生じる様子も観察できた。

D：新田・鹿浜・江北エリアは、サードプレイスが少なく、ファーストプレイスに特化したエリアである。これは、職住分離の流れのなかでニュータウン型としてつくられた新田は、ファーストプレイスをベースにつくられており、住民のセカンドプレイスは他の商業集積地にあるものと考えられる。場所のバランスの取れた健康的な生活のためには、このエリアでは生活が完結しない。このため、移動能力のある住民は、行動範囲が広く他の地域にセカンドプレイスやサードプレイスをもっていると考えられる。もしくは、住民らは、ごく小規模で経済活動をほとんど伴わない私的なサードプレイスを個別に有しているものと推察する。

2-4 まとめ

このように、定食になぞらえて居場所を捉えることで、都市の中のさまざまな拠点と健康的な生活と関係を説明できる。また、人々の健康や生活をエンパワメントする多様な居場所づくりの要点を把握できる。どのような人々に向けた都市を考えるのか、都市においてどのような人々の居住やQOLを推進したいのかを、人々とイメージ共有しながらディスカッションしていくことが必要である。まちと健康、健康と生活という概念を「定食理論」で理解することは、多様な人々にとっての健康的なまちづくりの実現に寄与する。第2部では、定食を構成する品：居場所に着目し、

その時間的変遷を含んだ居場所の全体像およびまちの中の居場所のネットワークを捉える。

3章　第2部―場所を介した生活史からわかる、場を介したネットワーク「Self-Place identified Network」

3-1 既往研究

時間的変遷を捉える学術領域としては、社会学分野のライフヒストリーおよびライフストーリー研究が挙げられる。中野は「本人が自己の現実の人生を想起し述べている」ライフストーリーを、「本人の内面から見た現実の主体性把握を重視しつつ、研究者が近現代の社会史と照合し位置づけ、註記を添え」て再構築したものをライフヒストリーとしている[3][4]。建築計画分野では、坪内らが居住者の語るライフストーリーから、居住者特性と環境との関係性を記述し、時間的変遷を含む人間および場所の理解によって、シェア型アパートメントの居住性とその建築計画を考察している[5]。また田中らは、コミュニティカフェの運営に継続的に関わり中心的な役割を担っている人物を主（あるじ）と呼び、彼らの語りによって、場所の開かれ方の様相を捉えている[6]。

　本研究は、先述のオルデンバーグによる場所理論と、ライフヒストリーおよびライフストーリー研究、居場所研究の系譜を受けている。

表1 調査対象拠点の概要

インタビューの構造	ガイドラインとした質問項目
段階1 現在の活動拠点や居場所を把握 自宅／活動へのアイデアが得られる場所／息抜きの場所／運営者の立ち上げ拠点	**■拠点について（＊1）** 取組・事業・活動内容／場所や立地の選定理由／ターゲットとする利用者像や層／近隣地域での活動場所の有無／空間や設えのこだわり（設計者への要望など）
段階2 立ち上げのルーツとなる場所とその時期を把握 時間軸 現在 運営者の立ち上げ拠点／時間断面でみた Self-Place／XX 年前 立ち上げのルーツとなった場所	**■運営者（対象者）について（＊2）** 拠点に居る頻度と活動内容／拠点以外での活動有無とその頻度／「アイデアやヒントが得られる」など、ご自身の活動に良い影響が与えられる場所やコミュニティ／居住エリア／拠点での役割
段階3 「場所を介した生活史」を把握 立ち上げ拠点と経た場所とのネットワーク／時間断面を積層させて、時間的変遷を含んだ居場所変遷＝「場所を介した生活史」	**■拠点立ち上げの経緯** きっかけと立ち上げや開設に至るまでの流れ／ターニングポイントとなったこれまでの活動とその時期／影響を受けた場所／特に重要な活動経験やネットワークを得たと考えられる場所とその時期 **■ターニングポイントの詳細** 影響を受けた場所の（＊1）項目／当時の（＊2）項目

表2 インタビューの詳細

3-2 調査概要

住民の居場所づくりや空き家の利活用、コミュニティ醸成を目的とした地域活動が盛んなA地区（市区町村単位の行政区画）を調査対象地とした。A地区にて、子育て支援機能を含む地域住民の居場所となる拠点を6つ選定し、これらの運営者8名を調査対象者とした（表1）。調査対象者に調査主旨と表2のインタビュー構造を説明した上で、ガイドラインとして用意した質問項目に沿いつつ、運営者の自由な語りを重視するオープンエンドなインタビューを実施した。

3-3 「場所を介した生活史」の記述

ライフヒストリー法を応用し図3の定義のもと、運営者の〈断面1〉：拠点立ち上げのルーツとなる場所を経た時点、から〈断面2〉：現在の時点までの「場所を介した生活史」を記述した。把握できた立ち上げ経緯を、図4に類型化して整理した。3名分を抜粋してその様相を考察する。

■a氏（図5） 〈断面1〉のセカンドプレイスを通した「子どもが好きだ」という自己発見およびサードプレイスによるカフェ開設といった場づくりへの意欲と興味を起点に、ベビーマッサージ教室の開設に至り、以降教室に通っていた生徒らとの人的ネットワークが2015年の団体設立につながっている。とくに、「飲食店型のカフェ開設への意欲」が、子どもと通っていたベビーマッサージ教室を経たことで「居場所づくりへの興味」に移行しており、場の経験による自己変化と捉えられる。また、教室開設を通して、自身の場づくりへの適性を実感している点

が特徴的であり、場によって自信をもつa氏の様子が読み取れた。

■b氏（図6） b氏は〈断面1〉の数年後に経験した海外生活による自己主張の重要性の認識が、2011年以降の保育園に対する強い課題意識につながっている。また、ファーストプレイスとセカンドプレイスを主とした場形成から、働き方の変化に伴い、2016年にはファーストプレイスとサードプレイスの主となるといった大きな居場所変化が見られる。2016年時のサードプレイスで運営者から何気なく話しかけられたり、自身と気が合いそうな他者を紹介してもらったりといったケアを受けた経験から、拠点Bのコンセプト「自身が人をつなげることで自然

図3 居場所変化の要件整理

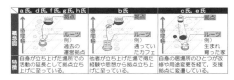

図4 立ち上げ経緯の類型

とケアをし、人が互いに干渉し合う場所」への着想を得ており、こうした場経験による自己変化を基盤に拠点B開設に至ったと考えられる。

■c氏（図7）〈断面1〉時点から2000年に転居するまでの23年間のファーストプレイスのあり方への疑問と葛藤は、拠点Cの理念および現在の居場所選

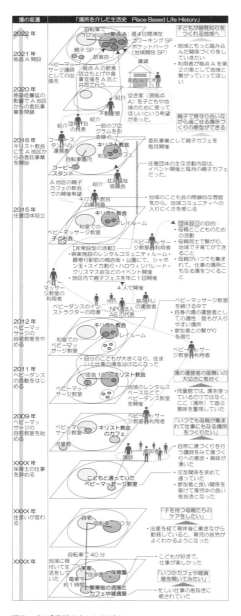

図5 a氏の「場所を介した生活史」

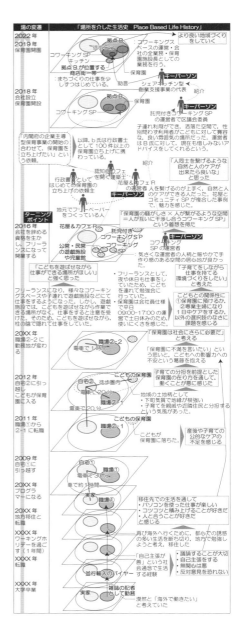

図6 b氏の「場所を介した生活史」

択に直結していることから、c氏の人生に強く影響したと考えられる。拠点Cに対する1st(12年間)→3rd(3年間)→1st(6年間)→3rd(8年間)→1st(3年

間)→3rd(3年間)→1st(4年間)→2nd(3年間)といった意味合いの変化の多様さが特徴的である。さらにライフイベントや自身の興味関心による約3年を1タームとした居場所変化の傾向が読み取れる。

3-4 場所の分類と変遷の考察

拠点立ち上げのルーツとなった場所の公─共─私の遷移に着目して[7]各拠点を捉える。場所の所有・運営者と自身の内的意味合いの2軸で場所を分類した(図8)。自身のファースト／セカンドプレイスからの遷移の場合(Ⅰ:拠点C、Ⅱ:拠点D)と、他者が所有する場所で自分にとってはサードプレイスであった場所を地域活動の場に(Ⅳ:拠点E)、また新たに縁を結んでつくられた場所(Ⅴ:拠点A、B、F)がある。地域拠点をつくるために、私的な空間の開かれや用途の変更という場所の意味の遷移を伴う場合(Ⅰ-Ⅳ)と、新たに場所との縁が結ばれる場合(Ⅴ)がある。

3-5 「場所を介した生活史」からわかる、
場所の影響

運営者の「場所を介した生活史」をもとに、具体的な場所や物事が、運営者の思想や空間づくりに至る構造を整理した(図9)。[子ども施設]の場の経験が子育てや就労との両立、社会的孤立やジェンダーといった社会課題へのはたらきかけにつながっていることが読み取れる。また、その場所で経験した環境から受ける影響への気づきが、啓蒙活動や活動のあり方の向上を含む定期的なセミナーやイベントにつながっている。場所から得た課題意識を核にしたコミュニティが、開設拠点で形成され、運営者自身を支えていることが読み取れる。地域での生活体験に基づく閉塞感や人間関係の苦しさなどの地縁の課題が、[地域の縮図のような場づくり]という理念につながっており、拠点は利用縁による地縁への再形成[8]の役割を担い、運営者の生活を支えていると考えられる。なお、拠点CDでは共通して子どもの幸福

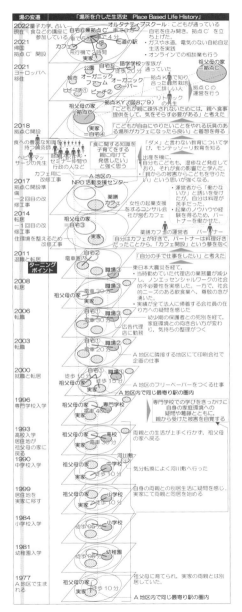

図7 c氏の「場所を介した生活史」

図8 拠点立ち上げのルーツとなる場所の分類

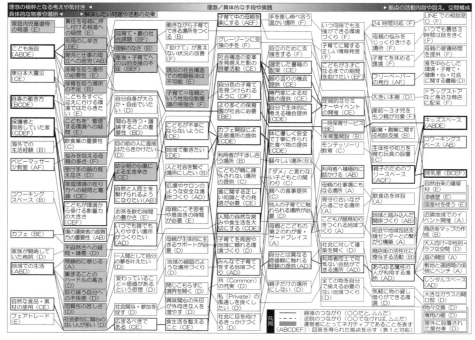

図9 運営者の拠点立ち上げに係るきっかけ－理念－場づくりの構造整理

を理念に掲げるが、Cでは子ども目線、Dでは母親目線の場づくりに至っており、運営者らの困難や葛藤の経験の違いは、視点や実践内容の差異として表れ、場を形づくる。

3-6 「場所を介した生活史」から見た、 （私の／私たちの場所）を介したネットワーク 「Self-Place identified Network」

図10に、「場所を介した生活史」から見た、現在時点でのA地区の場所を介したネットワーク「Self-Place identified Network」を整理した。子ども食堂開催を通して、よりケアが必要な子どもを見極め、拠点で個別ケアを行う団体TBの代表からの影響によって、a氏は子どもへの食事支援活動を始めている（図4）。a氏―団体TB―NPO法人AS―拠点RJの運営者は、過去にA地区内で大規模な母親向けのイベントを定期開催していた。なお、この4名は公私ともに親しい間柄である。拠点RJは、A地区南部の繁華街での空き家再生による拠点形成事業によっ

て開設された。このように「場所を介した生活史」の記述は、地域拠点を介した人間関係や、地域活動の流れを把握できる。また、拠点Cの現オーナーが活動に関与している拠点KYは、拠点Dと架空の商店街形成をしている。「まちに暮らすことを楽しみ、まちと人にオンリーワンの価値を提供しつづけること」を理念とし、この思想に賛同する商店同士がつながっている。この点からも、地縁の利用縁による結び直し

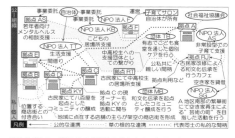

図10 （私の／私たちの場所）を介したネットワーク「Self-Place identified Network」の様相

の動き[(8)]が確認できた。NPO法人TTは拠点を有さず、非常設型で支援活動を行っている。e氏は支援活動を行いたいものの、拠点Eは営利事業で低価格や無償での支援提供が困難であるため、TTへの間貸しによって間接的な支援活動を実践している。こうした拠点を有することによる、活動内容の拡がりも把握できた。

　このように、拠点の地理的な近さや支援対象者の一致を契機として連携が生まれている動きが読み取れる。「場所を介した生活史」の記述は、ある特定の時間断面での場所を介した人々との関係「Self-Place identified Network」を可視化する。

3-7 まとめ

場所とともにつくられてきたその人らしさ「場所を介した生活史」の記述は、場を通して変化と再構築を繰り返す自己の様態を明らかにする。またこれの記述によって運営者が場所から得た思想と拠点運営との関係性や、場所を介した人々の関係「Self-Place identified Network」の把握、場所群がつくる地域社会というもの、また人と社会の関係を可視化し、記述する成果を得た。

[参考文献]
(1) Ray Oldenburg, *THE GREAT GOOD PLACE*, Marlowe & Company, 1991
(2) 山田あすか「「居場所」のイメージを拡げる」川口診療所・ケアセンターすこやか建替え計画ワークショップ当日資料、2022年7月
(3) 中野卓、桜井厚『ライフヒストリーの社会学』弘文堂、1995年
(4) 桜井厚、石川良子『ライフストーリー研究に何ができるか――対話的構築主義の批判的継承』新曜社、2015年
(5) 坪内健、森陳、野村理恵「居住者のライフストーリーからみたシェア型アパートメントの人間―環境関係に関する考察――既存集合住宅改修による「ソーシャルアパートメント中の島」に注目して」『都市住宅学』2014巻87号、pp.173-178、2014年〈https://doi.org/10.11531/uhs.2014.87_173〉2023年1月20日閲覧
(6) 田中康裕、鈴木毅、松原茂樹、奥俊信、木多道宏「コミュニティ・カフェにおける『開かれ』に関する考察――主(あるじ)の発言の分析を通して」『日本建築学会計画系論文集』72巻614号、pp.113-120、2007年〈https://doi.org/10.3130/aija.72.113_1〉2023年1月20日閲覧
(7) 山田あすか「『ケア』をキーワードに、公共私を編み直し新しい場づくりを考える」『学術の動向』26巻11号、pp.82-87、2021年
(8) 山田あすか「利用縁コミュニティを生む拠点のつくり方」『2019年度日本建築学会大会(北陸)建築計画部門研究協議会資料』2019年

出展者コメント ── トウキョウ建築コレクションを終えて

Q このテーマを選んだ理由
①ケアの本質に関わる研究がしたい、②人ー場所の関係を探求したい、③修士・博士課程の5年間を通して自分が心血を注げるような、難解で壮大なテーマに挑戦したい!!と考えたからです。

Q 論文を通じて社会に向けて発信したいメッセージ
現時点では、「人一人がいかに場所と関係を結んで生きているか」です。博論完成時には、こうした私自身の思いも変化していることと思います。

Q 修士論文を通して得たこと
修論執筆は、キー概念の深化・拡張への起爆剤になったと思います。考えのアウトプット&ディスカッションを通して、博論の伸びしろもみえてきました。少なくともあと3年間は、このテーマにじっくりと向き合い、大切に育てていきたいです。

Q 修士修了後の進路と10年後の展望
博士課程へ進学しました。将来の計画はありません。その瞬間に自分ができること・やりたいこと・わくわくすることを、伸び伸びと楽しみたいです。

南都食堂の研究

規律/僧団/儀式にみる食堂空間の特質

山下耕生
Yamashita Kosei

早稲田大学大学院
創造理工学研究科　建築学専攻
小岩正樹研究室

序論

研究背景

本研究の端緒に、京都の現代寺院における「食風景」との出逢いがある。その寺院では、食事の時間帯になると、地域の老若男女問わず、仏教に関心のあるなしに関わらず、多くの人が集い食卓を囲む。そのような食事の場で時折、仏教の教学や量子力学、物理学、医学や建築学……といった、そこに集う人々の多様な関心事について論議が交わされる。社会であれ、仏教然り、「制度」の維持自体が目的となってしまうと、それを支えている教え(法)もまた硬直し、「いま」目の前に広がる生活や思想と乖離が生まれるだろう。寺院もまた、現代にあってどのような働きを求められるだろうか。

あるとき、「歴史学は落穂拾いのようなもの」であると聴いた。これまでに何億もの人々が走り去った時代の痕跡をつぶさに見つめなおし、現代に適用し得る、ある種最先端の考え方や法則をあらためて提示する営みとして本論文の目的を位置づけたい。

	年代	典拠文献	規模[間]	総長[尺]	講堂との位置関係	屋根形式	備考
元興寺	天平勝宝八年(756)頃 (*再確認)	*1	11×4	不明	北	入母屋 (*再確認)	「十一間四庇食堂、七間二面食殿」
法隆寺	8世紀前半	*1	7×4	桁行102 梁行57	東	切妻	資材帳の記述から見て「政屋」に当たると考えられており、本来の食堂ではないとされる。*1
興福寺	和銅七年(714)〜 天平十六年(744)頃 『天平記』	*2	9×5	桁行120 梁行58	東	寄棟 (再建は入母屋)	
薬師寺	8世紀前半	*3	11×4	桁行140 梁行54.5	北	寄棟	復元案Aでは桁行140尺、復元案Bでは137.5尺。*3
大安寺	8世紀前半	*1	不明	桁行145 梁行86	北 or 東	不明	講堂の東方から食堂前の廊廡と見られる遺跡が発掘*6 大岡実氏は食堂位置を講堂の北、東方の二通りに復元*7
東大寺	天平宝字二年(758) 〜同六年(762)頃	*4	11×6	不明	東	不明	天沼俊一氏は、桁行182尺、梁行96尺 *8 宮本長二郎氏は、桁行196尺、梁行98尺 *9
西大寺	宝亀年間後期 (778〜780)頃	*5	7×4	桁行110 梁行60	東	不明	資材帳では、桁行100尺、梁行60尺

天竺、唐、南都へと、時代と空間を超えた「食」に関する教学（受容器としての食堂空間）は、どのように受容／解釈され、南都の律令体制下の各寺院僧団へと伝来したのだろうか。こうした疑問が本研究を執筆するに至った背景である。

研究目的

建築史の立場からは、南都寺院の創建伽藍（がらん）や各堂について、個別の復元研究や発掘調査報告が散見される一方、（残存遺構の少なさ・史料的制約から）食堂（じきどう）の建築や伽藍配置、その機能や儀式といった諸点について横断的に比較検討がなされた例は、僅かに散見される程度である。また、「奈良時代の食堂」については、奈良当時の文献はほとんど確認されていないといってよく（平安以降では見受けられる）、現状、その数少ない手がかりから「奈良時代の食堂像」を比定しなければならない困難がある。

最古の経典『阿含経（あごんきょう）』[*1]には、食堂が、共食以外に、釈尊が重要な説法を行う、「構堂」のような場として現れる。南都の食堂は、大抵の資財帳には金堂・講堂に並んで記述され、「広隆寺縁起資財帳」のように「僧物」であると分類される。伽藍配置の側面では、講堂の北と東にわかれるなど、金堂や講堂とは対照に、概念的・位置的に、「定点」が存在しない堂宇（どうう）だといえる。

本研究では主に「南都七大寺」（奈良で有力だった七大寺）における食堂の、伽藍内配置および建築規模や形式といった①建築的側面、そして食堂を媒介

とした②規律・僧団・社会背景、③共食・儀礼について、唐の経典や渡来僧らの影響を踏まえて横断的に検討することで、南都食堂が示す建築的特徴および内部的実態を明らかにすることを目的とする。

1章 古代寺院の食堂

奈良に現存する古代寺院の多くは、度重なる罹災や平重衡の焼き討ち、平安京への国家機構の移転による影響により、創建伽藍の様子は必ずしも良く保存されているわけではない。そうした古代の伽藍配置については、これまでも多くの研究者が現存遺構・文献資料・発掘調査成果などをもとに復元を試みている。2章以降での食堂の伽藍内配置の比較、他諸堂との規模比較、また食堂の利用実態を検討する前に、各寺院の創建時食堂について、その基礎情報を以下にまとめる。本章では、各寺院の伽藍の建立時期と配置関係、また食堂の規模や配置を、資財帳をはじめとする一次史料と、発掘調査の成果および復元研究から確認した。表1には、各寺院食堂の造営、その規模、位置、屋根形式等をまとめた。食堂の、実際の造営年代については各寺の資財帳等に明記されないことも多く明らかでない部分が多いが、既往の成果から推定が可能な範囲で推定年代を示した。

また、食堂造営年代の典拠とした一次史料を「年代」項の右側に、規模や位置についての典拠は表右欄に示し、参照元を表の右端部に示した。

典拠文献	金堂	講堂	食堂	参照資料
「堂舎損色検録帳」（「東南院文書」）長元8年(1035)	7間×4間 —	11間×() —	11間×4間 —	「損色帳」
「法隆寺伽藍縁起并流記資財帳」	5間×4間 47.5×36.5	なし	7間×4間 102×57	「資財帳」
「興福寺流記」（『興福寺食堂発掘調査報告』1959）	9間×6間 124×78	9間×4間 142×62	9間×5間 120×58	「流記」
『薬師寺縁起』	9間×6間 90×52.5	11間×6間 126×54.5	11間×4間 140×54.5	「長和縁起」
『大安寺伽藍縁起并資財流記帳』	(7間)×4間 110×60	(9間)×6間 146×92	— 145×86	「資財帳」
「講院古図」	11間×7間 290×170	11間×6間 182×92	11間×6間	「要録」
『西大寺食堂院・右京北辺 発掘調査報告書』	(9間×5間) 119×53	(7間×5間) 106×68	7間×4間 110×60	「資財帳」

表内の参照元は以下の通り。
*1 太田博太郎『南都七大寺の歴史と年表』岩波書店、1979年
*2 大岡 実南都七大寺の研究』中央公論美術出版、1966年
*3 奈良文化財研究所『薬師寺 旧境内保存整備計画にともなう発掘調査概報 I』2013年
*4 「東大寺食堂にみる古代食堂の建築的展開について」『東大寺の思想と文化』法蔵館、2018年
*5 大林潤、渡邉晃宏、今井晃樹、神野恵、小池伸彦「東大寺食堂院の発掘調査」『日本考古学』第14巻第24号、2007年
*6 橿原考古学研究所「大安寺旧境内発掘調査報告概報」『奈良県遺跡調査概報一九七六』1977年
*7 大岡実『南都七大寺の研究』中央公論美術出版、pp.164-169、1966年
*8 天沼俊一「創建当時に於ける東大寺南大門、東西両塔院及び其沿革、附講堂、僧房、食堂」『建築雑誌』第283号、1910年
*9 宮本長二郎「飛鳥・奈良時代寺院の主要堂塔」『日本古美術全集（二）法隆寺と斑鳩の古寺』集英社、1979年

表1 南都七大寺食堂の規模/形式一覧

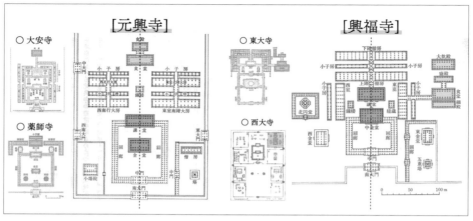

図1 南都諸大寺の伽藍配置

食堂の位置は、講堂の北方と東方に大別される。前者は薬師寺、大安寺（発掘から東の可能性も指摘）、元興寺、後者は興福寺、東大寺、西大寺であるが、前者には百済寺、四天王寺、唐招提寺、東・西寺が加わる。後者には西隆寺・甲賀寺等が加わる。傾向として、前者には平城遷都以前の寺院が並ぶことがわかるが、平城遷都を境にして、北から東への転換が起きたと考えられる（図1）。

2章　衆僧の日常的な食と斎の概念

唐代の律学の大家、道宣（596-667）の『教誡新学比丘行護律儀』に現れる通り、食堂入堂時・堂内での作法は非常に厳しいものであった。「先用早莢洗手令浄」「凡所着裙不得太高不得太低常須齊整可齊脚踝（中略）着七條」などと、手指の清浄以外にも服装や礼拝作法、一つひとつの食事作法や椀の取り扱いに対して詳細な規定が設けられた（図2）。

また、本来災いを退くために始められた食堂での大般若経の転読は数カ月にわたって続けられ、『日本文徳天皇実録』*2（852）には、「詔。諸大寺、起四月一日、迄八月卅日、衆僧食時、同集食堂、各読大般若経一巻、以攘水旱之災。永為歳時。」とあり、『禅林寺式』*3には、「受法之人、依例可修三時之念誦。昼須早打齋鐘、衆集食堂、維那為導師、先読ム経各々一巻、相続受食。」などと、結果的には日常的な斎食にも経典の転読が組み込まれたと考えられ、転読行為を通じて衆僧の修行・修学が兼ねられたと推察される。

鑑真の弟子である法進の『東大寺受戒方軌』（3章後述）に現れるように、朝昼の食事では和上によって、布施への感謝を表す「呪願」が行われる。また、叡尊の聞書集である『興正菩薩御教誡聴聞集』で老僧が諭した通り、僧食はもちろん、寺の運営それ自体が「無相なる布施」によって成り立っているため、怠惰で法に背いた（食堂内での）行状では示しが付かず、僧侶が集まり修行を行う意味がない。食堂内で何か「違反する者がいて同法がこれを見たら、すぐに禁止し許してはいけない」（「禅林寺式」に「又入堂之時、

図2 東大寺修二会の食堂
[出典：太田博太郎編『日本建築史基礎資料集成 四』中央公論美術出版、1981年、p.026]

236

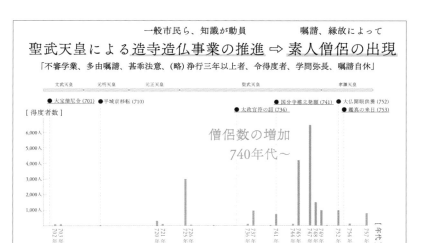

一般市民ら、知識が動員　　嘱請、縁故によって

聖武天皇による造寺造仏事業の推進 ⇒ 素人僧侶の出現

「不審学業、多由嘱請、甚乖法意、(略)浄行三年以上者、令得度者、学問弥長、嘱請自休」

文武天皇	元明天皇	元正天皇	聖武天皇	孝謙天皇

● 大宝僧尼令 (701)　● 平城京移転 (710)　　● 国分寺縄立発願 (741)　● 大仏開眼供養 (752)

● 太政官符の詔 (734)　　● 鑑真の来日 (753)

[得度者数]

僧侶数の増加
740年代〜

6,000人
5,000人
4,000人
3,000人
2,000人
1,000人

[年代]

表2 僧侶数の変動

須自東腋戸、入者、即自東第一戸、而入、自西腋戸、入者、亦自西第一戸、而入、出時亦爾、不得下自正中戸而出入上、若有違制者、同法見者、登時禁止、不得阿容」)とされる通り、食堂内での威儀は「同法」によっても厳しく管理された、平等原則を基礎とし強く規律を遵守する場であった。

　また、このような食堂内での厳粛な規律が成立した背景として、聖武天皇の、知識(仏教の信者が金品や労働を寄進すること)らの奉仕による諸寺建立の推進事業を背景に(740年代を境に)、嘱請による入門者増加に伴った僧団の膨張(表2)、ならびに修行不足による学力低下を指摘する。734年の太政官符には、「ちかごろ嘱請で僧尼になる者がいるせいか、僧尼が不勉強でいけない。これからは法華経一部か金光明最勝王経一部かのどちらかを暗誦し、礼拝作法に通じ、行い澄ますこと三年以上の者でなければ、度牒を発行しない」[*4]とされたように、当時の僧団にとって衆僧の学力向上は喫緊の課題であったと、筆者は考える。上述した社会背景を契機に、日常的な衆僧の規律向上、学力の底上げが必要とされ、「同法」の遵守(平等原則を基礎とし強く規律を遵守する)、食前の読経と斎食によって僧伽の規律が形成された。こうした時代のなかに登場し、僧伽の秩序・質的向上に寄与したのが食堂と食法であった。

月	日	法要名	会場	備考
毎月	14〜29	布薩(大乗)	講堂	
	15〜30	布薩(小乗)	講堂？	
	吉日	大仁王会	大仏殿	
1	1	食堂礼拝	食堂	
		節供	食堂	
	1〜7	講堂修正	講堂	舞楽
	8〜14	散節	講堂	三論衆方七口
2	1〜14	修二月	二月堂	二十六口
3		節供	食堂	
	14	華厳会	大仏殿	
4	1〜8/30迄	食堂大般若経読誦	食堂	
	8	伎楽会	大仏殿	八十口
	15〜7/15迄	夏講(夏安居)	大仏殿	
	吉日	授戒会	戒壇院	3/11〜4/15以前
5	2	御斎会	大仏殿	百口
	5	節供	食堂	

表3 平安期東大寺年中行事(1-5月)

3章　食堂における儀礼と意義

既往研究[*5]で扱われる通り、『東大寺要録』(平安期東大寺)には、食堂の本尊に対する正月礼拝が修せられ、東寺でも同様に食堂礼拝が存在したことを確認した。その他にも、食堂の「大般若経読誦」や、節供、温室節などを通して食堂儀礼が形成されていたことが知られる(表3)。

　本章では、これらよりも古儀を伝えるものとして、鑑真の弟子である法進の、『東大寺受戒方軌』[*6](以下、『受戒方軌』)を検討する。『受戒方軌』は「法進式」

論文展

237

として『東大寺要録』にも所収される（一部変更）。

3-1『東大寺受戒方軌』にみる東大寺の食堂礼拝と斎食

『受戒方軌』は、鑑真の弟子の法進によって授戒の古儀を示したものとされる。法進（709-778）は、鑑真に師事して律・天台を受学し、苦難の末、天平勝宝6年（754）に来日する[*7]。

表3で示したものより古式を伝える文書として、法進による、『大正新脩大蔵経』所収の『受戒方軌』を検討する。当史料は未だ建築史からの検討はなく、東大寺食堂儀礼に於ける初期的実態が明らかになると考える。

朝の粥食では、「次入食堂事　先打磬三度。以堂童子打之小時大時同令打磬。諸十師共出立竝房前。和上堂東本房戸西脇向南立待見大小十師集之大十人堂西房前向南立竝。小九人對和上向北階石立竝。堂達一人立磬所。」とあるように、三度「磬」が打たれ、諸十師（大小）らが僧房の前に並び立つ（図3）。和上は東本房から出て食堂へと向かう。この時、和上、大十師、小十師の順で食堂へと入堂するが、「平等」を基本原則とした食堂の行状に対し、寺院中での階層性が「入堂順」に反映されたものといえ、中世東大寺の湯屋における入浴順などとも同様である。

昼食では、「當日十師供之了。三綱取鉢請飯了到座堂前。敷座具坐。而立三拜此名悔悔禮拝次堂達打磬。六種師發音其六種導師和上羯磨在前擧置。撰定大十師中堪能者其詞曰。寶號等在別條章堂達一人如例立磬所打磬毎唱打之六種了。亦隨喜詞了。」とあり、同日「十師供之」を終え、三綱らが鉢を取りて飯を請い終え、堂前座に坐具を敷いて三拝（悔悔礼拝）を行う。三綱らが、「食堂の前座」に坐具を敷き三拝、つまり悔悔礼拝を行うのであるが、これらを既往研究と照らし合わせてみると、次のことが考えられる。

海野氏は、寛和二年（986）の「太上法皇御受戒記」に記される「申刻遷御食堂。其礼堂設御座。如大仏殿一千僧着東西長床。供以熟食。」との記述を引用し、『東宝記』（図4）に見える「禮堂」の文字とあわせて食堂の礼堂的使用法の存在を「仮定」している[*8]。『受戒方軌』には、直接「礼堂」と現れないものの、先述した通り食堂前空間を礼堂として使用していた形跡が窺える（図5）。

要約すれば、①食堂前の「礼堂空間」②「食堂礼拝」（本尊に対する）、の2点に関して、これらの初出が、法進の『受戒方軌』であり、このような「食堂法」は、彼ら律宗僧侶らによって将来され、東大寺、東寺に影響を与えたと考えられる。同時に、奈良時代東大寺食堂には、すでに本尊が置かれ、礼堂空間がしつらえられ、日頃の礼拝が厳かに執り行われていたことが推察される。これまで平安時代の文書からのみ傍証されてきた「奈良の食堂」について、今回分析した『受戒方軌』から直接的に「儀礼性の意識された仏堂空間」であった事を証明したといえる。

3-2 火災後の興福寺維摩会

［通常の維摩会］：興福寺の維摩会は、斉明四年（658）に藤原鎌足によって修せられたのが始まりとされ、南都の三会に数えられる（図6）。高山氏の既往研究[*9]から、通常の維摩会次第を大別すると、以下の二部に分けられる。

■第一部（1-6日）：講堂での「講問論議」

一人の問者による二問の問題に対し、講師が日頃の勤修成果を聴衆に披露する目的で行われる「講問」、そして竪者に対して5名の問者から問いが発せられ、この応答の出来によって判定が下される「竪義」。

■第二部（6日夜）：金堂での「試経」

5人の沙弥が経典の読誦を試験される。沙弥への読経における課試が行われる。5人の沙弥に対して法華経や最勝王経の読誦が課せられ、僧の筆頭格である「證師」によって判定が下される。

［承徳二年食堂開催の維摩会］：『中右記』[*10]より、承徳二年（1098）十月に行われた維摩会の記録を確認すると、「去々年寺家有事後、金堂・講堂于今不被造畢」とあるように、永長一年（1096）九月に金堂・講堂・三面僧房等が焼失したことを受け、「本金堂儀也」と、本来は金堂で開催されるべき法会であるが、「金堂并講堂焼失ノ後食堂ニ於テ行フ」と、金堂・講堂がいまだ再建せず、食堂にて維摩会を開催している。以下に、読み下した承徳二年の次第を提示する。

■第一部：本来講堂での「講問論議」は「食堂」で開催。【位置】と内容を以下に示す。

【北假屋】正午の鐘の聲で集まり、仕承官人、弁侍、衆僧が「北假屋」に集まり、中央の間の南方で経が読まれる。僧綱以下の聴衆が左右に別れて列し、僧綱を筆頭とした衆僧が右方に、左方には藤原泰俊ら官人が向かい合うように並び立つ。

【食堂】食堂に順次入堂し、堂童子が分花箱を持って散花、導師が会の趣旨文を仏前で表白、講経・論義を終え、衆僧は床に立ち、順番に行香が行われる。これにて朝座は終了し、宿坊へそれぞれ帰る。

■第二部：金堂前で修される「試経」は、「件試經事、金堂佛面儀也、雖然有事間、金堂御佛渡奉此食堂第二間也、於細殿第二間有此儀也」と記され、仏像を食堂へと移し、「細殿」で開催している。

それぞれの次第を検すると、本来講堂で行われる第一部は食堂で、金堂で行われる第二部は細殿で行われた。つまり、講堂を食堂に、金堂を細殿に見立て、火災という非常時に際し、食堂院の中に「もう一つの伽藍」を顕現させたとでもいえよう。

平城京に始まった大伽藍（興福寺、東大寺、西大寺）の食堂は伽藍中軸線から切り離され、興福寺では塀に囲まれた「食堂院」を形成した（図7）。また同寺では、金堂／講堂が罹災した際には仏像を食堂へと移し、通常通りに維摩会が行われたが、こうした罹災時の一連の動きは、伽藍計画当初から想定された事態だと推測される。実際に、興福寺では11-18世紀に7度の火災に逢い、その内食堂が延焼したのは2度に留まり（金堂と講堂は6度焼失）その度、金堂・講堂が再建されるまでは食堂で法会が執り行われた。このような実態を踏まえ、食堂は当時避けられなかった火災等「有事のシェルター」としての機能を有したと考える。また、「聖徳太子伝私記」[*11]の記述には、講堂の火災時に塔と金堂への延焼を避ける目的で、講堂を北方に下げようとした意図が確認され、火災時に延焼を避ける防災意識が当時の伽藍計画理念に内在したことが確認できる。

補足となるが、西大寺食堂も、鎌倉再建後には金堂として使用され[*12]、法隆寺の講堂は、元は食堂であったことが知られる[*13]。このような事実を踏まえると、食堂が金堂や講堂を兼ねる「格」を備え、仏堂の間には変換や兼用、代替が有り得たことを示している。

結論

伽藍とは、釈尊につながる祈りの園である。すべての堂における所作、一挙手一投足が修行である。それをもっとも如実に現しているのが食堂ではないだろうか。食堂は、僧団として結束し、「仏法の隆盛」と「衆生に利益を与える」ことを目的に、法に則った起居動作に基づき斎食をする場としての根本意義をもつ。また律令体制下の、南都寺院の僧団が抱えた学力低下、行状悪化を解決するため、毎日の僧食に際した、食堂作法の遵守、食前の読経、同法の相互的規律といった「制度」が構築され、僧侶の質的向上と研鑽が図られた。同時に、基本的には「平等」を原則としながらも、寺院内の階層性が反映された厳粛な儀礼空間であり、礼堂を備え、儀礼的な性格を有した「仏堂空間」であった。

火災後の興福寺で行われた維摩会を踏まえると、伽藍計画当初から金堂や講堂といった（寺院行事にとっての）主要堂宇が罹災した際、再建体制を整えつつ、通常通りに法会や行事を執り行うことが想定され、塀による区画を伴った「食堂院」として伽藍中央から離され、有事に対応したのではないかと考える。換言すれば、食堂には、金堂・講堂に比肩する仏堂としての格を備えたからこそ、寺院活動・寺院生命を維持する仕組みを内在できたのである。

食堂は、金堂や塔のように、決して寺院の顔になる堂宇ではない。その日常生活から僧団の規律と学業の質的向上を共食行為によって裏支えし、非常時には金堂・講堂といった寺院中枢機能を兼ねた。寺院の根幹である「三宝」（仏、法、僧）の秩序と働きを、物理的（堂宇の火災時、法会）にも、観念的（僧伽の修学・規律）にも、維持・向上せしめ、それをもっとも体現したのが食堂である。

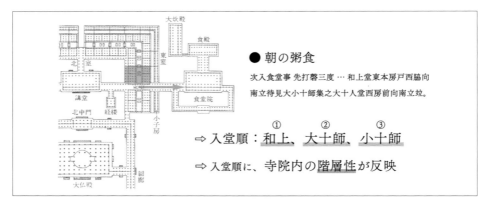

図3 東大寺食堂における朝の粥食時の入堂順

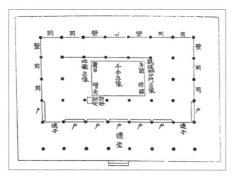

図4「東宝記」の東寺食堂平面図
[出典：海野 聡「東大寺食堂にみる古代食堂の建築的展開について」『東大寺の思想と文化』p.333、法藏館、2018年]

[註]
＊1 『雜阿含經』第十巻、p.99、第三十二巻、p.99
＊2 『日本文德天皇実録』仁寿二年（852）三月丁丑条
＊3 『禅林寺式』『平安遺文』一巻一五六号、第一条
＊4 松尾剛次『興正菩薩御教誡聴聞集』訳注研究、2004年
＊5 吉川真司「古代の食堂」『律令国家史論集』p.460、塙書房、2010年
＊6 SAT大正新脩大藏經テキストデータベース〈https://21dzk.l.u-tokyo.ac.jp/SAT/〉2022年12月18日閲覧
＊7 蓑輪顕量「中世南都における戒律の復興」（講演録）、2002年
＊8 海野 聡「東大寺食堂にみる古代食堂の建築的展開について」『東大寺の思想と文化』p.340、法藏館、2018年
＊9 高山有紀『中世興福寺維摩会の研究』勉誠社、1997年
＊10 「中右記」承徳二年十月九日（1098）、陽明文庫本
＊11 太田博太郎『南都七大寺の歴史と年表』p.35、岩波

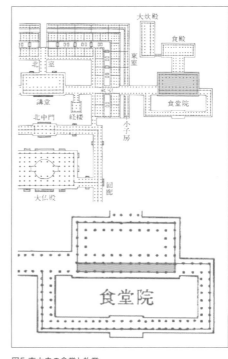

図5 東大寺の食堂と礼堂

書店、1979年
＊12 平安・鎌倉時代には弥勒金堂の諸仏を食堂に移して金堂に充て、（『七大寺巡礼私記』『諸寺建立次第』など）倒壊した弥勒金堂の代替堂宇として機能していたと考えられている。
＊13 太田博太郎編『日本建築史基礎資料集成 四』p.104、中央公論美術出版、1981年

図6「春日権現験記」の維摩会
[出典：『春日権現験記 第8軸』
1870年、国立国会図書館デジタル
コレクション <https://dl.ndl.go.jp/
pid/1287493/1/17>]

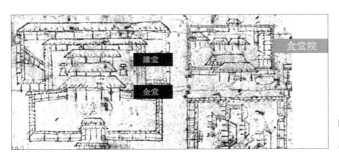

食堂院

講堂

金堂

図7 興福寺伽藍堂舎図
[出典：太田博太郎『南都七大寺の歴史
と年表』p.152、岩波書店、1979年]

出展者コメント —— トウキョウ建築コレクションを終えて

Q このテーマを選んだ理由

奈良時代の仏教建築を理解するためには、金堂・講堂等のよく知られた堂宇だけでなく、文献や研究事例の乏しい食堂のような堂宇を取り上げてみることで、「奈良の伽藍」という大きなテーマを傍証し、理解することにつながるのではないか、との直感から研究に至りました。

Q 修士論文を通して得たこと

貴重な意見を下さる先生や先輩方、既往の研究者や友人といった「第三者」の胸を借り、その集合知とスクラムを組むことで初めて可能になることがあると感じます。そうして提出された歴史研究（建築物も然り）は未来を考え、乗りこなすヒントになると思います。

Q 論文を通じて社会に向けて発信したいメッセージ

建築を球体的に考えること。建築は、物理的遺構として、また文化的な情趣や思想的・政治的現れとして、数億もの先人らが走り去った痕跡として我々の目の前に現れます。それらを多面的に見て触れ、面を増やして球体レベルに押し上げて理解・解釈することの難しさと重要性です。

Q 修士修了後の進路と10年後の展望

「迷って。迷いのなかに倫理がある。苦しみを味わった知性は、いずれ十分迷うことのできる知性になる。暴走した文明に歯止めをかけて、異常な技術も乗りこなせる知性になる」（魚豊『チ。—地球の運動について』より）を信じ、建築家としてより良い創造に向け、にじり歩んでいきたいと思います。

戦後の店舗付き住宅の形態的特徴に基づく類型化とその変遷

東京都杉並区荻窪駅周辺を対象として

渡邉麻里
Watanabe Mari

明治大学大学院
理工学研究科　建築・都市学専攻
門脇耕三研究室

1章　序論

1-1 研究背景

戦前、町屋やその系譜を継ぐ形態が主流であった店舗付き住宅は、戦後、近代化に伴う社会や法制度、都市構造、働き方や暮らし方等の変化により多様化し、規模や構成、建設時期の異なる店舗付き住宅が混在するようになった。そのため、戦後多様化した店舗付き住宅の全体像とその複雑な外的要因を把握することは困難になりつつある。

1-2 既往研究

店舗付き住宅に関する研究は、平安時代から現代までの町屋の展開過程を論じた伊藤[1]や、看板建築の概念をその形態的特徴から整理した藤森[2]、町屋およびその系譜を継ぐ戦後の看板建築までの変遷を論じた大嶋[3]など、主に戦前の事例を中心に、建築形態に関して分析した多くの蓄積がある。また、町屋や看板建築の系統とは異なるものとしては、防災建築街区造成法に基づいて戦後〜1980年代までに建てられた大規模な集合住宅型店舗付き住宅があり、鈴木ら[4]がその形態的類型と変遷を明らかにした。

　一方、近年多様化している店舗付き住宅全体を網羅するものはまだなく、実態を把握するためには、商店街等に立地する小規模な店舗付き住宅も含めて形態的特徴を類型として整理し、それら類型相互の関係を記述する必要がある。

1-3 研究目的

以上を踏まえ、本研究では戦後の店舗付き住宅の形態的特徴に着目して類型を見い出し、それらの変化の過程と社会背景との関係を分析することで、人々の暮らしに密接で身近な存在である店舗付き住宅と社会との相互作用の一端を明らかにする。

2章　調査概要

2-1 調査対象地の選定およびその理由

本研究では、都心と郊外の間に位置する東京都杉並区の荻窪駅を中心とした半径800m圏内[*1]を対象とした(図1)。ここは鉄道の開通による農村の市街化、商業の発展等、時代とともに様変わりしてきた地域で、現在は住宅の新陳代謝と建物の高層化が進み、さまざまな建設年代や規模の店舗付き住宅が混在している。社会の変化により多様化した店舗付き住宅を1つの地域内で調査できると考え、調査地に選定した。

2-2 荻窪駅周辺市街地の変遷

近世から杉並は江戸近郊の農村地帯として発展していたが、甲武鉄道(現・JR中央線)の開通による交通網の発達と関東大震災を機に市街化が急速に進

行し、一部地域では農地の切り売りによる蚕食的なスプロールが展開した。そうしたなか、無秩序に進む宅地化を防ぐため、井荻村では元村長の内田秀五郎（任期1907-1928年）を中心に土地区画整理事業に着手し、狭く曲がった道路や地割を整備して良好な住宅地を形成した。その後、戦災と建物疎開により駅付近や街道沿いの民家は破壊されたが、戦後の復興と交通の発達は再び人口の急増を招来し、宅地化がさらに進行した。高度経済成長期を迎えると、戦後の闇市から発展した「荻窪新興商店街」がショッピングセンター「タウンセブン」として生まれ変わるなど、住宅地の発展とともに商店街や大型商業施設を始めとして、駅前を中心に商業が発展していった。現在、荻窪駅周辺は「住宅都市」として成熟し、住宅の建て替えと土地の狭小化に伴う建物の高層化が進行している。

2-3 調査方法

本論文では、住居と店舗が用途である店舗併用住宅と店舗兼用住宅をあわせて「店舗付き住宅」と定義

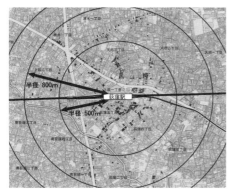

図1 荻窪駅周辺における店舗付き住宅の分布（2022年時点）

する[*2]。また、調査対象とする物件は地上5階建て以下で、事務所などの利用者が限定される用途のものは店舗に含めないものとする。調査では、現地調査による店舗付き住宅の分布の把握と、1970年以降に建設された対象事例240件の建築計画概要書の閲覧による情報収集、そして現地調査による形態的特徴等の記録を行った。

3章　店舗付き住宅の形態による類型化

3-1 建築類型学の既往研究

類型学に基づく既往研究では、地割の類型に着目した陣内[(5)]を始めとして、住宅敷地の分割の段階に応じた郊外住宅の構えの類型に関する塚本ら[(6)]や、店舗付き住宅のファサードの類型については、現代の町屋型住宅作品に関する塚本ら[(7)]の研究がある。以上の成果を踏まえ、本研究では店舗付き住宅を捉える観点として、形態的特徴としての「基本形状」と、内部空間と街路との関係を調整する役割をもつ「ファサード構成」の両面から類型を導出する。

3-2 建物の基本形状のパターンの抽出方法

基本形状の構成パターンを、敷地等級、間口等級、階数、屋根形状の4点を組み合わせて導く。寺澤の成果[(8)]を参照し、1区画の敷地面積の最大規模であった500㎡以上を最大等級として定め、それを2分割した規模に応じて「敷地等級」を設定・分類した。また、建物の間口寸法に関しては、一間の長さを考慮して「間口等級」の区分を設定・分類した。そして、敷地等級と間口等級の組み合わせから5つのパターンを導いた（図2）。続いて、階数は「2階」「3階」「4階・5階」の3つに、屋根形状は「家型」「矩形型」「法規順応型」「その他」の4つに分類する。そして、先ほど導いた5つのパターンと階数、屋根形状のパターン

間口等級 ＼ 敷地等級	1/6 等級〔25－80 ㎡〕	1/4 等級〔80－150 ㎡〕	1/2 等級〔150－300 ㎡〕	1/1 等級〔300－500 ㎡〕	最大等級〔500 ㎡以上〕
最大等級〔14.4m以上〕	②間口広－小規模		④間口広－中規模 1	⑤間口広－大規模 6	6
1/1 等級〔7.2－14.4m〕	18	38	36	4	7
1/2 等級（町屋型）〔3.6－7.2m〕	①間口狭（町屋型）－小規模 57	44	③間口狭（町屋型）－中規模 8	2	【凡例】 パターン抽出箇所 / 数字 該当件数
1/4 等級〔3.6m以下〕	11				

図2 敷地等級と間口等級の組み合わせ

敷地等級×間口等級 ＼ 階数×屋根形状	2階 家型	2階 矩形型	2階 法規順応型	2階 その他	3階 家型	3階 矩形型	3階 法規順応型	3階 その他	4階・5階 家型	4階・5階 矩形型	4階・5階 法規順応型	4階・5階 その他
間口狭・小・中規模 ①間口狭（町屋型）-小規模	間口狭（町屋型）-小中規模-2F-家型				間口狭（町屋型）-小中規模-3F-家型		間口狭（町屋型）-小中規模-3F-法規順応型		間口狭（町屋型）-小中規模-4+5F-矩形型			
③間口狭（町屋型）-中規模		間口狭（町屋型）-小中規模-2F-矩形型				間口狭（町屋型）-小中規模-3F-矩形型					間口狭（町屋型）-小中規模-4+5F-法規順応型	
（該当件数）	31		1	4	8	23	6	1	1	32		4
間口広・小・中規模 ②間口広-小規模	間口広-小中規模-2F-家型					間口広-小中規模-3F-矩形型			間口広-小中規模-4+5F-矩形型			
④間口広-中規模		間口広-小中規模-2F-矩形型									間口広-小中規模-4+5F-法規順応型	
（該当件数）	15	4		4		35	2	2	31		7	2
間口広・大規模 ⑤間口広-大規模	【凡例】 基本形状／パターン抽出箇所 数字＝該当件数								間口広-大規模-4+5F-矩形型			
（該当件数）						2			10			

図3 敷地等級,間口等級,階数,屋根形状の組み合わせによる13の基本形状の構成パターンの抽出

を組み合わせ、4事例以上のまとまりとして13のパターンを抽出した（図3）。

3-3 ファサードの構成パターンの抽出方法

ファサードの構成パターンは分割形式と構成要素を組み合わせて導出する。分割形式は塚本らの分析手法を参照して「面状型」「横分割型」「縦分割型」の3種類に大別する。そして「横分割型」については、さらに1階で分割される「底部/上部（以下、「▼」と示す）」、最上階で分割される「頂部/下部（以下、「▲」と示す）」、多層に分割される「積層（以下、「＝」と示す）」の3種類に分類する（図4）。ファサードの構成要素は壁、窓、スクリーン、半外部、駐車場、店舗としての装い、セットバックの7つに着目して捉える（図5）。そして、分割形式と構成要素の特徴を組み合わせ、11の構成パターンを抽出した（図6）。

3-4 基本形状とファサードの構成パターンの組み合わせ

基本形状とファサード構成に関する分析を全調査対象について行い、基本形状のパターンとファサード構成のパターンを組み合わせ、店舗付き住宅の形態的類型を導く。図7に示すように、縦軸に基本形状のパターン、横軸にファサード構成のパターンをとり、その組み合わせが3事例以上となるものに着目し、表中のまとまりとして8つの形態的類型を導出した。また、ファサード構成は基本形状に比べて形態的特徴として優位であるため、ファサードで共通する特徴があるものは隣接して並べ、規模を問わずまとめている。なお、「外庭型」*3は本調査では少数しか見られなかったが、近年の特徴的な事例であるため掲載している(9)。

4章 導出した店舗付き住宅の類型についての分析

4-1 導出した各類型の特徴

各類型の特徴に関する説明は割愛する。類型の大分類としては、狭小地に建つ店舗付きの戸建て住宅、ペンシルビル、中・大規模の敷地に建つ店舗付きの集合住宅の3つに分かれる。

4-2 店舗付き住宅の類型の関係と変遷

導出した類型について、建設年代から推測される変遷を以下に述べる（図8）。表裏で職住の区分をする町屋の系統を継ぐ「看板建築」は1980年代後半に断絶し、それと入れ替わるように1970年頃から「ペンシルビル」等の狭小地に建つ中高層で、階により職住を分ける類型が増加した。また、1985年頃から中・大規模の店舗付きの集合住宅で、接道側に半外部空間や開口部を多く設けた類型が増加した。以上のように、店舗付き住宅全体では、狭小化と技術の発展に伴う建物の高層化、ファサードにおける開口部の増加、そして階による商住空間の分離が進行したといえる。

図4 ファサードの分割形式の設定と分類

面状	横分割のみ			縦分割あり
	底部 / 上部（▼）	頂部 / 下部（▲）	積層（＝）	
2/ 部分　1/ 全体	2/ 上部　1/ 下部	2/ 頂部　1/ 下部	3/ 頂部　2/ 中部　1/ 底部	2/ 他　1/ 縦断

壁（窓少ない）	窓			スクリーン		半外部			駐車場
	反復窓	大開口	出窓	格子	半透明	テラス	ベランダ	バルコニー	

店舗としての装い							セットバック（上部 / 下部）
衝立あり	接道面素材切り替え	二重ファサード	最上階ランドマーク	商住の素材切り替え	店舗大開口		

図5 ファサードの構成要素

壁面占有型		横分割（底部 / 上部）▼型						横分割（積層）＝型	
衝立なし	衝立あり			上部開口部多め				上階後退	中階大開口
衝立なし壁面占有型	衝立あり壁面占有型	衝立あり上部壁面底部大開口型	衝立あり上部壁面底部大開口型	上部半外部底部壁面型	上部反復窓底部壁面大開口型	多層で開口占有・半外部	多層で開口占有・大開口	中階壁面最上階後退バルコニー付き	中階大開口上階後退	中階大開口上階後退型

図6 分割形式と構成要素の組み合わせによる11つのファサードの構成パターンの抽出

5章　店舗付き住宅の多様化の要因に関する分析

5-1 店舗付き住宅と生産

5-1-1 構造形式と店舗付き住宅の類型との関係

構造形式の割合を類型別に見ていく。構造形式の分類は、木造、鉄骨造、鉄筋コンクリート構造、その他[*4]の4つとした。類型のなかでも低層の「看板建築」等には木造が多く、それらのファサードは開口部が少ない「壁面占有型」が多かった。これに対し、「ペンシルビル」等を含む中高層かつ中・大規模の類型には鉄骨造と鉄筋コンクリート構造が多く、なかでも5階以上の「大規模上階集住型」は鉄筋コンクリート構造のみで、いずれにおいてもファサードに大きな開口部を設ける傾向が確認できた。よって、構造と規模、ファサード構成は密接に関係するといえる。また、年代別の構造形式に見られる傾向を分析すると、1970年代は木造の割合がもっとも高かったが、1980年頃からの建物の高層化に伴って鉄骨造と鉄筋コンクリート構造が増加し、2000年代に木造の割合が再び高くなる傾向が見られた。

5-1-2 構造形式と店舗付き住宅の類型との関係

建築計画概要書から設計会社および施工会社を特定し、生産組織と各類型の関係をみていく。生産組織の分類はハウスメーカー、工務店、地域ビルダー、ゼネコンの4つとした。類型のなかでも、「看板建築」を始めとする小規模な類型は工務店の割合が多い傾向が見られた。「ペンシルビル」や「中規模上階集住型」等の中規模な類型では地域ビルダーの割合が多く、さらに大規模な「大規模上階集住型」はゼネコンの割合が多かった。また、壁面後退の有無および構成に関して、外壁線の後退の有無と、後退部分の余剰を庭や駐車場等として利用しているかによって、「後退なし」、「後退あり（使途なし）」、「後退あり（使途あり）」の3つに分類し、生産組織との関係を分析した。工務店の施工事例は「後退なし」の割合が多く、ハウスメーカーの事例では「後退あり（使途

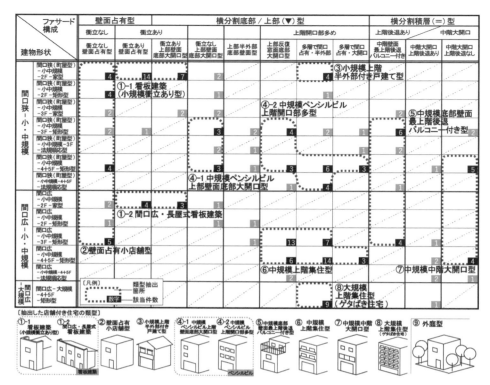

図7 基本形状の構成パターンとファサードの構成パターンの掛け合わせによる店舗付き住宅の形態的の類型

あり）」の割合が多い傾向が見られた。

5-2 店舗付き住宅と都市

5-2-1 用途地域と店舗付き住宅の類型との関係

用途地域を類型別に見ていく。「大規模上階集住型」等の中大規模の類型は商業地域に分布し、「看板建築」等の小規模な類型は近隣商業地域や住居系地域に多く立地する傾向が見られた。その背景としては、防火の規定が厳しい商業地域内には耐火建築物が多く、容積率および建蔽率の緩和が適用され、高層の建築物を建てやすいことが考えられる。

5-2-2 壁面後退の有無および構成と店舗付き住宅の類型との関係

壁面後退の有無および構成の割合を類型別に見ていく。「看板建築」は「後退なし」が多い特徴が見られたのに対し、中・大規模の類型では「後退あり（使途なし）」と「後退あり（使途あり）」の割合が多い傾向が

見られた。また、年代別に壁面後退の有無および構成の傾向を分析すると、「後退なし」は1970年代に全体の約64%を占めていたが、その後減少し、「後退あり」が1980年代以降増加していた。これは、1970年の建築基準法における集団規定の改正に伴う斜線制限の厳格化[*5]により、道路境界線から外壁線を後退させるケースが増えたからだと予想できる。

5-2-3 敷地等級、間口等級と店舗付き住宅の類型との関係

敷地等級および間口等級と、店舗付き住宅の類型の関係を見ていく。年代別の敷地等級の傾向を見ると、どの年代も1/4等級以下の小規模な事例が半数以上を占めていた。1980年代に1/1等級以上の割合（1/1+最大等級）が増加するも、2000年代には1/4等級の割合が急増して全体の約93%を占めており、規模の縮小化が見られた。また、年代別に間口等級の

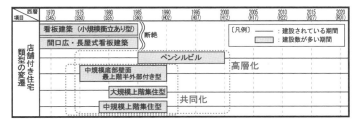

図8 店舗付き住宅の
類型の変遷

傾向を見ると、1/2等級以下の間口の狭い事例の割合は年々増加している。これは1970年頃の宅地化による狭小敷地の増加が関係すると考えられる。

5-3 店舗付き住宅と商業・生活様式の変化との関係

商住空間の構成を類型別に見ていく。分類方法は、下層は商空間のみで上階に住空間を積み上げた「積層型」、下層の商空間と上層の住空間が噛み合わさった「複合型」、独立した商空間と住空間が並列する「並列型」の3つとした。全体では「並列型」が2件しか見られず、「複合型」がもっとも多い商住の空間構成であった。「小規模上階半外部付き戸建て型」や町屋の系統を継ぐ「看板建築」等の低層の類型では、「複合型」が多く、「ペンシルビル」等の中高層の類型では「積層型」が多い傾向が見られた。以上のことから、建物の高層化に伴い、表裏で職住の区分をする職住一体型の「複合型」から、階により商空間と住空間が分離した「積層型」へ変化したことが明らかとなった。

5-4 店舗付き住宅の変遷と社会背景との関係

5-4-1 分析の方法

3章と4章で得られた結果を横断的に分析し、時代ごとの店舗付き住宅の傾向をその背景とともに考察する。ここでは時代ごとの店舗付き住宅の傾向が15年ごとに見られた（図9）。

5-4-2 狭小敷地の増加と建築基準法に伴う壁面の後退（1970-）

敷地等級が1/4等級以下で、間口等級が1/2等級以下の狭小な事例が多く見られた。これは、狭小な木造住宅の建て替えと、住宅建設計画法の制定後の宅地化による狭小地の増加と関係している。また、壁線が後退した事例の割合が約25%見られたが、

これは1970年の建築基準法における集団規定の改正に伴う道路斜線制限の厳格化が影響していると考えられる。

5-4-3 集住型の増加と狭小地における建物の高層化（1985-）

この頃狭小敷地を有効利用するペンシルビル等の3階建て以上の割合が増加した。また、商住空間の構成では複合型より積層型の割合が増えたことから、建物の高層化に伴い、商住空間の階による分離が進んだといえる。さらに、上階を共同住宅とした集住型が増加する傾向が見られた。

5-4-4 ハウスメーカーの都市型住宅と規模の縮小化（2000-）

敷地等級において1/4等級の割合が増加したが、これはバブル経済崩壊後の都心回帰の流れのなかで、小規模な戸建てや共同住宅の需要が増えたことが背景として考えられる。また、生産組織においてハウスメーカーの割合が増加したことから、ハウスメーカーによる狭小地に対応可能な都市型住宅の開発も盛んになっていった。また、壁面が後退した余地部分を利用する事例の割合が43%ほどに増加し、住宅をまちに開く動きが見られた。

6章　結論／展望

本研究では第一に、基本形状とファサードの構成に関する分析により、戦後多様化した店舗付き住宅の類型化の手法を提案し、8つの形態的類型を導いた。第二に、社会の変化に伴う法制度の改正、土地の細分化、工務店以外の生産組織による狭小地に対応可能な店舗付き都市型住宅の開発等が戦後における店舗付き住宅の多様化に影響したことを明らかにした。よって、1980年代後半の看板建築の断絶後、

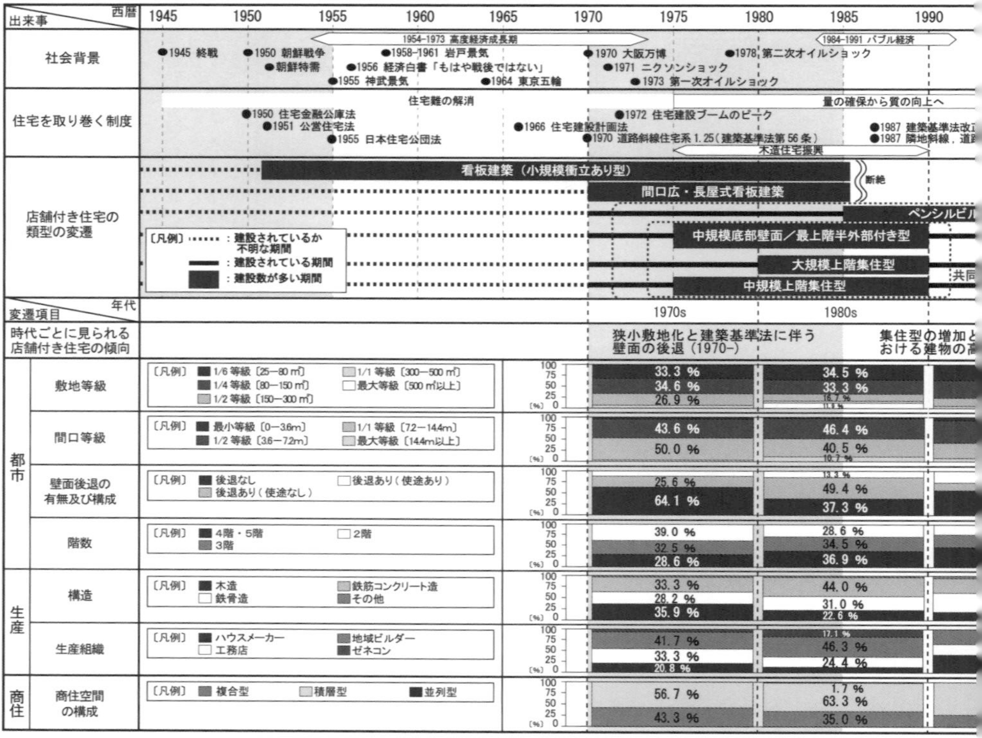

図9 店舗付き住宅の類型の変遷とそれを取り巻く社会背景との相互関係

上段：年表（1945〜1990）

出来事 / 西暦	1945	1950	1955	1960	1965	1970	1975	1980	1985	1990

社会背景：
- 1954-1973 高度経済成長期
- ●1945 終戦
- ●1950 朝鮮戦争　●朝鮮特需
- ●1958-1961 岩戸景気
- ●1956 経済白書「もはや戦後ではない」
- ●1955 神武景気
- ●1964 東京五輪
- ●1970 大阪万博
- ●1971 ニクソンショック
- ●1973 第一次オイルショック
- ●1978 第二次オイルショック
- ＜1984-1991 バブル経済＞

住宅を取り巻く制度：
- 住宅難の解消
- 量の確保から質の向上へ
- ●1950 住宅金融公庫法
- ●1951 公営住宅法
- ●1955 日本住宅公団法
- ●1966 住宅建設計画法
- ●1970 道路斜線住宅系1.25（建築基準法第56条）
- ●1972 住宅建設ブームのピーク
- ●1987 建築基準法改正
- ●1987 隅切規定、道…
- 木造住宅振興

店舗付き住宅の類型の変遷：
- 看板建築（小規模衝立あり型）
- 間口広・長屋式看板建築
- 断絶
- ペンシルビル
- 中規模底部壁面／最上階外部付き型
- 大規模上階集住型
- 中規模上階集住型
- 共住…

【凡例】
‥‥ ：建設されているか不明な期間
━━ ：建設されている期間
██ ：建設数が多い期間

下段：変遷項目

変遷項目 / 年代	1970s	1980s
時代ごとに見られる店舗付き住宅の傾向	狭小敷地化と建築基準法に伴う壁面の後退（1970-）	集住型の増加とおける建物の…

都市

敷地等級
【凡例】■1/6等級[25~80㎡]　▨1/4等級[80~150㎡]　□1/2等級[150~300㎡]　□1/1等級[300~500㎡]　■最大等級[500㎡以上]
- 1970s：33.3%／34.6%／26.9%
- 1980s：34.5%／33.3%／16.7%

間口等級
【凡例】■最小等級[0~3.6m]　□1/2等級[3.6~7.2m]　□1/1等級[72~14.4m]　■最大等級[14.4m以上]
- 1970s：43.6%／50.0%
- 1980s：46.4%／40.5%／10.7%

壁面後退の有無及び構成
【凡例】■後退なし　▨後退あり（使途なし）　□後退あり（使途あり）
- 1970s：25.6%／64.1%
- 1980s：13.3%／49.4%／37.3%

階数
【凡例】■4階・5階　■3階　□2階
- 1970s：39.0%／32.5%／28.6%
- 1980s：28.6%／34.5%／36.9%

生産

構造
【凡例】■木造　□鉄骨造　▨鉄筋コンクリート造　■その他
- 1970s：33.3%／28.2%／35.9%
- 1980s：44.0%／31.0%／22.6%

生産組織
【凡例】■ハウスメーカー　□工務店　▨地域ビルダー　■ゼネコン
- 1970s：41.7%／33.3%／20.8%
- 1980s：17.1%／46.3%／24.4%

商住

商住空間の構成
【凡例】▨複合型　□積層型　■並列型
- 1970s：56.7%／43.3%
- 1980s：1.7%／63.3%／35.0%

（縦軸：100 75 50 25 0 [%]）

主に1985年以降の建物の「共同化」と宅地化に伴う狭小地の増加や建て替えによる「高層化」の動きが店舗付き住宅の多様化をもたらしたといえる。

　今後の展望として、他の地域においても本研究で提示した店舗付き住宅の類型化の手法を適用し、その地域の店舗付き住宅の建設背景や類型の傾向、そして多様化した店舗付き住宅の類型全体と都市における面的な拡がりを把握し、複雑な都市構造との関係性を明らかにすることが挙げられる。また、近年住宅の一部を改修し「店舗付き」の住宅にした事例が増加しており、これらの新たな動向も今後捉える必要がある。

[註]

*1 半径800m圏内は徒歩10分圏内の範囲と等しい。

*2 本研究における「店舗併用住宅」とは、「店舗兼用住宅」＋「店舗付き住宅」と定義する。「店舗兼用住宅」は「住宅と非住宅部分が構造的にも機能的にも一体となっていて用途上分離し難いもの」であり、「店舗併用住宅」は中で行き来ができないものを指す。また、両者の建築基準法上のもっとも大きな違いが「法第48条の用途地域」で、兼用住宅は、ある条件が揃えば、第一種低層住居専用地域内に店舗や事務所を建てることができる、というものである。

*3 参考文献[9]を参照。「都心と郊外のはざまの住宅地では、使われなくなった住宅や、住宅の空いた一室などを利用して、小さな商いが営まれる光景が珍しいものではなくなってきている」と述べられている。

*4 木造＋鉄骨造、鉄骨造＋鉄筋コンクリート造等の混構造の構造形式を含む。

*5 1970年の建築基準法における集団規定の改正に伴い、第56条で道路斜線制限が用途地域ごとに制定され、住居系用途地域では「前面道路幅員×1.25」の斜線制限を受けることとなった。

[参考文献]
(1) 伊藤毅『町屋と町並み』山川出版社、2007年
(2) 藤森照信「看板建築の概念について（近代日本都市・建築史の研究 1-1)」『日本建築学会大会学術講演梗概集』pp.1573-1574、1975年
(3) 大嶋信道「商店建築観察ガイドブック」『東京人』1995年4月号、都市出版、pp.68-73
(4) 鈴木成也、中井邦夫、渡辺悠介「防災建築街区造成事業における住商併存建築の外形構成の変遷」『日本建築学会計画系論文集』第88巻第803号、pp.308-315、2023年
(5) 陣内秀信『イタリア都市再生の論理』鹿島出版会、1978年
(6) 吉村英孝、千田友己、塚本由晴「自動車の取り扱いからみた住宅の構えと住宅地の街並み──世田谷区奥沢を事例として」『日本建築学会計画系論文集』pp.283-290、2009年
(7) 森中康彰、金野千恵、塚本由晴、佐々木啓、能作文徳「現代の町家型住宅作品の空間構成とファサード 現代の町家型住宅作品の構成形式（1)」『日本建築学会大会学術講演梗概集』pp.19-20、2011年
(8) 寺澤宏亮「東京西郊スプロールにおける地割・建物の形成過程とその類型（1900-2020)──甲州街道に沿って宅地化の波を追う」『明治大学修士論文』、2022年
(9) 門脇耕三「都市文化の現在地──都市における新しい「ウラ」の誕生」10＋1 website、2015年8月号

論文展

出展者コメント ── トウキョウ建築コレクションを終えて

Q このテーマを選んだ理由

建築と社会背景との関係性に興味をもったからです。なかでも、当時の社会や生活様式を反映する居住空間と、市場の変化や消費者の要求を反映する商空間を併せもつ「店舗付き住宅」の変遷の分析により、社会の発展と建築との相互関係を多角的な視点で明らかにできると考えました。

Q 修士論文を通して得たこと

検証と改善を繰り返し行う大切さを学びました。当初、情報整理が大変で、再現性のある分析方法がなかなか見つかりませんでしたが、周囲の方々から助言をいただきながら、何度も類型化を試したことで、納得できる分析方法を提示できました。

Q 論文を通じて社会に向けて発信したいメッセージ

近年、住宅の一部をリノベーションし店舗機能をもたせた事例が多く見られるように、住宅のあり方が変化してきています。今後も店舗付き住宅の新たな動向に注目して、時代とともに変化する建築や空間のあり方を、引き続き考えていきたいと思います。

Q 修士修了後の進路と10年後の展望

空間づくりの企画から施工までを手掛けるディスプレイ業界の企業に勤めています。10年後に家具から空間まで幅広いデザインを手掛けられるよう、さまざまな現場で経験を積んでいきたいと思っています。

全国修士論文展 質疑
審査員コメント

審査員：
池田靖史（審査員長）／栢木まどか／
鈴木伸治／西田司（モデレーター）／藤田慎之輔

「汎用有限要素解析コードを用いた木造籠目格子シェルの形状解析と座屈解析」
（白鳥 寛、p.210）

藤田：綿密な試行錯誤を繰り返されたことが伝わって、結果もわかりやすくまとめられていました。ベンディングアクティブでルーズホールを設けた接合部を開発されたとのことですが、摩擦についてはどう考慮しているのでしょうか。

白鳥：単純にBSEの伸び縮みで変形を補助しているということをメインに考えたかったので、摩擦と材料学的非線形性は考慮しませんでした。

藤田：他の形状でも同様の手法を用いてシームレスに幾何学的線形解析ができるような、汎用性はある

でしょうか。

白鳥：「三方向格子でありながら、1接合部で交わるのは2部材のみ」という籠目格子シェルの利点を前提とした解析手法ですので、三角形格子など、断面によっては同じ解析手法を使えない可能性がありますが、二方向格子のグリッドについては可能だと思います。

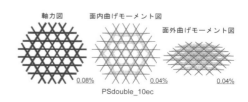

完成形状の応力分布例（1mm＝1N）

藤田：変形の過程で初期の曲げだけではなく剪断力や軸力も加わると思いますが、そのうちのどれが座屈耐力の低減に影響していると考えられますか。

白鳥：軸力分布図を見ると、大きな軸力は全体的に生じていなかったので、影響力としては曲げモーメントのほうが大きいと考えています。

藤田：曲げによる影響をなくして軸力への影響だけを見るとか、逆に軸力による影響をなくして曲げへの影響だけを見るとか、条件を変えながら分析してみても良かったのではないでしょうか。編み目についても、ピッチや並べ方の角度などは条件を変えていけると思います。単純な球形なら曲率から逆算して理論的に曲げの大きさを導き出せますが、そこをあえて解析で出すなら、他の形にも応用できるようなメリットがあるといいかなと思います。

「領域横断のコラボレーションを促すワークプレイスの視覚特性」（関 拓海、p.218）

池田：かつてMITメディアラボにいたので、実感としてよくわかる研究だと思いながら拝聴しました。次数中心性は見え方の問題、媒介中心性は出会い方の問題とのことですが、それらに差がある場合については、どのように解釈していますか。

関：次数中心性が高いのは、よく見える、あるいはよく見られるような場所なので、基本的に次数中心性が高いところでは媒介中心性も高い傾向があります。ご指摘のように両者に差があった場所（次数中心性が低いにもかかわらず媒介中心性が高い場所）は、個室群を結ぶ廊下や出入り口で、本研究ではそういった場所にどのような特性があるかを見ています。

池田：両者ともに低いときを除くと、①両者ともに高いとき、②次数中心性だけが高いとき、③媒介中心性だけが高いとき、という3パターンがあると思いますが、それぞれどのような特徴があるのでしょうか。

関：次数中心性が高いところは見通しのいい場所で、媒介中心性だけが高いところは奥まった場所、たとえばトイレの前のように見通しがいいわけではないけれど誰かと出会う機会が多いような場所です。どちらも高い場所は、たとえば吹き抜けのある階段のように、見通しが良いことに加えて誰かに出会うような機会のある空間です。

栢木：感覚的なものを定量分析して可視化したところが面白いなと思います。「見える」というのは、壁などに開口部があったり、腰壁までしかない場所を含むと思いますが、視界がどれくらい遮られると結果に影響するでしょうか。高さ関係など、わかったことはありますか。

関：今回は目線の高さを1,500mmに設定して分析したので、腰壁の高さなら視線はつながると思いま

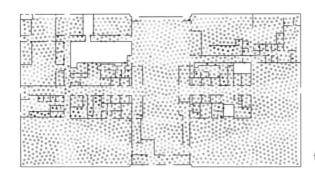

個室と個室を結ぶ廊下などでは媒介中心性が高い
（日本ヒューレット・パッカード本社1階の事例）

すが、それよりもう少し高いと見えなくなるはず
です。什器の有無によっても結果はかなり変わるだ
ろうと思います。

藤田：既存の建物だけではなく、設計のプロセスでも
使えるでしょうか。構造設計の解析は「赤いと危険、
青なら大丈夫」というように結果が視覚的にパッとわ
かるようになっていますが、今回の研究で構築した
システムをプランニングの段階で利用して、たとえば
開口部を変更したら瞬時にカラーマップにそれが反
映されて「このくらいかな」と検討するようなことは
可能でしょうか。

関：本研究は実際にある建築を対象としましたが、
今後の展望として、まさに今お話しされたようなこ
とを考えています。たとえば人とのつながりを重視
したフリーアドレスを採用しているオフィスなどを
計画する際には本研究の成果が役立つと思うので、

構造計算と同じように、計画や家具の配置の検討と
同時に解析もできるようにしていきたいです。

「木造建築の参加型施工・運営手法に関する研究」
（清水俊祐、p.182）

池田：バウホイズレそのものの面白さはよく伝わっ
てきたのですが、参加型建築をつくっていくための
知見としてこの研究で明らかになったことは何だっ
たのか、もう少し詳しく伺えますか。

清水：さまざまな要素を出してしまいましたが、本研
究として明らかになったことの一つは、参加型施工
は参加型改修につながるということです。それを
促す重要な要素が、自由に使える作業場が敷地内に

バウホイズレでの調査風景

あることだと思います。作業場へ行ってそこにある材料を見ることが、たとえば「自室のこの部分に家具をつくろう」とか、「ここを直すのに使おう」というインスピレーションを得ることに一役買っているとインタビューで伺いました。

鈴木：プレゼンの冒頭で「良好なコミュニティが形成されている」とお話されていましたが、それにもっとも寄与してるのはどのような要素だと考えられますか。「住民が共同でつくった広場」とされる場所も数年経つと活気が薄れてしまうことはよくあるので、バウホイズレに学べるポイントを伺いたいと思います。

清水：コミュニティに関しては発表では割愛しましたが、インタビューなどを通して調査をした結果、本研究では3点のポイントがあるように思いました。1つ目は、参加型で施工ができ、自分たちの手で建築を維持管理できること。2つ目は、それを実現するための運営的な仕組みがあることです。とくに注目すべきなのは、毎月第一日曜日に自分たちで分担しながら寮の改修をするイベント「建設日曜日（Bausonntag）」で、みんなで集まって作業する機会が用意されていることです。3つ目は、コミュニティに集まってきた段階で近い興味をもつ人が選ばれているということかなと思います。

西田：参加型の「施工」を取り上げた研究は多くありますが、この論文では施工だけではなく「運営」にまで踏み込んだのが面白いポイントだと思います。

運営的な視点をもったことでわかる、施工しやすい部分、あるいは逆に施工しづらい部分など、わかったことはありますか。

清水：これまでにどこを改修したかをインタビューすると、日常的には個人的な規模で作業できる家具製作やテラス改修など、構造に関わらない部分を各々施工しています。年に一度か二度、屋根やサンルーム全体の改築などの大掛かりな部分についても参加型で改修しますが、その場合は職人や外部の専門家を入れて施工しています。

「戦後の店舗付き住宅の形態的特徴に基づく類型化とその変遷」（渡邉麻里、p.242）

鈴木：オーソドックスな建築計画の研究では、住まい方や使われ方に踏み込む手法が多いのですが、徹頭徹尾、形態にこだわった理由は何でしょうか。

渡邉（麻）：おっしゃるとおり、戦後の店舗付き住宅を対象とした論文には、家族構成や生活スタイルの変化との関係を追うものが多いと思います。一方で、構造の変化、階数の変化、規模の変化、ファサードの変化など、形態に注目するだけでも、たとえば看板建築隆盛期の文化や当時の流通の話など、社会的な背景が鮮明に見えてきます。そうしたことから、本研究

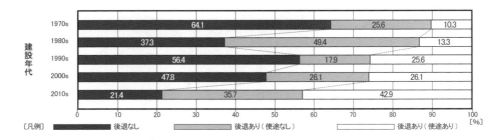

	0	10	20	30	40	50	60	70	80	90	100

建設年代

1970s	64.1	25.6	10.3
1980s	37.3	49.4	13.3
1990s	56.4	17.9	25.6
2000s	47.8	26.1	26.1
2010s	21.4	35.7	42.9

〔凡例〕 ■ 後退なし　■ 後退あり（使途なし）　□ 後退あり（使途あり）　〔%〕

建設年代別に見る店舗付き住宅の壁面後退の有無

では店舗付き住宅は社会を色濃く反映していると捉えて、形態に特化した分析をしました。

鈴木：社会背景との関連性について、もう少し詳しくお話いただけますか。

渡邉（麻）：看板建築のように住んでいる方の個性がファサードに表れるものは、施工性やメンテナンス性が重要視されるようになるなかで姿を消し、街並みとしては均質になっていきました。ファサードだけの話ではなく、住宅としても1階がカーポートに占有されるような狭小住宅が街並みの均質化を後押ししています。それが今後どうなるかと考えると、壁面を後退させてできた空間を公に開く動きが活発になりつつあるので、看板建築とは違うかたちでファサードをデザインとして通りに見せる建築が増えていくことが考えられます。東日本大震災後の「シェア」や「まち開き」といった考え方や、住居に職業の空間を近接させようというコロナ禍を経た社会の動きも手伝って、店構えを通りに見せていく動きは広がっていくのではないかと推測します。

「中山間地域内で自然形状木の建材利用を容易にする情報技術の研究」

（石渡萌生、p.192）

藤田：かなり高度なことをやられていると思うのですが、非常にわくわくするような可能性に満ちていて、楽しく聞かせていただきました。ただ、「構造体」という語句が指すものが具体的にピンときませんでした。ここでは遊具であるとか、家具であるとか、せいぜいパビリオンスケールぐらいのものに対して使われた

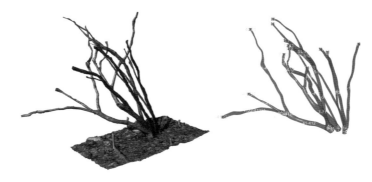

樹木をスキャンしたメッシュデータ（左）を変換し、形状性を損なわない範囲でポリサーフェス（右）に単純化する

254

のだろうと思いますが、もう少し補足して教えていただけますか。

石渡：現段階ではケーススタディとしての研究に留まっており、おっしゃるとおりまだ実用的なところまで到達できていません。研究を始めた当初は、人が入ることのできる小屋を想定して「構造体」を考えていたのですが、選定した木のサイズが小さめだったこともあり、構造体として成立するようなものをつくりきれませんでした。今後の課題として、構造解析をしたり、システム自体の改善をしたり、あとは、1本の木に限らず複数の木を用いて多様な使い方ができるようにしたいと考えています。

藤田：2022年にトウコレの論文展で発表された関口大樹さんの「アーキテクチャ型遊び場環境の構築プロセスに関する研究」では、構造解析をしながら子どもが乗って遊べるような遊具をつくるところまで実証できていたので、この研究でもそれは不可能なことではないように思います（『トウキョウ建築コレクション2022』p.184参照）。

研究の主眼としては山中に捨てられがちな自然形状木を活用することに向けられているので、山林に入って個別の木をどうこうというよりは、世の中の自然形状木をすべてスキャンしてアーカイブ化して、「この椅子にこんな木がほしい」というときに「あの山のここにあります」とパッと調べられるようなものにしていく方向性があるように感じました。

石渡：今回は「1本の木」という制約を設けましたが、日本の山中には生きながら放置されている木が非常に多くあるので、そういったものを集めて面白い形をつくっていけるといいなと考えています。

藤田：そこが最初の問いとうまくつながるとより良いですね。

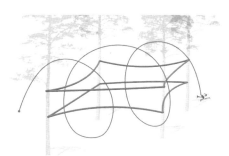
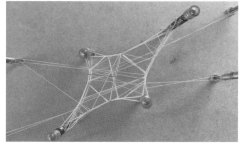

領域線を四角形で構成し、その対辺にロープを掛けるようにして網目状の面をつくる工法をとり、飛行誤差が許容される

「自律飛行するドローンを利用して空中架構物を建築するシステムの研究」

(渡邊顕人、p.152)

栢木：こんなことができるのかと面白く聞いていました。キャンパスでも山間部でも実施可能とのことでしたが、どのくらい時間を要するのでしょうか。

渡邊（顕）：1本張るのに10-13分ほどかかってしまっていて、さらに明るい時間帯しか作業できないので、全体としては1週間ほどかかっています。

栢木：1週間（笑）。どのような要素を改善していけば時間を短縮できるでしょうか。

渡邊（顕）：点群処理をするための膨大な量のデータをドローンとパソコンの間で往復するのに時間がかかっているので、データの処理速度が上がってくれば短縮できると思います。

西田：技術的にとても未来感がありますが、たとえば木の枝が細くて折れたり、葉がつながっていてドローンをうまく飛ばせないなど、自然を相手にするとどうしても思うようにならない部分が出てくると思います。そのあたりの自然環境条件によって左右されるポイントをどのぐらい考慮しているのでしょうか。

渡邊（顕）：細かい枝振りについては考慮していませんが、枝が出ていてもそれより外側を回って構築

できるよう飛行経路を工夫しています。大回りしても最終的に形をつくることができるような工法上の工夫に、本研究の意義があったと考えています。

「都市のオーセンティシティの文脈化を通した河川空間整備のあり方に関する研究」

(山口乃乃花、p.172)

鈴木：最終的な結論についてもう少し詳しく教えていただきたいのですが、「市民がいろいろな体験を通して認知した情報を取り入れながら整備計画をつくっていくというプロセスが重要だ」という結論なのでしょうか。それとも「市民の認知を先回りして想定しながら満たすべき要件を導き出すことが重要だ」という結論なのでしょうか。アンケートとその解析が何を意味するのか、捉えきれませんでした。

山口：本研究では、整備計画のあり方を提示することを目的としており、その指標をどこに求めるかを検討するためにアンケートをとりました。すると、その場所で刻まれる体験を含めた記憶が住民のなかで大きな要素となっていることがわかったので、指標には「空間」と「体験」という異なる視点からの評価を加えています。そういう経緯があって「空間のあり方だけではなく、体験を受容する空間を計画すること

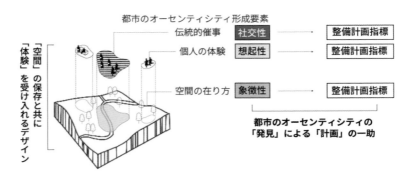

都市のオーセンティシティの文脈化を通した河川空間整備案

がオーセンティシティの形成につながる」ということが本研究の結論として主張したかったことなのです。

「場所を介したネットワーク『Self-Place identified Network』の概念構築」

(米ケ田里奈、p.226)

池田：場所を切り口とした生活史を記述する手法でサードプレイスを捉えたことは理解できましたが、それが建築をつくることととどう関係するのでしょうか。

米ケ田："つくる"面に活かすとすれば、まちのスケールでの場づくりの手法につなげられる可能性はあると思います。まちの居場所形成には時間的な要素が含まれるため、生活史を追ったことで、時間軸に沿ってまちの文脈が形成されていく過程とその変化を理解できました。本研究で対象としたA地区はごく普通の地域で、お話を伺った方々は、地域で自分の生活を営みながら場所づくりをされている地域住民です。そうした一般の住民の「場所を介した生活史」を追ってみると、いかに場所と人が関わり合いながらまちが形成されているかが顕在化され、興味深いと思いました。それは建築、ないし、まちをつくる手法に寄与し得ると考えております。

鈴木：同じ志をもった方々がつながることで次の

展開を生んでいるというお話で、制度的に何かつくるのとはまた違った場の生成方法があるのではないかとお話を聞いていました。それは、そういうふうに自然発生的に伝搬していくものなのか、それとも周囲がサポートしながらできあがっていったのか、どちらでしょうか。

米ケ田：当初私は、①自然発生的に拡がりながらも、②緩く連携された子育て支援拠点の輪が何らかの制度を含むサポートにつながって、さらに場所が生まれている、といった仮説を立てていました。A地区では、②の仮説に反して、個々人の子育て体験がもとになって、各々で場所がつくられており、自然発生的に伝搬していることがわかりました。こうした草の根的な活動の拡がり方は、地域性や支援内容の性質が反映されるものだと思うので、今後もさまざまな「場所の生まれ方」が捉えられると面白いだろうなと思っています。

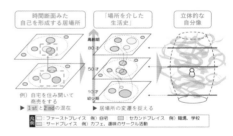

Self-Place identified Networkの概念図

「モダン・ムーブメントのなかで構成された『装飾批判者アドルフ・ロース』の虚像」

（中西勇登、p.140）

栢木：文章力が高く、読み物としても面白かったです。シュタイナー邸は私も学生時代に本で見ましたが、裏からしか見ていなかったので「だまされていたな」と今日感じました（笑）。問題意識からここまで掘り下げるその技量をまずは評価したいと思います。

　既往のロース論に対して少しずつ多角的な見方がされ始めていますが、今回「虚像」という言葉で掘り下げようとした問題意識や新しい視点をもった経緯を補足していただけますか。

中西：ロースが近代で誤解されてきたのではないか

という問い自体はモダン・ムーブメント終焉の時代からあって、近年では、その誤解はどのように解かれるべきなのか、ロースが実際には何を考えていたのかという着眼点の研究が主流になりつつあります。それらをすごく面白いと思う一方で、装飾批判以外のところがモダン・ムーブメントに接続されていなかったり、あるいはモダン・ムーブメントの主流から距離を置き、「世紀末ウィーン」という括られた文脈でしか語られていないということが強く気になりました。そうしたところから「モダン・ムーブメントから見たロースはどのような存在だったのか」という素朴な疑問が湧き、研究のきっかけとなりました。

鈴木：読んでいて井上章一さんの桂離宮の話を思い出しました。それはモダニストの企みとそれに乗っかったタウトという構図の話なのですが、ロースは当時、自分の言説が引用されることに対して何も

アドルフ・ロース研究の視座：主体の転倒

反応しなかったのでしょうか。ロースの言説を意図的に援用した人たちの狙いと、その社会背景みたいなものも気になります。先の桂離宮の話では、右傾化していく社会が背景としてあったのですが、そのあたりは今後探られるのでしょうか。

中西：ロースの言説が誤解されて受け取られていることについては、ロースの作品集のなかで彼の友人が言及しています。「ロースはモダン・ムーブメントの先駆者と言われているけれど、それはロースの装飾批判の功績であると同時に、ロースのことがまったく理解されていないことの証明でもある」というようなことが書いてありました。ロース自身も、文章として残っていないものの、自分の言説がどこか違うものとして利用されているという意識は強くあったと思います。

同時代的な社会背景に関しては、本研究ではモダニストと応用芸術家という2つを取り上げました。応用芸術家は、ブルジョア階級という新出の社会階級や、彼らの社会を表象するための装飾や新しい様式を必要としていたことが社会的背景としてあります。また、彼らは地場産業の職人たちをデザイナーの力で束ねて、工芸改革を推進していこうともしていました。それらの結果、彼らは装飾を批判しながらも、装飾を必要不可欠なものと考え、残す価値がある装飾をどうにかつくろうとしていたところがあると思います。

一方のモダニストたちについては、応用芸術家の行き着く先だと見ることもできるのですが、応用芸術家とモダニストは対象とする消費者層が決定的に違います。応用芸術家たちがブルジョア階級のための高価な工芸品をつくっていたのに対し、モダニストたちは、大量生産・大量消費のための製品を市場に届けることを社会的な使命として抱えていました。効率よく機能的で規格化された製品や建築には、前時代的な装飾や応用芸術のようなものは不要で、装飾を切り捨てなければいけなかった。そこにロースの言説が援用されやすかったのだと考えています。

今回の研究では、ロースを切断面として、応用芸術家とモダニストの装飾を巡る諸相を提示できました。今後の展望としては、第一次世界大戦を一つの社会的契機として、応用芸術家からモダニストへどのように理念が変異していったのか、装飾という観点から掘り下げたいと考えています。

「大戦下企業勃興と建築家武田五一における歴史主義以降の建築表現」
（山﨑 晃、p.162）

池田：経済産業と建築デザインを同時に歴史的に見直す面白い研究でした。武田五一という個人の話と、当時の社会的な動きの関係について、もう少し解きほぐしていただけますか。

山﨑：第三次企業勃興で企業内ベンチャーみたいなものができた背景には、高等工業高校出身の技術者が在来産業を近代化させたことが大きな要因としてあり、武田もまた在来産業を指導した一人だったのではないか、という着眼点から研究しています。武田が実際に新しい材料をつくれたのはそれを支える下部構造があったからであり、そうして生み出された新しい材料は歴史主義を乗り越えようとする武田の建築表現に効いていたのだろうと考えています。

藤田：人を介して時代背景を見る手法はエンジニアリング分野にない発想なので、興味深く聞いていました。武田からの提案があって材料ができたり、逆に新しく出てきた材料を武田が取り上げて、という両方があったのかと思いますが、それは、武田五一という強烈な個人の存在によるところが大きいのか、それとも武田以外にもそうした建築家が複数いるなかのモデルケースなのか、どちらでしょうか。

山﨑：武田を特別視しているわけではなく、モデルケースとしての扱いです。武田以外にも陶磁器産業に関わった建築家は多くいると思うので、本研究の

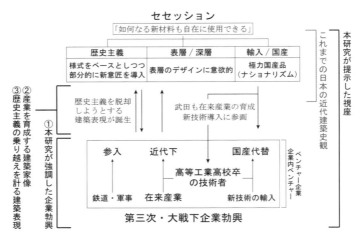

セセッション

「如何なる新材料も自在に使用できる」

歴史主義	表層／深層	輸入／国産
様式をベースとしつつ部分的に新意匠を導入	表層のデザインに意欲的	極力国産品（ナショナリズム）

③②
歴史主義を乗り越えを計る建築表現
産業を育成する建築家像

①本研究が強調した企業勃興

歴史主義を脱却しようとする建築表現が誕生

武田も在来産業の育成新技術導入に参画

第三次・大戦下企業勃興

参入　　近代下　　国産代替

高等工業高校卒の技術者

鉄道・軍事　　在来産業　　新技術の輸入

ベンチャー企業
企業内ベンチャー

これまでの日本の近代建築史観

本研究が提示した視座

武田と産業の連関は、企業勃興などの流れを同時に見ることで理解できるものであり、武田の言説を追うだけでは見えてこない

視点は他の建築家に対しても有効だと思います。とくに武田について取り上げたのは、アール・ヌーヴォーという新しい意匠を導入したことと、関西を拠点に建築産業だけではなく工芸にも関わっていたことが面白いなと思ったからです。

「南都食堂の研究」

（山下耕生、p.234）

栢木：こちらも読み物として面白く読ませていただきました。すごく難解な資料にあたられているの

ですが、内容としてはすごくわかりやすかったです。ただ、その力量に敬服しつつ、わかりやすくするためにあっさりしたものに編集しすぎているような印象を受けてしまいました。時代の差とか、配置計画の差とか、いくらでも深めようがありそうな分野のように思えます。もう少し掘り下げていけれど触れなかった点などがあれば、教えていただけないでしょうか。

山下：本研究は、食堂が伽藍中軸線の北側と東側にのみ置かれる要因について研究しようというところから始まっているので、発表では食堂に限った話と

講堂の北方 [元興寺]　　　　　　講堂の東方 [興福寺]

○ 大安寺　　　　　　　　　　　○ 東大寺

○ 薬師寺　　　　　　　　　　　○ 西大寺

食堂は、金堂や講堂の「北」と「東」に多く配置されている

してまとめました。論文で取り上げた元興寺、大安寺、薬師寺という寺院は平城京以前からあったお寺なのですが、いろいろな資料をあたってみると、北と東に分かれた要因の一つが火災だったのではないかと考えられます。その考えを最終的に実証することはできなかったのですが、興福寺と西大寺では火災を避けるように土塀が配置されていたり、法隆寺の『聖徳太子伝私記』には、講堂が燃えた過去から学び、もし再び講堂が燃えたとしても塔と金堂に延焼しないように講堂を北側に下げて再建したという記述がありました。そうした防災観念が当時すでにあったということが今回の研究で明らかになり、火災とそのレジリエンスとしての食堂院が見えてきたと思います。

「近代建築のコンクリート型枠に適用された規矩術について」
（柿島静哉、p.202）

池田：途中で紹介されていた私家本『型枠大工と規矩術』（内村力）は、当時どのくらいの影響力をもっていた本なのでしょうか。

柿島：ほとんど表に出ていないもので、彼が自分の工務店の若手技能者の教育本として使ったり、あるいは型枠施工技能士試験への提言として使われていたようです。実際の試験で使う規矩術よりもレベルの高いものが記載されています。

栖木：大岡實建築研究所もヒアリング対象に入っていますが、論考では紹介されていませんでしたよね。大岡實さんは、浅草寺や川崎大師などで鉄筋コンクリート社寺建築を戦後展開させた方であり、なおかつ木造伝統構法の研究者です。大岡さんのところで聞いたことで明らかになったこともしあれば、ぜひ教えていただきたいなと思います。

柿島：現在でも鉄筋コンクリート構造の寺社建築の型枠に規矩術が用いられてはいるのですが、それは宮大工が原寸で書いたものを基準にして、鉄筋のかぶり厚を考慮しながら型枠の寸法に直しているそうです。なので、型枠大工がやるのではなく、宮大工が木造の寺社建築と同様に行ってるというイメージです。本研究では、宮大工を対象としなかったため、そのあたりの話は取り上げませんでした。

内村力『型枠大工と規矩術』（私家本）

全国修士論文展
公開討論会

審査員：
池田靖史（審査員長）／栢木まどか／
鈴木伸治／西田司（モデレーター）／藤田慎之輔

形が語りかけるもの

西田：グランプリを決める議論に入るにあたり、まずは1次投票で1点ないし0点の4作品について見ていきたいと思います。それでは、関さんに投票した池田先生、応援しているポイントを教えていただけますか。

池田：私のMITメディアラボでの体感が関さんの分析結果と一致しているのが面白かったのと、ビジョンがしっかりしていてワークプレイスの計画に寄与する可能性が感じられました。見られ方、出会い方が一致する場合とそうではない場合の違いについては、少し掘り下げる余地があるのかなと思います。

西田：続いて、渡邉麻里さんの研究ついて、栢木先生いかがでしょうか。

栢木：形態の分類に特化していることが自覚的な戦略だと知ってからは、その努力を素直に評価していま

ます。杉並区荻窪を対象とされているので、地域性や住まわれ方、商業の種類など、個々のビルディングタイプ以外にも重ね合わせられるレイヤーがたくさんあるような気がしました。荻窪以外でも検証したいとのことでしたが、荻窪だからこそ見えたことや仮説があれば、教えていただけますか。

渡邉（麻）：おっしゃるとおり、家族形態や世帯数の他、店舗の業種によっても街路側に見せる開口部の大きさが異なると思うので、そういうところも重ねて見ていけるといいなと思っています。分析には至りませんでしたが、調査項目として「居住空間と店舗へのアクセスの仕方」を記録しているので、それらも合わせて分析すると、荻窪らしい居住空間と店舗の空間のつながりを見られるのではないかと思っています。

西田：日本の街並みの見方に新しい視点をもたらしていて、とても好印象です。

栢木：面的なことは何か見えたでしょうか。固まって分布しているとか、商店街についての分析とか。

渡邊(麻)：駅周辺だけではなく、もう少し広い範囲で用途地域をより詳細に見ていくと、商店街のどういう部分が空き家になっているのか、住宅の一部分を店舗として改修した新しいタイプの店舗付き住宅がどう分布しているのか、見ることができると思います。

鈴木：都市はものすごいスピードで変わっていくので、今あるものを断片的に切り取って形を類型化するというアプローチよりも、大きな社会の流れと並行して複層的に見られるとさらに面白くなるのではないかと感じました。徹頭徹尾、形態に限定して着目した姿勢も評価できるのですが、そのあたりは惜しかったように思います。

歴史を多角的に捉え直す

西田：山﨑さんの論文について、いかがでしょうか。

鈴木：産業史と建築史を越境する研究テーマで、既存の建築研究の枠に留まらない可能性を強く感じられました。武田五一をもう少し俯瞰的に捉えると大きな展開があるような気がします。

池田：建築家と建築産業の相互的な役割についてこれまであまり意識されてきませんでしたが、そこに光を当てたことで、もっとそういうことを意識して建築デザインに向き合わなければならないというメッセージが込められていたように感じています。

山﨑：現代はカタログに掲載された材料をただ選んで組み合わせるだけになっていますが、武田をはじめとした当時の建築家たちは、自分たちの表現活動と並行して材料を育成することにも取り組んでいました。そうせざるを得なかった時代背景もありますが、そういう建築家像が20世紀初頭にあったことを強調し、現代へ投げ掛けたいと考えました。レンガやタイルの生産にこだわった前川國男や村野藤吾のような建築家に対しても、本研究の視点は有効だと思います。

西田：柿島さんの研究について、いかがでしょうか。

池田：規矩術が失われたのは、不要になったのではなく、特異な発展を遂げたからだと理解できました。躯体図というポジを見て型枠というネガをつくるのは、よく考えたら不思議な技能ですから、規矩術自体をもっと掘り下げられるのではないかと思います。

藤田：時代とともにツールが変遷していくなかで規矩術の使用場面がしだいに失われ、今ではかろうじて資格試験の一つとして残っているということの是非など、せっかくの討論会なので僕は柿島さんなりの思いや主張を聞いてみたいですね。

柿島：熟練した技術を必要としない近代技術では分業化が進み、やがて複雑な型枠が工場生産されるようになって規矩術が衰退していくという、それ自体はとても自然な流れであると考えています。ただ、そうした流れがあったからこそ、分業化で持て余されていた木造大工の技術が型枠づくりの技術に活かされて、建築家によるエポックメイキングな造形の建築がつくられていった部分は少なからずあると考えています。

藤田：そのあたりを掘り下げるとさらにいろいろな発見があると思うので、今後のアウトプットを楽しみにしています。

栢木：山﨑さん、柿島さんへ共通するコメントですが、産業やつくる人の技能に着目することで建築の見え方がまったく変わるような構法史的な論文が、大勢の応募のなかから2編もファイナリストに残っているということ自体、すごく面白いなと感じています。10年前にはあまりなかったテーマだと思いますが、先日の東大の松村秀一先生の最終講義でもそういう視点をいただいて、時代的にそのあたりを見直そうとしている時期なのかもしれません。近代建築史研究としてすごく面白かったです。

成果のその先へ

西田：ここからは、複数の票が入った論文について議論していきたいと思います。まずは、白鳥さんに投票した池田先生と藤田先生、いかがでしょうか。

池田：解析モデルを完成させたことが素晴らしく、研究として全体的にしっかりしています。あの解析モデルができたことで明らかになったこと、たとえば施工や計画時の工夫すべきポイントなどの発見はあったのでしょうか。

白鳥：木材を重ねてつくるときの偏心する部分に「束材」という、実際にはボルトを想定した部材を入れているのですが、そのモデル化は施工前段階の解析で役立つのではないかと思います。解析手法についてはまだまだ問題が多く残されており、実装には改良の余地がありますが、偏心による籠目格子シェルの座屈耐力への影響や、初期応力を考慮した場合の座屈耐力の低減の仕方を明らかにできました。それによって、たとえば、形状解析を飛ばしていきなりGrasshopperなどでシェルを組み、そこに低減係数を掛けて耐力計算をする、ということもできるようになると考えています。

藤田：解析研究としてよくまとめられていますが、最後のスライドで紹介されていた模型実験も、ご自身の研究成果でしょうか。

白鳥：研究室としては初めての木造シェルの実験で、実験器具をどうするか、形状解析をどう模型に落とし込むのか、といったことを考えているうちに時間が足りなくなり、修士論文を書き上げるまでに実験が間に合わず、最後は動画での発表となってしまいました。ただ、実験のための形状解析や座屈解析は完了していて、今後はそのデータを引き継いだ後輩

がさらに深めてくれる予定です。

藤田：間に合わなかったということは、それだけ難しい課題にチャレンジしたことの証なので、苦労話をもっと聞きたかったです。発表では「摩擦を考慮しない」とされていましたが、模型実験を経たことで実現象と乖離したところがあったのではないでしょうか。

白鳥：座屈実験についてはデータで起こしている最中ですが、私が解析したものと比べると実験結果の方が耐力が低く出ていました。その分析も、これから行われるところです。

藤田：フィジカルにものをつくって加力することが解析研究の精度を上げると思うので、後輩に引き継ぐということでしたが、卒業まであと20日間あるので、まだまだブラッシュアップしてほしいと思います（笑）。

白鳥：徹底的にやっていこうと思います（笑）。

西田：籠目格子で木造シェル構造をつくるという新しい工法は、これからの日本で木をどう建築に応用するかを考えるうえで、とても素晴らしいヒントになると思います。重ねてつくるという手法も日本的で、好感をもちました。この構造だからこそ可能になることやメリットについて、もう少し強調して発表していただけるとよりよく伝わるだろうと思います。

池田：トウコレはいろいろな専門をもつ人たちが集まる場なので、専門分野を超えて、建築全体の発展のためにどう役立つかというところを強調されるといいかもしれませんね。

参加型施工の東西

西田：清水さんの研究には5名中4名の審査員が投票しました。あえて、投票しなかった池田先生からご意見を伺いたいと思います。

池田：私が入れなくても残るだろうと思ったので（笑）。ただ、バウホイズレがあまりにも面白すぎて、バウホイズレが面白いのか、清水さんの研究が面白いのか、どう評価すべきか悩ましく思います。清水さんなりの発見や、研究としての貢献はどこにあったと思いますか。

清水：ヨーロッパには数多くの参加型建築があって、たとえば日本でも知られているものだとルシアン・クロールによるブリュッセルの「ルーヴァン・カトリック大学学生寮」などがあります。なかでも、バウホイズレの大元になっている活動を生んだウォルター・シーガルという建築家の功績は近年見直されていて、本研究はイギリスやドイツで研究されているそれらの研究の流れに位置づけられるものです。こうした分野の研究が歴史の研究と違うのは、今でもその建築が生きた状態で使われているということです。先行研究には文献調査やインタビューによる研究も多かったのですが、私としては、参加型建築を捉えるためには自分自身がそこに身を置き、1年間の生活のなかでいろいろなアクションを起こして、その結果を研究としてまとめてきたいと考えました。そこが本研究の大きな意義だったのではないかと思います。

池田：バウホイズレがものすごく面白いのは、一時的なムーブメントではなく、40年も50年もやり続けていることだと思います。継続すること自体の意味を問うことが重要で、過去に遡る歴史的な研究手法ではなく、今現在の活動に注視した研究であることは高く評価できると思います。

西田：参加型施工をテーマとした研究は工法の話になることが多いのですが、この論文では運営側を掘り下げていったところがすごく面白いと思いました。建築を工業的なものではなく、育てるものとして捉えているような感じがあって、それは実際に身を置かなければ見えてこない部分だったと思いますし、それを論文としてまとめたところに大きな価値があると思います。それを日本でどう活かせるかというエッセンスを伝えるのはなかなか難しい部分だと思いますが、論文の汎用性についてどう考えていますか。

清水：自分でも今後の応用方法に苦悩しているのですが、今思いつく限りでは、研究内容を理解しやすく編集し直して大衆向けに出版するとか、展覧会を開くなどして広く広報することがあると思います。それから、自ら参加型建築を実践することも挙げられます。論文と並行して、小規模仮設の参加型施工の実践もしてきました。今後はその規模と設置期間を拡大するなかで、今回の研究成果を活かしたいと考えています。

西田：毎月第一日曜日の「建設日曜日」は、応用するうえでヒントになりそうですね。

池田：学生寮だからコミュニティが歳をとらないと

いう特殊性がバウホイズレにはあるので、他に応用できるのか、少し疑問に思っています。

清水：特殊な条件下の建築であるとことは認識しており、本論文で抽出したエッセンスを適宜応用していく必要があると思います。また、欧州には、シーガルの影響で実現したバウホイズレに似た参加型建築が数多く散在し、今も現役で使われています。いくつかの事例を訪れるなかで、いずれもバウホイズレのような生きた建築であることを知りました。今後は、それら他用途の参加型建築の事例研究を進めて、それらを比較することで知見を体系化する予定です。

鈴木：たとえば多くのデンマークの大学では、共有スペースに置かれたShopBotなどの工具を自由に使うことが建築教育の一環として当たり前になりつつあり、参加型建築はこれからもっと広がっていくように思いました。日本ではまだそうしたものが根付いていませんが、10年後や20年後にこういう研究の価値はもっと出てくるように思います。清水さん自身は、そうした状況をどう評価されているのでしょうか。

清水：デジタル技術を使って建築に対してのアクセス性を高めていく流れは、とくにヨーロッパでは主流になってきていると思います。私が留学していたシュトゥットガルト大学でも盛んに研究されていた分野の一つで、日本でも近年、デジタル技術に関する研究は盛り上がっています。その一方で、日本では、東工大の塚本由晴先生やドットアーキテクツに代表されるようなローテクで建築へのアクセス性を高める潮流も同時に存在すると考えています。ShopBotなどが私たちの生活に根付けば、それを取り込む未来も十分あり得るでしょう。しかし、今回の私の研究では、現状で一般の人々にとって身近であるという点においてローテクの可能性に着目し、それによって参加型建築を盛り上げていきたいと考えました。

池田：技術の高度化によって問題を解決するという一般的な論法をむしろ否定して、技術を高度化させないことによって生まれる連携を大事にしようという、新しい視点を得られた気がします。

藤田：シュトゥットガルトにはあらゆるデジファブ機器が揃っているはずなのに、それらが一切入ることなく40年続いているということがたいへん面白いなと思いました。僕は比べたがりなので、バウホイズレ単体ではなく、日本のものと相対化しながら俯瞰で見たときの意見を伺いたいと思います。

清水：「バウホイズレの実践」と題したプロジェクトを大学で企画したのですが、日本で実践するうえでバウホイズレと大きく違うなと感じたのは、責任の所在です。日本では、施工時の危険な作業に対する責任を誰がとるかを第一に気にしなければならない節があります。保険の問題があるので、単純に施工会社＋ボランティアという体制にはならず、施工会社のアルバイトとして参加するような体制をとって施工しました。ただ、そうすると法規なども絡んでフレキシブルに動けなくなるので、日本においては既存の枠組みのなかで、いかに気軽に参加型施工を実現できるか、ということが大きな課題だと感じています。

藤田：バウホイズレでは年に1度か2度の大規模修繕があるということでしたが、普通は修繕のスパンはもっと長いので、建物自体が早いピッチの新陳代謝を前提とした構法なり構造になっているのでしょうね。そして、それがあるからこそ、運営などのソフト面だけではなく、ハード面での技術継承が続いているのだなと思います。日本の企業体質的なものに制限される部分も多いと思いますが、そこさえクリアできればいろいろと発展していけそうです。

もがき見つける未来の道筋

西田：続く石渡さんの研究には、池田先生と鈴木先生と僕が投票しました。コメントをお願いします。

鈴木：研究には2種類あって、過去を頼りに未来を考えるフォアキャスト型と、思い描く未来のための道筋を考えるバックキャスト型があります。この研究は後者のタイプとして面白いのですが、修論の文章としては淡々と技術的な記述が続いています。

石渡さん自身はどのような未来を夢に描いているのでしょうか。

石渡：長野や岐阜の中山間地域にて林業従事者や地元の方の声を聞くなかで、使い物にならずに放置されている木や、運搬できずに捨てられる木がたくさんあることを知りました。もったいなく感じますし、形に癖があることをポジティブに捉えて建築や家具に活かせないかなと考えたことが、本研究のきっかけとなっています。また、デジタルツールを利用した新しい手法が、放置されている山林をメンテナンスしていくきっかけとなればいいなと研究を進めてきました。

鈴木：通常の修論発表の場とは異なるので、そういう話をもう少し聴きたかったですね。

西田：山の環境の循環を促す建築を生みたかったのか、あるいは都市に曲がりを活かしたものをもち込みたかったのでしょうか。技術開発の先にあるご自身の展望を教えてください。

石渡：この研究には2つの将来性があると考えています。1つ目は、システムをより使いやすく改良することで、多少のチェンソーの技術とMRの知識があれば一般の方でもデザイン・加工が可能になること。そして2つ目は、曲がり木に価値がつくことで、山の中だけでなく都市でも曲がり木を使ったものが増え、それが風景として広がっていくということです。

藤田：実は僕、広島駅の裏に山を買ったのですが、こういう曲がった木がいっぱい転がっていて、よく考えたらこのツールめちゃくちゃ必要だなと（笑）。使い道のない木がいっぱいある土地を持っている人にはとても需要がありそうだし、技術としては非常に高いものを実装されているので、その先の展開まで語ることができれば、放置されている木の活用という目的が一連のストーリーのなかでしっかりとつながって、可能性が広がると思います。

石渡：この研究はまだ実用性に乏しいですが、長野県の知人からも使ってみたいという声をいただいているので、今後より発展させていきたいと考えています。

西田：続いて、渡邉顕人さんの研究には、栃木先生

と藤田さんが投票されました。

栃木：仮説と検証の方法をもう少し詳しく知りたいと思って投票したのですが、いかがでしょうか。

渡邉(顕)：どこから話したらいいか……（笑）。最初は石を運んでいましたが、ドローンの最大のメリットは空間を3次元的に移動し、対象物に対して回り込めることだと思い直し、ドローンの可動性を最大限活かせるよう、軽量な材料で大きいものをつくることにしました。

藤田：スマートに発表されていましたが、施工に1週間かかったと書いてあったり、失敗談や試行錯誤もたくさんあるような気がします。そのあたりをもっとお聞きしたいです。

渡邉(顕)：いろいろあります（笑）。一番はやっぱり、カメラなどの光学的なものが光環境にすごく影響を受けやすかったことですね。ドローンは影を認識して環境を捉えますが、太陽が動いて影が動くと、ドローンはもとの環境と同じかどうかわからなくなってしまうのです。そのたびにスキャンし直して時間がかかったり、そのことで点群データの精度が悪くなると自律飛行に失敗してドローンがどこかへ飛び去ってしまったり。さようならと（笑）。

藤田：それ、発表したほうがいいと思う（笑）。

渡邉(顕)：リールも、最終的には横向きで取り付けましたが、縦向きにしたり、いろいろセンサーをつけたり、何十個と試行錯誤を繰り返しました。センサーが多いほどいいのですが、その分重量が増えて、運べるロープの量などに制約が出てしまうのです。

藤田：試行錯誤の積み上げに大きな価値があって、むしろそこがメインディッシュだと僕は思っています。そこを恥ずかしがらずに、もっとロジカルにまとめるといいような気がしました。

西田：大きさやテンションに対する試行錯誤が汎用性にもつながると思います。

渡邉(顕)：そうですね。汎用性という点では、人の手がどこで介入するかみたいなことをいろいろと考えました。最終的に、ドローンで高いところにロープ

を掛けつつ、構造的な強度を出すために低い位置で人が引っ張るというような、ドローンと人の役割分担をするところに落ち着きました。

栢木：完全に自動化できれば時間がかかるとしても放っておけますが、人の手も必要となると、もう少し時間短縮を考えなければいけないかなと感じます。

池田：この研究の最大の面白さは、スキャンしながら飛ぶことで、状況に応じて最初にイメージした形を臨機応変に変えていけるところにあると思います。この手法ならではの適応力の高さが伝わりづらかったのですが、いかがでしょうか。

渡邊（顕）：それができればとても面白いのですが、今回の研究ではそこまでの技術的な開発はまだ難しかったなと思います。

西田：空中で絵を描くように建築をつくるようなパースペクティブは示せたのではないでしょうか。

時を重ねつくられていくもの

西田：続いて、山口さんの研究には、鈴木先生と僕が投票しました。

鈴木：土木計画学の範疇で語られてきた河川デザインを都市的な視点で語ろうとしたところにこの研究のチャレンジがあって、越境しようとするその心意気を高く評価したいと思います。

　私からは結論についてもう少し伺いたいと思います。戦後の河川整備においては治水を第一に考えなければならないのですが、それが無機質で味気のない河川空間をつくってしまっていると薄々気がつきつつ、都市全体、流域全体での治水を考えると簡単には整備指標を変えることできないというジレンマを抱えてきました。近年、住民参加や親水性を重要視する考え方が普及して、使いながら整備していこうという考え方が定着してきましたが、そうした流れを踏まえたうえで、あなたが「オーセンティシティ（本物らしさ）」と呼ぶものは一体どこにあるのか問いたいと思います。かつての河川の姿を取り戻そうという歴史的なオーセンティシティではありませんよね。最終的に示された河川整備の指標のどこを突破口にして既存の整備のあり方を変えていけるのでしょうか。

山口：実際の整備は、ハード整備と平常時の河川管理の期間が数年タームで繰り返されるなかで進んでゆきますが、ここでいうオーセンティシティとは、ハード整備の計画時に描かれるトップダウン的なものではなく、平常時の人々の営みや体験の積層から萌芽するものを指しています。本研究では、平常時の使われ方を把握し、体験や営みを支えるようマネジメントについても注視することが、オーセンティシティの喪失を防ぐことにつながると考え、整備計画指標を示しました。

池田：人の心に残るのは空間そのものよりもそこでの体験だから、体験にもっと注目すべきだという結論であるように受け取れましたが、実際には体験と空間の二項対立ではなく、体験をつくるために空間

をつくっているところもあると思います。

山口：結論としては、体験を受け入れる空間のあり方を考えていこうというもので、空間より体験を優先する主張ではありません。本研究の対象地は、あまり体験を受け入れるデザインにはなっていませんでした。たとえば、城下町の情緒を残そうと岡崎城の見える場所をつくっているのですが、そうした歴史的要素にのみオーセンティシティを求めるのではなく、今を生きる人々の体験を受け入れるようなデザインも一緒に考えていくべきではないかと考えています。

西田：発見的オーセンティシティと表現できそうですよね。ただ、都市的なアプローチからの整備計画が土木という堅い業界にどう受け入れられるのかには疑問が残ります。「社交性」「想起性」という話だけではこの論文のよさが伝わりづらいというか、土木業界を動かすほどの説得力に欠けるような気がしました。

鈴木：難しいところですね。デザイナーが計画者として河川整備をするような方法ではなくて、あくまで計画論として河川整備を考えているところにあなたの研究の意義があると思うので、あともう一歩、たとえば治水の論理に対して何か物申せるような論理性をもてれば、十分期待できると思います。

西田：確かに、治水の考え方に対する理論武装が必要ですね。僕も公共空間をどう活用するのかというプレイスビジョンをよく考えていますが、建築の領域外、たとえば道路などに落とし込むには交通計画の話が出てきたりする。気持ちはよくわかるし、

それゆえにとても応援しています。

池田：体験と空間が車輪の両輪だという結論は、まちづくりの議論では当たり前のことですが、同じ結論でもそれが対土木の場合はプラス何かを考える必要があるのでしょうね。

西田：続いて、米ケ田さんの研究には、栢木先生と僕が投票しました。栢木先生、いかがでしょうか。

栢木：ライフヒストリーが図化されていて、話もわかりやすく面白かったのですが、一方で、空間や建築の話と結びつかない限りは社会学の研究に分類できてしまうような気がしました。先ほどのプレゼンは主に2部についてのものでしたが、1部で建築や空間について触れられているのでしょうか。

米ケ田：1部、2部ともに、パッケージ化された施設の計画論から、より複合的な機能や意味をもつ場所を捉えた新しい計画論につなげたいという考えが土台にあります。人口が減少し、場所が畳まれていくなかで、ある場所がもっている意味を顕在化し、建築やまちを人が使い続けていくための論です。第1部では、一般市民が自分で自分の適切な場所を選択していくための指標となるツールを用いて、実際の都市を評価しました。第2部では、場所がいかに自己を構築しているかを探究し、場所と人の関係を時間立体のなかで捉えることで見出す自己像の概念から、場所の意味と、まちの場所—人のネットワークを顕在化しています。

鈴木：子育て支援拠点は制度化されていて、サービス

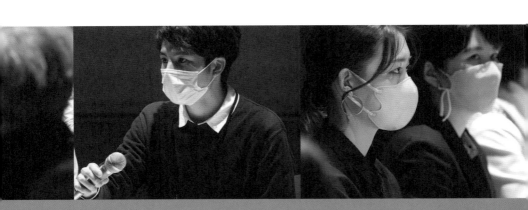

を提供する側とサービスを求める側の関係性は固定的です。ただ、今回ご紹介されていた拠点運営者は支援される側から支援する側へ入れ替わった方が多いようなので、これが大きなポイントであったように思います。そのうえで、支援拠点のあり方論、あるいは拠点づくりの際に行政に求められる支援の話が加わると、一気に計画論に近づいていくと思います。社会学的なアプローチで丁寧に記述するという段階から、計画論に向かう道筋が見えてくると、もっともっと面白くなるのではないかと思いました。

米ケ田：おっしゃるとおりで、各運営者のルーツを掘り下げると、多くの方が支援拠点に救われてきた過去が見えた点は、キーだと思います。今後も博士論文のテーマとして取り組み、計画論に持ち込めるよう精進したいと思います。

西田：社会デザイン的なアプローチで面白いなと思いながら聞いていました。ライフヒストリーを図化し、地域の拠点とネットワークを可視化した研究の成果を受けて、拠点を運営してる人たちに影響を与え合うような効果はあったでしょうか。

米ケ田：子育て支援拠点という軸を設定したものの、A地区は人口密集地かつ他の地域活動も盛んなため、調査対象者の実際の場づくりに活かせるような、密なネットワークの様相が探りづらかったという反省点があります。実践に活かすには、たとえば、地方都市でネットワーク型の支援を行っている事業事例などを対象としたほうが良かったなと思っています。

今後の調査はそうした場所で展開して、研究成果を現場をフィードバックし、実際の場づくりの実践にも活かしていきたいと思います。

新たな視点で過去を見直す

西田：中西さんの研究には満点の5票が入りました。

池田：この論文で感心したのは文章力の高さです。ある情報を人にわかりやすく伝える媒体が論文ならば、これは満点に近いと思います。推理小説のように謎が解き明かされていくのですが、そもそもなぜモダニストたちはロースに着目したのでしょうか。

中西：レイナー・バンハムも指摘しているように、同時代の装飾批判のなかでもひときわ過激だったロースの論は、とくにモダニストたちにとって好意的に受け入れられていました。たとえば、装飾の区別を曖昧にしながら装飾批判を行っていた応用芸術家に対し、すべての装飾を批判的に捉えたかったモダニストたちには、ロースの論がとくに支持されています。また、これもバンハムの指摘ですが、ロースの主張は、進化論的な言い方や、経済に寄った言い方など、いろいろなレトリックを駆使しながらも同じ主張を貫き通していて、そうした単純明快さもモダニストたちに広く受け入れられた要因だったようです。

池田：向かいは宮殿、周囲はすべてオーストリア＝ハンガリー帝国のきらびやかな装飾の建築に囲まれながら屹立する「ロースハウス」のインパクトも大き

かったのでしょうか。

中西：そうですね。ただし、ロースハウスをはじめとするロース建築とモダニストの建築は似て非なるものだと思います。実際に、ロースの作品を見たモダニストたちは、とくに内観に対して、分離派の作品に近いとか、近代建築はもっと倹約的でなければいけないと批評していて、ロースの主張は確かに先進的だけど、やっていることは比較的前時代的だと言われています。その結果、ロースは1930年代、指導者的な立場をほとんど失っています。

藤田：ロースが「装飾と犯罪」という論考をなぜ出したか考えると、中西さんの研究ではあくまで装飾批判者は虚像でありロースの本意ではなかったとしていますが、あえて虚像を持ち上げさせてそれを利用していたのではないかと僕は深読みしてしまいます。答えのない問いですが、いかがでしょうか。

中西：ロースに計算高さはあると思いますが、藤田先生の想定されているものとは少し違っているのではないかと考えています。というのも、虚像の増幅の背後には「装飾と犯罪」と、もう一つ、ロースハウスのスキャンダルが大きく関係していると考えるからです。1910年代以前、応用芸術家たちに教育者として見られていた頃のロースの作品は、ほとんどが内装作品ばかりで外観を伴うものは発表されておらず、いよいよ満を持して外観として現れたのがロースハウスです。向かいに建つ宮殿とあまりにも異なる外観は当時の皇帝の怒りを買いました。それに対し、「これが

新しい近代建築だ」と弁解をしたことが、ロースの主張の過激なイメージの増幅につながっていきます。

　当時はまだロース自身は世界的に見れば無名に近く、ル・コルビュジエにもまだその存在を知られていませんでした。あくまで、ドイツ文化圏やウィーンに対して、戦略的に自分の主張を押し通すために「装飾と犯罪」を書いたと思います。ただ、これをきっかけに応用芸術家たちの『インネン・デコラティオン』にロースの存在は取り上げられなくなり、ドイツ文化圏で徐々に言及されなくなっていきます。その後フランスのコルビュジエの耳にロースの装飾批判が届いたとき、再び近代建築の先駆者として日の目を浴びたというストーリーが描けるかと思います。

藤田：1聞いて10返ってくると思ったら100返ってきて驚きました（笑）。ただ、そこで不思議なのは、それに対してロース自身が本意ではないと主張しなかったことです。本意とは異なるという本人の主張は、なんらかのかたちで残っているのでしょうか。

中西：本人の言説を見る限りでは、はっきりとは否定していません。近代建築に対して敵意を示しているわけではなくて、どちらかというと、先を走るコルビュジエらを見ながらも「自分はこれがいい」と思うところに落ち着いていたようです。時代の主流が切り替わりつつあることを、ロースは感じとっていたのかもしれません。ただ、ドイツ工作連盟が1925年に開催した展覧会のカタログである『装飾なきフォルム』に、自身に対しての言及が何一つな

かったことを見て、ロースは自分の装飾批判が剽窃されたと嘆いていており、ドイツ文化圏の状況に対しては不満をもっていたと推測できます。

栢木：歴史研究で新規性を示すことは難しいのですが見事にやってのけていて、しかも専門のバラバラな5人の審査員全員がよく理解できたと評価しています。文章力だけではなく、説得力をもった構成力にも素直に感嘆しました。

西田：最後に、山下さんの研究について、藤田先生いかがでしょうか。

藤田：純粋に研究としてわかりやすかったことも大きいのですが、研究に対する山下さんの愛着のようなものを感じて好感をもてました。京都の寺院における食風景との出会いが研究の端緒であるという紹介からスタートしているところも素敵だと思います。そのあたりのエピソードは発表では割愛されていましたが、もっと詳しく聞いてみたいと思います。

山下：研究を進めるうちに、最初の興味の部分と奈良時代のそれとはかなり違うことがわかり、発表では割愛しました。今回の研究では、奈良時代に書かれたとされる文献を参照しているのですが、実は奈良時代の文献はほとんど残っていないので、既往研究では平安時代の史料から食堂の実態や儀礼の詳細をわずかに傍証するのみでした。今回、奈良時代の史料と出会えたことで、これまでの既往研究によって「想定」されてきた史実を「実証」するに至ったことは、本研究の成果の一つです。また、インドの寺院を1カ月半ほど巡り調査をしてきました。食にまつわる空間や、その様相の、インドと日本との違い――たとえば日本には托鉢の文化はなく、基本的には食堂の裏（炊殿）でご飯を煮炊きして、堂童子が運んできた食事を鉄鉢に受け、食堂に座すことになっていますが、原始仏教圏ではいまだに村落を僧侶が練り歩いて托鉢し、感謝を込めて食します。また、日本のなかでも、奈良・平安・鎌倉・江戸時代など、それぞれの時代で食事をいただく空間、作法などが異なることも見えてきました。

池田：ユニットとしての食堂は、集団生活のシステムの原点のようなところもあるので、それがどういうふうに建築的に発展してきたのか、金堂と食堂が建築的にどう違って、それは今にどうつながっているかという文脈で、今のようなお話をもっと前面に出しても良かった気がします。

山下：平安時代の史料を読むと、東大寺の大仏殿や金堂で行われる行事には国家的な安寧を祈るものが多いのに対して、食堂ではあくまで僧団を維持していくために行われる行事が執り行われています。たとえば、僧侶のトップが就任するときの儀式は金堂ではなく食堂で行われるなど、あくまでも生活に密着した堂として存在していました。それから、寺院全体が燃えたときに、食堂だけは唯一僧侶自らが出資して、一番早く再建されていたようです。そういった身近さが食堂にはあったように思いました。

研究は建築の未来を拓く

池田：討論を経て最終審査を終えましたので、各賞を発表したいと思います。池田賞は渡邉顕人さんです。建築分野において、技術開発をするところまで挑戦する研究がまだまだ少ないなかで、建築の発展を夢見て真面目に取り組み、一定の成果を上げたことはたいへん素晴らしいことだと思います。

栢木：栢木賞は山﨑晃さんです。建築産業や建築生産の流れを通した視点を得ることで、多くのエポックメイキングな近代建築ができ上がった背景には職能や考え方の大きな転換点があったことが見えてきました。長い建築史のなかでもすごく特徴的な時代だったと思います。この視点の発展性は本論に留まらないだろうと可能性を感じ、個人賞を贈らせていただきたいと思います。

鈴木：鈴木賞は山口乃乃花さんです。河川のオープン化の事例として有名な場所を対象としながら、自身の研究をまっとうされました。また、土木計画学に建築分野からアプローチするという、思い切った越

境を試みる研究姿勢を、とても評価しています。

西田：西田賞は清水俊祐さんです。清水さんの研究は、ドイツで得た参加型施工と運営モデルの知見を日本でどう展開するのか、修士論文に留まらない次代への広がりが感じられました。

藤田：藤田賞は石渡萌生さんです。最初の問いに対して仕組みづくりまで考えるようコメントしましたが、その後の討論を経て、必ずしもそこに固執しなくてもすでに可能性が見える研究だと思い直しました。自分が山を買ったことを思い出し、とても役立つツールになるだろうと実感をもって感じられたことも評価理由の一つです。まだ萌芽的な研究で、今回の手法で独自の構築物をつくるところまでは到達できていないとのことですが、もう少しブラッシュアップできれば大きな価値をもつ研究になると思います。

池田：そして、グランプリは中西勇登さんです。今年は中西さんしかいないだろうと審査員全員の考えが一致しました。高く評価できる点の一つは、しっかりと論を読ませる力、聞かせる力の高さです。内容としても、単なる建築史研究を超え、歴史以外の専門家でも共感をもって引き込まれるものに仕上がっていました。「装飾とは何か」という問いは、エンジニアリングの分野を含めてすべての建築に携わる人々の興味の対象だと思います。そこを考えるのに、直接

的にロースを掘り下げるのではなく、ワンクッション置いて周囲のフィルターを分析しながらその像を論じられています。高度なことをしながら論として破綻することなくまとめられ、修士論文として非常に高いレベルにあることは間違いありません。

表彰は以上です。残念ながら賞に届かなかった人は悔しい思いをされているかもしれませんが、たくさんの優秀な論文のなかからこのステージに上がってきたそのレベルの高さは甲乙つけがたいものでした。分野もバラバラの異種格闘技戦で、なおかつ実力は拮抗しており、予選の段階から本当に審査が難しかったと審査員全員が感じています。

そのうえでお話ししたいのですが、討論の場でもたびたびご意見があったように、トウキョウ建築コレクションという場は、建築のアカデミズム全体に対してどのように貢献できるのかが問われる場です。皆さんがそれぞれの分野で発表するときのフレームとは少し異なるのだということを意識して、建築の未来の話をもっとしてほしかったと思います。

皆さんのように、熱心で、素晴らしい研究の成果を上げている若い人がこれほどたくさんいることを、心強く思います。これからもなんらかのかたちで研究を続けてみてください。ありがとうございました。

プロジェクト展

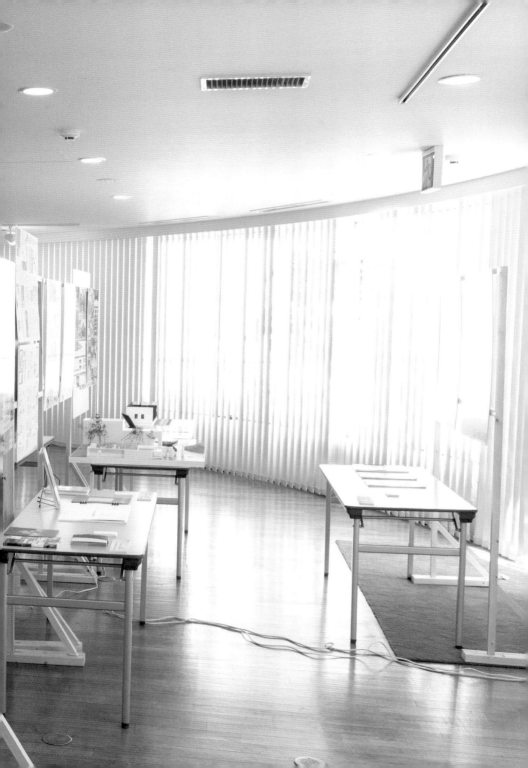

「プロジェクト展」開催概要

大学院の研究室などで行われているプロジェクトを全国から一堂に集め、作品の展示を行うことで社会に向けて発信していきます。

　今年はヒルサイドフォーラムにて、3月7日（火）−3月12日（日）の期間で出展作品のパネル展示を行い、3月9日（木）には協賛企業から審査員をお招きし、公開審査会を実施しました。展示パネルの資料や映像は、各作品の紹介欄に掲載しているQRコードからご覧いただけます（2023年8月中旬公開予定）。

　大学で行われているプロジェクトは社会との協働によるものが多いことから、学生の活動として社会に対してもっとも低い立場からアプローチした成果であると考えます。このような学生のプロジェクトが社会に新しい風を吹き込み、社会を動かすきっかけとなることを、さらには継続して社会を後押ししていくことを期待しています。また、本企画をきっかけとして、学生のプロジェクトが社会のなかでさらなる発展を遂げ、学生の活躍の場となっていくことを目的としています。

トウキョウ建築コレクション2023実行委員会

プロジェクト展

審査員紹介
*団体名・肩書きは開催当時のもの

種橋恒夫　Tanehashi Tsuneo　○審査員長　　　　　　　　　　株式会社建築資料研究社

株式会社建築資料研究社出版部次長。1959年福島県生まれ。1985年早稲田大学第一文学部西洋哲学科卒業。1989年入社以来、現所属で主に出版企画／製作に携わる。共著書に『生命に学ぶ建築』（日本建築学会編、建築資料研究社、2018）がある。編集製作には『伊東豊雄[台中歌劇院]写真集』（畠山直哉著、建築資料研究社、2019年）などがある。本書「トウキョウ建築コレクション」オフィシャルブックの製作は、初回の2007年から手掛けている。

福原弘之　Fukuhara Hiroyuki　　　　　　　　　　　　　　エーアンドエー株式会社

エーアンドエー株式会社カスタマートレーニング部次長。1969年和歌山県生まれ。1996年よりIT業界へ転身し、1999年にエーアンドエー株式会社入社。その後、同社にて約15年間、営業職としてVectorworksの流通の開拓や、その拡販業務を担当。2年ほど新規商品企画担当を経て、2017年より現職。

和田克明　Wada Katsuaki　　　　　　　　　　　　　　　　株式会社大林組

株式会社大林組設計本部人材企画部部長。1968年長野県生まれ。1991年京都工芸繊維大学工芸学部住環境学科卒業。同年株式会社大林組入社。主に教育施設設計（「SHISEIDO BEAUTY ACADEMY」（2006）他にてグッドデザイン賞受賞）、研究施設設計（「大林組技術研究所本館」（2010）他にてBCS賞受賞）に従事。2022年より現職。

綿引友彦　Watabiki Tomohiko　　　　　　　　　　　　　　田島ルーフィング株式会社

田島ルーフィング株式会社営業開発部課長。1967年埼玉県生まれ。1990年日本大学法学部法律学科卒業。同年田島ルーフィング株式会社入社。屋上緑化、広報、企画部門を経て、現在は防水設計に関わる技術提案、著名建築を題材にしたコンストラクションレポートを手掛ける。携わった主なプロジェクトに「緑museum」（NAP）、「陸前高田みんなの家」（乾久美子、平田晃久、藤本壮介）、「シェルターインクルーシブプレイス コバル」（o+h）がある。

ヤマガタストリート
リノベーションプロジェクト

Introduction

東北芸術工科大学　馬場正尊研究室　学生有志

大手門通りすずらん商店街の立ち飲み居酒屋の軒先に設置した拡張スツール

プロジェクト概要

山形の道、主にすずらん商店街を人のために開き、まちで過ごす空間体験を豊かにするために、学生でもできる小さいアクションを積み重ねていくプロジェクトを実施した。

　現在、国土交通省が「ウォーカブル政策」として、歩きたくなるまちづくりを行なっているが、多くの人は道の使い方に慣れておらず、持て余している様子。

そこで可動式のストリートファニチャーを制作し、設置、当事者意識を育むきっかけづくりを行う。

　本プロジェクトは、建築・環境デザイン領域の学生有志19名で活動している。主な活動は、学ぶ、話し合う、資金を集める、つくる、置く、調べるの6つ。道を使うことを日常の風景として馴染ませていくためには、継続していくことに意味があるので、稼ぎながら活動を続けていく仕組みを考えた。

資金を集める——クラウドファンディング

資金集めはクラウドファンディングサイト「CAMPFIRE」で行った。理由は[①行政などに頼らず資金を集め、自走していける力をつけること／②この活動を多くの方に知ってもらうため]である。

　クラウドファンディングは1カ月半行い、約46万円のご支援をいただいた。返礼品には山形の商店街で使えるものも設定し、まちに還元しつつ、プロジェクトとしてもまちのファンを引き込むことを意識。現在は継続のためにウェブサイトやSNSを活用し、ファニチャーの販売や、マルシェへの出店、ストリートファニチャーのレンタル事業などを行い、少しずつ運営資金を稼いでいっている。

つくる——ShopBot

ストリートファニチャーは ShopBotという機械を利用し制作した。ShopBotとは、印刷するように木材を加工できるCNCルーターだ。

　これを使用した理由は、[①建築学生として家具をつくる技術が乏しいこと／②実験まで時間がなかったこと／

クラウドファンディングページ

すずらん商店街配置図

ShopBotでの加工

まちに遊びを追加する2×4ハンモック

拡張スツール　　　レールチェア　　　　クミカエベンチ　　　ハザイテーブル　　　　　2×4ハンモック

制作した5種類のストリートファニチャー

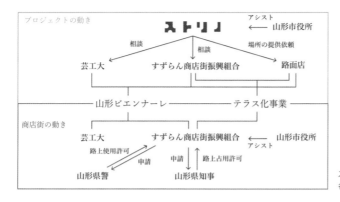

ストリートファニチャーを設置する際の
各種許可や関係構築

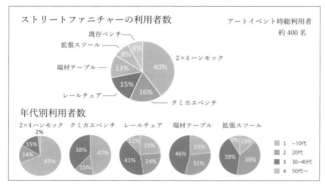

ストリートファニチャーの利用者数グラフ

③今後より普及していくShopBotを使う経験を学部生に共有し、デザイン思考の幅を広げる]の3つである。

まちの様子、ShopBotの特性、楽しめるアイデアの3つを意識し、5つのストリートファニチャーを制作。主に使い方の幅をもったものを制作し、設置の様子を見てブラッシュアップしていく。

置く、調べる

ストリートファニチャーは現時点で山形市内6カ所に設置し、外を楽しむイメージの共有と市民への当事者意識の育成を行っている。

お披露目は「ヤマガタビエンナーレ2022」のなかの「屋根のない美術館」という、商店街を交通規制したアートイベントに合わせて行った。これはまずストリートファニチャーというものと、外を楽しむ経験を市民に共有することを目的としていた。結果として、その他の

場所に設置していると「アートイベントで見たものだ！」と周知されている様子であった。

ストリートファニチャーという簡単な操作かつ、目に触れやすい活動が、歩行者と路面店店主の双方の「外を楽しむ」意識、まちを変える当事者意識の育成に適しているとわかった。

今後の展望

今後はすずらん商店街のみならず、山形市の主要商店街「七日町大通り」への設置や、福島県への展開など、活動の幅を広げる予定がある。またストリートファニチャーは、設置のフィードバックをもとにブラッシュアップし、さらにストリートファニチャーとは別のアプローチで、道路の改変「ストリートリノベーション」の観点からまちの魅力向上につながる活動を模索していく。

子ども連れの拠点的役割を果たすクミカエベンチ

飲食を楽しむ端材テーブル

アート鑑賞のためのレールチェア

書店の軒先に設置したレールチェア

座るだけでなく、外での時間を過ごすためのコンテンツを追加した

東伊豆に新たな「集まる・出会う・訪れる」をつくる2つのプロジェクト

Introduction

芝浦工業大学　空き家改修プロジェクト　稲取設計室

IZU　AGEMONO STANDの様子。温泉街にまた一つ、明かりが灯った

プロジェクト概要

芝浦工業大学の建築学生による有志団体である「空き家改修プロジェクト」。現在 5つの地域で活動しながら、総勢120人を超える学生によって空き家の改修を通じた地域活性化を目指している。そのなかでも 2014年の団体発足当初から活動している稲取設計室は、2022年度の活動として、空き家をまちの魅力を取り入れた飲食店へと改修するヨリドコロプロジェクト、

まちの景色として特徴のある数多くのベンチの新設と修繕を行うイドバタプロジェクト、その他地元高校とのワークショップイベント、これまでに改修したまちの施設を利活用したイベント開催などを行った。

ヨリドコロプロジェクト

ヨリドコロプロジェクトでは、フィールドワークを通じて、「他所から来た学生だからこそ発見できる稲取の

魅力」が多くあると感じた。そしてその魅力を観光客だけでなく、住民にも知ってもらいたいと考えた。

そこで学生を中心にさまざまな人々を巻き込んで、住民や観光客も集まる、まちの拠りどころとなるような店舗づくりを進めていくことで、新たな地域活性化を図った。私たちのように他所から来た人々がまちの日常に入り込むことで起こる、「集まる・出会う・訪れる」の循環をビジョンとしている。店に集まった伊豆の魅力的な食材やお土産と出会った人々が、実際にその場所を訪れるきっかけとなり、その先で発見された魅力がまた店に集まってくるようなデザインを目指した。

イドバタプロジェクト

稲取のまちには至る所にベンチが置かれているが、イドバタプロジェクトでは、住民がベンチに座って休憩

するだけでなく、そこに集まりおしゃべりを楽しむ様子を守り続けることを目指した。まちに点在する既存のベンチは管理者・設置者が不明で、住民は老朽化を認知しながらそのままの状態で放置されていた。そこで、住民と新設ベンチのデザイン・設計・施工の打ち合わせを重ね、さらに既存ベンチの修繕も行うことで、製作過程にも住民を巻き込みながら活動した。

今後の展望

大学生は大人と子どもの間の年齢であるが、多くの地元の人と人をつなげる存在として活動した。今後も学生だからこそできる活動の仕方、住民ではない人がまちに飛び込むからこそ見つけたまちの魅力をより良いかたちで地域に還元し、プロジェクトを通して地域活性化の一役を担うことのできる活動を目指す。

店内小上がりの様子。客席のテーブルもまちにあった座卓2基を分割し、再構築して製作している

イドバタプロジェクト新設ベンチの完成写真。前面のウッドタイルは地元の高校とのワークショップを経て完成した

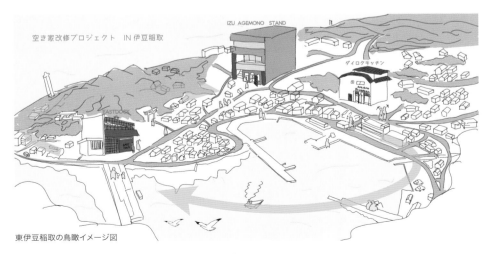

空き家改修プロジェクト　IN 伊豆稲取

IZU AGEMONO STAND

ダイロクキッチン

EASTDOCK

東伊豆稲取の鳥瞰イメージ図

サイト・リノベーション「三茶っ子のウチ」

三軒茶屋におけるサイト・リノベーション

昭和女子大学　杉浦久子研究室

Introduction

学内最奥にある池と庭園の利活用を考え、東屋「光葉庵」に竹と6,000本の割り箸で入れ子状の空間をつくり、この環境に呼応して揺れる内包空間となった（養生完了し、みんなでまったりの図）

プロジェクト概要

杉浦研究室では、場所の利活用を考え、みんなでセルフ・ビルドの公共空間をつくることを「サイト・リノベーション」と称し、2000年頃から各地に交流空間をつくってきた。

　2017年からは、増えすぎた竹による竹害に着目し、竹の利活用を考え、誰でも簡単に設営・加工できハンディな「南京玉すだれ」のシステムを建築に応用してきた。

　2022年は、竹の割り箸という廃棄されてしまう素材を大量に使って「南京玉すだれ」を制作し、さらに小枝や竹の廃材等も用いてアップサイクルし、「南京玉すだれ」の手法を応用した2つの空間をつくった。

八角堂での制作

1つ目は、世田谷区のまちづくり「三茶のミライ」と連携し、三軒茶屋駅に隣接しつつもあまり使用されてい

なかった「八角堂」の形態を活かし、蔦植物の連なる森のような空間を制作、展示・販売空間にした。割り箸約2,000本が重力によってつくり出す自然なアーチの連続体は、歩き回ると空間の見え方が徐々に移り変わる。

光葉庵での制作

2つ目は、学内の池に面する東屋「光葉庵」に合わせて入れ子状の内包空間をつくり、本の物々交換も行える休憩スペースとした。放射状の6,000本の「南京玉すだれ」は建物外周に吊った竹とともに、風に揺らぎ

水面の光を映す空間となった。

竹製の普通の割り箸からつくった「南京玉すだれ」は、黒竹の色に合わせて着色。割り箸に穴を開けて、紐で結ぶという、誰でもつくれる簡単な構造でできている。伸ばしたり、捻ったりすることでさまざまな形に変化し、またコンパクトに収納でき、再利用も可能である。この「南京玉すだれ」のシステムは竹の種類、部材の太さ、長さにより大きなスパンのアーチ状や片持ち、またループによる球体状から今回のような繊細な曲線まで応用可能なものとなる。

竹の割り箸でつくった「南京玉すだれ」によるライン詳細

黒竹をリユースした芯柱から「南京玉すだれ」を一本ずつ差し込みつける

八角堂：照明（販売展示物）を見ながら移動すると空間も変化する

光葉庵：風に揺れる竹の中で古本を読み休憩する

プロジェクト展 出展作品　和田克明賞

割竹を用いた仮設建築物「竹篦舎」を用いた野外演劇公演の上演

放置竹林の解決とシビックプライドの形成を目指して

Introduction

九州大学　末廣香織研究室

竹篦舎の架構写真

プロジェクト概要

全国の里山で問題となっている放置竹林問題。竹は建築資材としても可能性を秘めているにもかかわらず、地域の方々からは厄介者として扱われている。そんな竹の建材としての可能性、竹建築の空間の魅力を伝えるために竹を用いた仮設建築物「竹篦舎―TAKENOYA」を製作した。

　それを舞台ステージ架構として用いて竹林の中で野外演劇公演を行った。

竹林を借景とした演劇鑑賞体験は地域の方々にとって竹の価値を再認識するきっかけとなり、シビックプライドを形成することを目指した。

舞台美術としての架構設計

本架構は演劇作品の舞台美術でもあることから、脚本を読解し演出家の要望を設計に反映した。脚本の内容から、1本では強度に期待できない割竹を多数集めることで全体を成立させ、接合方法としてはそれ

286

それの部材同士が押し合ってつり合うことにより形が固まる「編み込み」を採用した。

割竹を用いた架構

竹材が扱いづらいとされる理由の一つとして、個体差が大きいことが挙げられる。割竹として使用することでばらつきの許容範囲が大きくできる。また、割竹は割られる前の丸竹の径や肉厚、分割数によって大きく強度が異なるため、17本の割竹を使って1つのユニットをつくることで強度のばらつきを平均化した。また、施工性の面からもユニット化したものを現地へ運搬し、現場作業を最小にする計画とした。

摩擦力による編み込み接合

肉厚が薄い竹材はボルト穴やビス穴程度の小さな断面欠損であっても割裂の恐れが大きく、割竹を用いる場合とくにそれが顕著に現れる。そのため、割竹部分にボルトやビスを用いず、竹籠のような編み込みで生じる摩擦力を利用した機構によって固定することで成立可能な架構設計とした。

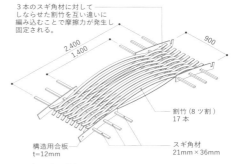

3本のスギ角材に対してしならせた割竹を互い違いに編み込むことで摩擦力が発生し固定される。

2,400
1,400
900

割竹（8ツ割）17本

構造用合板 t＝12mm

スギ角材 21mm×36mm

ユニットアイソメ図

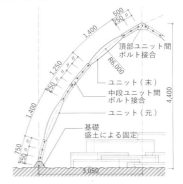

500
250〃
1,400
1,250
250〃
1,400
750〃
250〃
750〃
3,050
R6.000
4,400

頂部ユニット間ボルト接合

ユニット（末）

中段ユニット間ボルト接合

ユニット（元）

基礎盛土による固定

架構断面詳細図

施工風景

演劇公演風景

Cafeteria for the Deaf

On Off 聴覚障害学生による食堂改善プロジェクト

筑波技術大学 On Offプロジェクト

Introduction

食堂窓際にデザインしたカウンター。手話や表情を見やすい160°の凸部をもつ形状とした

プロジェクト概要

聴覚に障害のある学生らが主体となり、大学食堂を心地良い場所に変えるというプロジェクトである。聴覚障害者がマジョリティとなる筑波技術大学内でのコミュニケーション方法は、日本手話、日本語対応手話、声をはじめ多岐にわたる。ただしいずれも、手話や身振り、表情等、3次元空間を必要とする視覚言語を用いる点に特徴を有する。

　そこで、空間の改善にあたり、視覚言語による

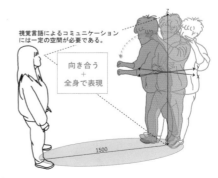

視覚言語によるコミュニケーションには一定の空間が必要である。

向き合う
＋
全身で表現

1500

視覚言語は三次元である

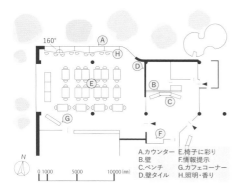

160°

Ⓐ
Ⓗ
Ⓓ
Ⓔ
Ⓑ
Ⓒ
Ⓖ
Ⓕ

N
0 1000   5000   10000 (mm)

A.カウンター　E.椅子に彩り
B.壁　　　　　F.情報提示
C.ベンチ　　　G.カフェコーナー
D.壁タイル　　H.照明・香り

食堂におけるプロジェクト一覧

塗装した壁と角度自在ベンチ

コミュニケーションの向上を目指した。一般に聴覚障害者への配慮として行われる"聞こえにくさの解消"ではなく、聴覚障害者特有の行動様式や感覚を活かす"Deaf Space Design"である。

Deaf Spce Design

具体例を紹介する。1つは、じぐざぐカウンターである。私たち聴覚障害者は、直線のカウンター席でコミュニケーションをとることが難しい。そこで、向き合った状態で視覚言語によるコミュニケーションが容易、かつ凹み部も利用しやすい角度を見出し、カウンターの形状とした。その他、手話や表情、口元を見やすいよう肌の色と補色関係にある色での壁塗装、向き合う角度を利用者が自在に変更できるベンチの製作を行った。

聴覚障害者の感覚を社会に活かす

今後は屋外、そして地域へ展開することを目指している。その第一歩として、食堂前の中庭に、ウッドデッキによる憩いの場を計画している。円形を組み合わせることで、新たな循環と滞留を生み出すこと、また過ごし方を選択できること、さらに一部を移動可能とすることで、キャンパス内へ増殖することを目論んでいる。

これら聴覚障害者の視点から生まれた"視覚言語を活かす空間デザイン"は、聴力が低下する高齢者や、聴覚言語を不得手とする発話障害・言語障害者等にも有効であると考えている。今後はこのプロジェクトを通して、聞こえ方、コミュニケーション手段の多様性を認識してもらうとともに、多様な方法で情報にアクセス可能な空間デザインとして、社会へ発信していくことが、私たちの重要なミッションであると考えている。

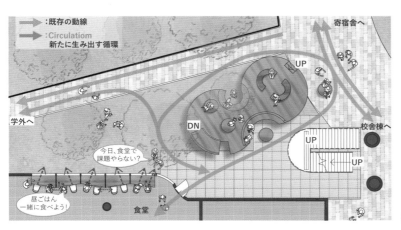

→ :既存の動線
→ :Circulatiom
新たに生み出す循環

寄宿舎へ

学外へ

UP
DN
UP
UP

校舎棟へ

今日、食堂で
課題やらない?

昼ごはん
一緒に食べよう!

食堂

屋外空間の動線計画

せとうちの瀬戸際けんちく、船の体育館展の裏側

武蔵野大学　田中正史研究室

「今ある建築をどのように保存し未来に残していくか」「誰もがずっと使用し続けることのできる建築とは何か」を問い、「せとうちの瀬戸際けんちく、船の体育館展」(以下、展覧会)の企画、運営を学生主体で行った活動の紹介である。

　展覧会は、2022年8月16日-21日に高松市美術館で開催された。「船の体育館」とは1964年に建築家の丹下健三氏(1913-2005)により設計された旧香川県立体育館のことを指す。外観のデザインが船の形に似ていることから「船の体育館」と呼ばれ、市民の憩いの場として愛され続けてきた。しかし2014年に老朽化のため閉館が決まり、現在も保存や再活用の見通しは立たないままで存続の危機にある。

　本プロジェクトでは、展覧会における展示品の制作から設営に至る経緯の紹介、体育館の存続活動を行っている「一般社団法人 船の体育館再生の会」による保存活動やリアルな市民の声を集めることができた。

[写真(p.290)：中島悠二]

3Dプリンターによる構造模型

展覧会の設営風景

建築を育てる
Cultivating Architecture

慶應義塾大学　松川昌平研究室

慶應義塾大学松川昌平研究室では、発足から10年を経て、「植物を育てるように建築を育てる」というテーマで10個の建築を建ててきた。この一連の建築は、建築を単位機能空間の集合として捉え、空間同士の関係性を自動記述するトポロジカル・グリッドと呼ばれるシステムを活用してつくられている。ORF（Open Research Forum）の会場構成で初めて建築として立ち上がった後、使用した木材は解体と再構築を繰り返し、さまざまな規模、用途、場所に異なる建築として転用される。なかでも過去5年間の建築は、設計だけでなく施工も学生が行い、研究室のなかで脈々と技術継承が行われている。このように10年間かけてつくられた10の建築は、トポロジカル・グリッドという共通の遺伝子をもち、解体と再構築を繰り返しながら新陳代謝する全体として、

一つの建築といえる。大学という持続的な社会システムと連携し、教員と学生が動力となってこれからも私たちは建築を育てていくつもりである。

「βストレージ」(2021) 大学の授業として施工プロセスを実施

「森の喫煙所」(2020) 基礎の打設、外構も含めて学生のセルフビルド

「森のテラス」(2022) ブランコやハンモックなどの建築の成長が見られる

道をとおす
厚木市緑ヶ丘団地「ミドラボ」における社会実験「オープンストリート」構想

東京工芸大学　田村裕希研究室／ミドラボ

Introduction

神奈川県住宅供給公社と東京工芸大学の連携協定プロジェクト「ミドラボ」として、厚木市緑ヶ丘団地に道をとおすオープンストリート構想に取り組んでいる。途中で断絶している歩道を団地集会所まで延伸させる本構想は、現在関係各所との調整の途上にある。徐々に周囲の認知を得ながら前進してきた現在までの取り組みをドキュメントとしてまとめた。

　チームでは「多義的再解釈」をコンセプトに団地内に点在する工作物の実施設計に取り組んでおり、2021年度にはプレイロットのフェンス支柱をテーマにしたルーフプロジェクト、2022年度には社会実験「オープンストリート」を行い、近隣住民による道の試し歩きとその反応のアンケート回収を行った。

　そして現在、2023年度に向けて集会所の庭の拡張や垣根の減築、多義的フォリーとしてのリングベンチの設置を予定している。

　本プロジェクトは縮減する時代の団地アメニティ向上を目指した、ゆるく成長するマスタープランである。

［写真（p.292）：高橋菜生］

（上）右端の歩道の断絶点から、左端の集会場までゆるくつなぐ
（下）一緒に歩きながらアテンドしアンケートを行う

フェンスを一部取り払い、横断歩道を描くことでオープンストリートを再現した

長野インスタレーション2022

工学院大学　西森陸雄研究室

長野県長野市・善光寺を中心としたエリアを光で彩るイベント「善光寺 表参道イルミネーション」。2022年のテーマは「平和の光」。長野駅から善光寺までの全長約1.8kmにわたる善光寺表参道の並木道をイルミネーションで彩り、本堂、山門、放生池、仲見世通りで光と音のインスタレーションを行った。

西森研究室では善光寺構内にある放生池のインスタレーション設計、施工を担当し、プロジェクトのテーマを「冬の風景と平和への飛躍」とした。雪国である長野県の寒さは厳しく、とくに長野市を含む北部は氷点下まで気温が下がる場所もある。そんな厳しい寒さだからこそ感じることのできる冬の力強さは圧巻であり、魅力の一つだと考えた。水面で冬の風景を表現し、全体のテーマである平和をイメージして一筋の光と紙飛行機が飛躍していく姿を表現。

現地での設置は2日間で行われた。学校での作業も含め約3カ月の間、8名のメンバーと協力しながら進行し、教授などの協力もあり完成することができた。

（上）池の中に入り位置を確認、設置した
（下）高さやバランスを確認しながら取り付け

ライトの演出を工夫。時間によってライトアップが変化し楽しめるように演出

3090 PROJECT
同一規格木材による場づくりの実践

岡山県立大学　畠和宏研究室

Introduction

当研究室では、30mm× 30mmおよび 30mm× 90mmの2種類の木材（3090材）を活用したさまざまな場づくりを展開している。部材を限定することでデザイン統一を図りながら、余材を別の什器や他のプロジェクトに転用していくことによって、効率的かつ継続的な木材利用を可能にする。材料保管から端材活用に至るまでトータルにデザインすることを目指す他、プロジェクトに応じて常設／仮設のデザインを使い分け、ときには併用しながら最適解を導いていく。2021年から 2022年にかけては、旧幼稚園舎のリノベーション、仮設什器システムによる商店街活性化、建設会社のオフィスリニューアル、子育て支援拠点の整備から駅の改札前空間に至るまで、多種多様な場づくりに取り組んできた。研究室が関わるさまざまなプロジェクトが3090材の活用によってシームレスにつながり、たくさんの人を巻き込みながら地域に広がっていくことを期待しつつ、今後も活動を継続していく。

（上）旧幼稚園舎のリノベーションプロジェクト
（下）端材を活用した積み木

組み替え可能な仮設什器システムを
活用した商店街の休憩スペース

DOCOMOMO Japan展覧会に向けた模型制作
鉄道開業150周年記念

工学院大学　大内田史郎研究室

当研究室では、モダニズム建築や駅舎を主な対象として、それらの保存や活用を研究テーマとしている。2022年は日本に初めて鉄道が開業してから150周年にあたる記念の年であったことから、DOCOMOMO Japanにより「日本におけるモダン・ムーブメントの建築」に選定されている兵庫駅（1930）、白石駅（1959）、新大阪駅（1964）という 3つの駅舎の模型を制作した。なかでも白石駅は選定プレートの贈呈式にて模型写真のパネルも寄贈し、2023年2月には選定プレートが実際に駅舎の外壁に設置され、モダニズム建築の歴史的・文化的な価値を社会に示し、社会貢献にもつながった。

　模型制作にあたっては、貸与された図面から情報を読み取り、再び模型用の図面を作成したうえで模型を制作するという一連のプロセスや、どの程度まで模型上で表現するのかという難しさを体感しながら、建築を読解する力を養い、さらにはモダニズム建築の特徴を肌で理解することができた。

白石駅の模型制作の様子。実測調査による図面や現地の写真を照らし合わせながら制作した

白石駅の模型写真。
選定プレートの贈呈式に
パネルを寄贈した

X4DESIGN実行委員会
建築専攻／インテリアデザイン専攻展

大同大学　X4DESIGN実行委員会

Introduction

私たちは大同大学"X4（クロスフォー）DESIGN
専攻リレー展示"に参加する4専攻のうち、建築学科
建築専攻／インテリアデザイン専攻の有志の学生
による企画・展示などを主体に行う団体である。
X4DESIGNとしては今年度で9年目を迎え、約10名の
学生たちが、より良い優秀作品展・卒業研究展と
なるように日々活動を続けている。展示会のための
ポスターデザインは学生たちで行っており、展示会
ごとにテーマを話し合い、デザインを作成している。
展示会では、来場者から作品の感想を集め、出展者
へ還元する「コメントカード企画」を開催しており、
出展したことによるフィードバックを学生が得られる
ようにしている。展示会の他にも展示計画を学ぶため
の美術館見学会や旧校舎のギャラリー化計画、大学祭
でのインスタレーション作品の制作、建築模型を制
作するスタジオの空間整備としての収納棚の制作
など、展示会だけでなく大学の空間づくりまで幅広く
行っている。

搬入日に撮影した、X4メンバーと手伝いにきてもらった3-4年生
との集合写真

2023年3月2日から6日にかけて、
栄のナディアパークで開催された
卒業研究展の展示風景

透照庵プロジェクト

大阪公立大学　大学院学生有志

大阪府泉北ニュータウンにて、地域のハロウィンイベントに向けて組立・可動式パビリオン「透照庵（すけてるあん）」を製作した。地域との交流を重ねるうち、子どものためを想う活動が地域を巻き込む大きな力となっていることを発見し、子どもたちが将来帰ってきたくなる記憶づくりをテーマとした。画一的なニュータウンの風景のなかに隠れた小さな個性を見つけてもらう体験により、地域への愛着形成を目指す。プラスチックダンボールのフルート面による透けを利用し、見つけてほしい風景の個性に合わせて壁の透け方を操作する。2畳空間に詰め込まれた 7つの視点場は、立ち位置・アイレベル・見上げ角度が揃うときにだけ見え、ブロックを媒介して子どもの意識はまちの風景へと誘導される。分解・運搬を可能とするブロック構造は、設置場所の風景に沿ったブロック組み替え

をも可能とし、あらゆる場所で環境を取り込んだ空間を展開できる。今後は透照庵の広域な展開を通して、ニュータウンの可能性を考え続けたい。

透ける方向を操作した開口部

透照庵と視点場を探す
子どもたち

「近江八幡百人百景」展示空間デザイン
Figure/Ground+Circulation/Stock

滋賀県立大学　金子尚志研究室

本企画は、滋賀県近江八幡市旧市街地を被写体とし、"百人の参加者" がフィルムカメラ「写ルンです」を使用して撮影した計 2,700 枚の写真＝"百人の景" を記録する展覧会の設計および設営を実施したプロジェクトである。会場は近江八幡市内に W.M.ヴォーリズが設計した「教育会館（1931）」を対象として実施した。展示空間は、イベントテントのフレームを用いた入れ子状の空間を新たに挿入することで、質の異なる2つの空間における「図と地の反転関係」を構築し、観覧者にそれらの往復体験を提供した。展示に必要な部材は、ストック資材の活用と再利用可能な部材の利用により廃棄物を削減することでサスティナブルな社会における展示空間・展示方法の新たな試みとして提案した。また、展示空間の設営は、高校生と大学生が連携するワークショップを交えながら、5日間、計 24 名の学生による自主施工により設営した。

（上）「百人百景」100人のベストショット（一部抜粋）
（下）入れ子の内部

展示空間の全景

漫画『理想的ヴィラの数学』

明治大学　青井哲人研究室

漫画『理想的ヴィラの数学』は、1947年にコーリン・ロウが発表した論文"The Mathematics of the Ideal Villa"を漫画化するプロジェクトである。漫画でいうところのネーム、つまり脚本を制作した。

　論文の解説は 1952年のテレビ番組のパートで、解釈は現代の学生のパートで展開される。漫画の物語・キャラ設定は、論文がもともと備える構造に加えるかたちでレイヤ状に構成した。一つひとつの単語の吟味から論考の置かれた時代的な文脈まで丁寧にリサーチし、独自の登場人物や脚本を通して論文の理解を深める解説をするとともに、さらにかみくだいた解釈を提示している。

　「形で建築を考えること」「等価に世界を見ること」という新しく設定した2つの主題を通して難解な論文を柔らかくほどき、異なるメディア形式へアダプテーション（翻案）することで現代への接続を試みた。

（上）原著と出力した見本誌
（下2点）漫画『理想的ヴィラの数学』サンプルページ

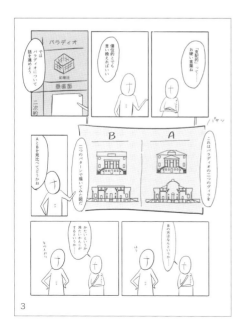

地方大学における総合的な地域資料の
展示公開モデルの構築

Introduction

東北大学　五十嵐太郎研究室

当初は考古学の研究者からの、大学が所蔵する縄文土器を使い、自由に展示デザインをしないか、という誘いから始まった。プロジェクトを進めるなかで、学術資料をただ並べるのではなく、現代美術を組み合わせつつ、展示空間をデザインすることに手応えを感じ（「先史のかたち」展や「模型世界」展）、その後、科研のプロジェクトに発展した。イギリスでは主に大学博物館を調査した他（その成果は書籍『ビルディングタイプ学入門』などで発表）、国内外の注目すべき展示施設をまわり、さまざまな分野の専門家によるレクチャーと意見交換を行い、実践として展覧会も企画した。「宛先のない作用」展（2020）では、学術資料を取材した仙台藝術舎creekの受講生とコラボレーションを行い、山形ビエンナーレ 2022では、文翔館という会場の特性に注目した展示を企画。「トランス・コネクション」展（2022）では特殊な什器を提案した2組の建築家と協働した。知を編集し、キュレーションする展示空間は、建築的な能力が求められる可能性の場になるだろう。なお、展示や調査に関連して、本やカタログも制作している。

「宛先のない作用」展の展示パネル

山形ビエンナーレ2022の
展示パネル

紀美野町そらのまプロジェクト

大阪公立大学　小池志保子研究室

大阪公立大学と和歌山県海草郡紀美野町で行ってきた援農活動の拠点づくりの一環として、DIYでセミナールームをつくる古民家改修プロジェクトである。2018年から始まり、2022年12月に完成した。古民家探しやDIYの技術指導、材料や宿泊場所の提供を紀美野町の方々にご協力いただき、学生たちと地元の方々が相互に関わり合いながら改修が行われた。

古民家「そらのま」の床仕上げには隣接する和紙工房から譲っていただいた手漉き和紙を使用している。自然素材である水とでんぷんのりを用いて9層に貼り重ね、仕上げ材の強度を保ちつつ、しっとりした肌触りになった。和紙の配置をランダムにすることで光をさまざまな方向に反射させ、色と模様に変化をつける工夫も行った。さらに床下に間接照明を入れ、窓から風景を取り込むことで浮遊感を感じる幻想的な空間が完成した。

今後は主に和紙工房のサテライトとして使用される他、来年度以降も学生が月に1度ほど訪れ、壁の仕上げや家具製作を行う予定である。

ランダムに床に張り付けた和紙。
すべて同じ素材だが、光の当たり具合によって違う色に見えている

古民家「そらのま」の全景。
広い前庭と一体になった使い方ができるように改修した

プロジェクト展
公開審査

審査員：
種橋恒夫（審査員長）／和田克明／福原弘之／綿引友彦

割竹を用いた仮設建築物「竹篋舎」を用いた野外演劇公演の上演 (p.286)

綿引：つくられていた竹の構造体は大きなスケールのものもできるのでしょうか？

発表者：今回は運搬が前提だったので、軽トラックで運べるサイズで設計しています。竹を長くして、より大きなユニットをつくることも可能です。

福原：演劇公演の場所ということですが、まちの誇りとなる部分を表現するには、もっと大きい規模の建物を想像しました。これが今後どのように展開されることを想定していますか？

発表者：規模を大きくするというよりは、たとえば今回のようなプロジェクトを毎年同じ時期に地域内に点在させていくようなかたちが理想だと考えています。竹を継続的に使うことで、年を重ねるごとに竹林が整備されていくことを理想としています。

和田：この構造体の形がどのように決まっていったのか、プロセスをもう少し教えてもらえますか。

発表者：最初は半円アーチの形状も考えましたが、接合部にモーメントがかかってしまい、モックアップの段階でうまく成立しませんでした。竹がどのぐらい強度をもつか実験値からは想像できなかったので、実際に触って試しながらつくるうちに、尖頭アーチのような形状に至りました。

種橋：演劇制作と同時進行で行われたところが面白いですね。それゆえにこれだけで評価するのは難しい。上演のなかでこそ、正当に評価できるでしょう。

建築を育てる
Cultivating Architecture
(p.291)

種橋：トポロジカルグリッドというのは、つまると

ころ空間構成原理の一つということでしょうか。

発表者：たとえば一つの建築物を、リビング・ダイニングなどの単位機能空間に分割して、別々の機能の空間がつながっている／離れているといった関係性を表します。さまざまな空間配置の仕方があると思いますが、アルゴリズムで数万パターンを列挙したうえで、そのときの用途や規模に合わせて一つの組み合わせを示すことができるシステムです。

綿引：垂直方向は伸びないけれど、水平方向はアルゴリズムの展開によって無限に伸びるということですか。基礎や地盤面の養生はどうしていますか？

発表者：喫煙所に関しては、基礎の打設も配筋もすべて学生で行いました。敷地は林の中で高低差もあるので、3Dスキャンを行って、木の位置と高低差を全部算出し、レーザーで距離を取って、ボイド管を設置して、コンクリを流し入れて打設する工程まで行っています。独立基礎で建っているものもありますが、その前の段階はすべてセルフビルドです。

道をとおす (p.292)

和田：何気ないフェンスが、実はさまざまな行為を規定しているのではないかということに着眼し、それを解体しようと考えたプロセスを興味深く感じました。地域の人と対話するなかで、自分たちの試みがうまくいったと実感をもつことはできましたか？

発表者：建築を考える側は簡単にこうだろうと思ってしまって、実は現場の人たちにとって幸せではないことを提案しているケースも往々にしてあるので、初めは危機感もありました。地域の方にアンケートをしたところ、団地の奥の住民は、団地がフェンスで囲われていることで公園で遊びづらい雰囲気があると感じていました。自分たちと問題意識が一致して、あらためて取り組む意義を感じました。

種橋：建設当時は子どもの遊び場だから道に面しているところにフェンスを設置していたけれども、子どもの数も減って、道を通すことで公園自体の用途も変化することを視野に入れたプロジェクトだと思います。団地における高齢化に対して何かアプローチがあれば、教えてください。

発表者：社会的にも団地は減少傾向にあり、60年の歴史があるこの団地も例外ではなく、年々縮減して一部は新興住宅地に置き換わっています。団地の中央を貫く道は皆さんが使う重要な道なので、団地に住む高齢の人々も支えつつ、その奥の住宅地に新しく住み始めた若い住民も考慮した設計を考えています。

綿引：冒頭のロープのプロジェクトは造形的に面白いですね。どんなことを行ったのですか？

発表者：フェンスがプレイロットを囲んでいて遊びづらい一方で、取りはらうと子どもたちが遊ぶときに危ないので、透明な境界をつくろうと考え、フェンスを取ったときに残る支柱と団地の屋上を

ロープで結んで、透明な屋根をかけました。しかし常設するには支柱を新築して団地の上に相当頑丈な柵を新設する必要が出てきてしまい、コスト的にも実現しませんでした。道をつくるアイデアはこの件を経て、もう一度フェンスの解釈を変えることで生まれました。

長野インスタレーション2022
(p.293)

福原：バルーンを配置する際のデザイン的な意図やパターン、場の特有性はありますか？

発表者：配置パターンは遠くから確認したときに偏りがないようにバランスを見て配置し、大雪が降る地域なので雪景色に一番映える形を目指しました。

和田：写真で見るとわかりませんでしたが、映像で見ると、光が明滅するのですね。

種橋：この場所で実施することになった経緯は？

発表者：別の研究室の先生が長野市のデザインウィークの一環で小学生に向けたイルミネーション教室をしており、そのときに池の空間が空いているからと研究室に声をかけていただきました。2023も招待されており、後輩の代が受け継いでいきます。

3090 PROJECT (p.294)

和田：木材の展開の仕方のバリエーションに興味をもちました。間伐材を使っているとのことでしたが、展開方法のみならず木の出生や朽ちて解体していくまでといったサーキュラーシステムが取り込まれると、より意義深いものになるのではないでしょうか。

発表者：基本的に捨てる材はなく、端材は積み木や壁面装飾に、大きな材は次のプロジェクトに、というように全体がシームレスにつながるようにしています。

福原：どこかが壊れたといったときの応急処置やメンテナンスも想定されているのでしょうか？

発表者：常設家具は順番にビスで止めるだけの仕様になっているので、部材単位で交換可能です。

綿引：では組み立ての手順書があれば、プロじゃなくてもできる仕組みですね。

福原：確かに、商店街のおじいちゃんおばあちゃんがメンテナンスできるのはいいですね。

発表者：小さな研究室なので、学生だけで、あるいは1日だけ手伝いに来てくれた人でもできるシステムをずっと考えてきました。オフィスのプロジェクトは社員さんと一緒につくったり、子育て支援施設では一回り小さい子どもスケールでつくったり、模型にして子どもたちと遊んでみようだとか、今はいろいろな展開を試している段階です。

綿引：大きい積み木みたいなものですね。

発表者：まさに最初はおもちゃから発想を得ました。家具のスケールからフレームまでつくることができるので、今後は建築の部分にも組み込んでいけたらと考えています。

DOCOMOMO Japan
展覧会に向けた模型制作(p.295)

和田：よくつくりましたね。古い図面を見て、ここまで形にしていくなかで、いろいろな発見があったのではないでしょうか。ご自身で一番心を動かされた、あるいは苦労したのはどんなところですか？

発表者：ファサードの表現に苦労しました。ここに至るまでにさまざまな素材や材料で試しにつくって、表現として納得いくまで試行錯誤を重ねました。

綿引：どれくらい現地調査をしたのですか？

発表者：実は制作したメンバーは現地には行っていません。研究室に配属される前に大学院生の先輩が夏休みを利用して現地の調査へ行き、そのときの写真をもとに制作したので、実際に見ていないことも制作の難しさにつながっています。

種橋：プロジェクト展は大学生が自分の研究に取り組むなかで、どうやって社会と接点をもつかということも大事なテーマです。模型づくりは一般

市民の人たちにも建築を身近に感じさせる効果が
あります。あらためてその力を感じました。

ヤマガタストリート
リノベーションプロジェクト
(p.278)

和田：テラス化事業について教えてください。

発表者：山形市がウォーカブル推進都市に加盟して、
商店街と協力し、軒先80cm間の路上使用許可、
道路占用許可を一括で申請して、そこにお店の人
が各々家具を置けるという試みです。

綿引：それを誘引するためにファニチャーを使う
のはどうかという提案ですか？

発表者：そうです。白線が引いてあるのですが、
何も置かれていない、もしくは自転車置き場にされて
いるケースが多く、うまく活用するためにどうにか
できないかとストリートファニチャーを制作して、
これを使ってみませんかとお店の方に提案しました。
約1カ月半貸し出して、使われているところを観察し、
さらなるブラッシュアップにつなげていきました。

和田：クラウドファンディングから始めて、デザ
インを含めた活動を継続できるシステムをつくら
れていると、非常に感心しました。まちの人の行
動に変容はありましたか？

発表者：外に置くと、目新しさで使ってみる人も敬
遠する人もいて、さまざまな使い方が見られました。

福原：設置した店舗の方も参加されてデザインの
構想をつくっているのですか？

発表者：現時点では、まだそこまでは至っておらず、
今回はすずらん商店街を街歩きしたり、山形で活
動している建築家にお話を聞いて、自分たちでデザ
インしていきました。今後はお店ごとのストリート
ファニチャーを制作していきたいと考えています。

種橋：リサーチの結果をどう捉えて、これからど
のように展開していこうと思っていますか？

発表者：アートイベントのときにはハンモックが

人気で、昨年山形市で社会実験を行った際には卓
球が人気だったことから、まちに対して遊びのよう
なアクティビティを求めている印象を強く受け
ました。遊びというのは日常的な風景に馴染ませ
ていく必要があると私は考えているので、子ど
もの意見よりも大人の意見を参考にしています。
リサーチから、お年寄りや家族連れがどういった
ストリートファニチャーを多く利用しているか、
という数値も得られました。

サイト・リノベーション
「三茶っ子のウチ」(p.284)

綿引：同じ規格の割り箸を集めないと成立しない
ように思いますが。どうやって集めたのですか？

発表者：三軒茶屋周辺には飲食店がたくさんある
ので、当初は廃棄されてしまう割り箸の利活用を考
えていたのですが、新型コロナウイルス禍というこ
ともあり、衛生面の問題から地元で購入しました。

種橋：場所はどのように選定したのですか？

発表者：研究室では、元々ある場所に手を加えるこ
とでその価値を再発見することをテーマにしてい
ます。1つ目のプロジェクトである三軒茶屋駅前の
八角堂は、さまざまな事情からほとんど使用されて
いない空き空間で、行政も活用に困っていました。
そこで状況の許す範囲で最大限の提案をしました。

和田：実際にこういった装置を置くことによって、
どのような変化があったのでしょうか？

発表者：光葉庵は文化祭での企画でした。大学内で
最奥にあり、人もあまり来ないような東屋でしたが、
今回わざわざ足を運んで下さる方もいました。
ずっと常設化した方がいいとおっしゃる方もいて、
空間をより良く変化でき皆さまに気に入っていた
だけて嬉しかったです。

種橋：単純な原理から、変化に富んだものを展開
する、ミニマリズムのアートといえるのではない
でしょうか。美しいですね。

福原：そこからデザインとして大きなスケールへと見事に転換していますね。動画では風が吹いて涼しげで、印象深いデザインです。

和田：竹や南京玉すだれなど、素材の特性を活かした形に行き着くまで、どのような過程がありましたか？

発表者：まず八角堂では、人が動くような空間を考えていたので、玉すだれを伸ばしたときの線の部分をどのように立体的な空間にするかを考えました。縦型にアーチをつくることで、その間を人が通れるようにしたり、一方で光葉庵では佇む空間として、南京玉すだれの曲線を使いつつ、中の人が動くというよりもその中に入って籠り、佇めるような空間になるようにデザインを考えました。

X4DESIGN 実行委員会
建築専攻/インテリアデザイン
専攻展 (p.296)

和田：この作品展や研究展は、学外の地域の人たちも見に来るような機会になっているのでしょうか？

発表者：県外からも来ていただいています。

種橋：とはいえ、内容としては学内のイベントや展示だと思うのですが。学外の人に向けて波及していくような内容を含む他の提案と比べて、イン

パクトがやや弱い印象です。

発表者：自分たちで展示内容を決めているわけではなく、大学側からこの内容でやってくださいと依頼を受けて、有志で人を集めて企画と運営を工夫する形式なので、主に大学のためのものになります。

綿引：有志でやる理由は何ですか？

発表者：当初は学校側も元々ある学内の団体に依頼していたそうですが、その組織は企画的な工夫もなく展示会を淡々とこなすだけになっていたこと、また年2回というハイペースな実施サイクルも影響して、2018年から現在のような有志での活動になりました。コメントカード企画では、外部の来場者の方に主に参加していただいています。現在は常設イベントをつくれるぐらい学校にも影響を与えられる団体に成長しました。

福原：この先も後輩に引き継がれていくのですね。

透照庵プロジェクト (p.297)

和田：こちらも他と同様、素材の特性や強度から、形を決めていくタイプのプロジェクトでしたが、そのプロセスを教えてください。

発表者：屋外に置くことが前提だったので、防水性のあるもので、解体ができて、パーツ化するというところまでは決まっていたのですが、やり方によっては

平凡になってしまうので議論になりました。プラスチック段ボールを使う発想は、初めは思いつきでしたが、実際に自分たちでホームセンターに行って素材を触りながら試すうちに、断面方向が使えるのではないかというアイデアが出てきました。

種橋：一見、団地の課題とはストレートに結びつかないような気もしますが、これはこれで美しくて面白い。子どもたちがのぞくことで感覚を刺激する。

発表者：ニュータウンの課題は、公的な空間と私的な空間の境目がはっきりと分かれているところにあると考えています。学校や家以外での子どものサードプレイス的な居場所が少ないので、今回は仮設的なものでしたが、境目を曖昧にして機能を付加することで、地元の愛着につながるようなきっかけづくりができないか、チーム内で話し合いました。

綿引：何日間ぐらい設置したのですか？

発表者：1日のみです。

和田：素材の特性上、期限的にもあまり長く置けないのでしょうが、1日は短かすぎます。記憶という言葉が出てきたように、たとえばそれが毎日あるとか、あるいは週単位で多少形を変えながら置かれているとか、もう少し時間のことも考えて設置方法やイベントを考えると、変わってくる気がします。

福原：色のパターンを増やすことで、まちを彩って人が集まるような雰囲気づくりもできますね。防炎や消防法のこともあるにせよ、和田さんが指摘されたように、せめて1週間は昼夜人の目に留まるようにして、このプロジェクト自体を新しいまちづくりの提案として進めるのが良いのではないでしょうか。

「近江八幡百人百景」展示空間デザイン (p.298)

種橋：「写ルンです」を使ったのはなぜですか？

発表者：プロアマ関係なく全員が同じ条件で写真を撮れるからです。

綿引：「写ルンです」って使い切ったら捨ててしまいます。それをあえて廃棄物なしで再生するプロジェクトの組み立てのなかに入れたことには、何かロジックがあるのですか？

発表者：現像する際に回収され一部はリサイクルされるという点が廃棄物を少なくしようとしたきっかけでした。今ではこれそのものが珍しいので、それを含めて参加していただけることが多かったです。

福原：入れ子状になっている部分の切れ目によって、違う空間を認識させているのでしょうか？

発表者：元々の用途は講堂ですが、現在は吹奏楽部などの部活動で使用されており、会期中も部活で使うということで、シートによって展示空間と部活をする場所のゾーニングも兼ねています。

和田：企画のあり方は非常に面白いなと思いました。実際、どのくらいの人が見に来て、どういった変容があったかも含めて教えていただけますか。

発表者：1日あたりは十数名と少ないのですが、1カ月の会期中に交流会やイベントを実施し、そちらには一度に100名程集まりました。参加者からは「写ルンです」というレトロなものを使った手仕事感が残るような雰囲気と、学生が自分たちでつくり上げたことへの親和性が評価されました。

Cafeteria for the Deaf (p.288)

綿引：コミュニケーションが活性化する机の角度を発見するまでどれくらいスタディしたのですか？

発表者：食堂で実際にスチレンボードを使って、モックアップを5パターンほど作成し、そのなかでも一番手話をしやすい角度が160度でした。当初は円形を考えていましたが、実際使うと角のほうが自然と対面しやすいことがわかりました。

福原：壁の背景の話ですが、一番手話や口元がわかりやすいのが緑色なのですか？

発表者：アメリカのGallaudet大学という聴覚障害者のための大学が示しているDeaf Space Designのガイドラインにおいて、人の肌の補色が手話の

視認性を向上させるものとして推奨されています。筑波技術大学でもそのような検証をしており、これらの成果を活かしたデザインを考えています。

和田：バリアフリーからインクルーシブへ、デザインの視点も変化しています。さまざまな検証を経て、実際にこのような形に置き換えられているという過程が非常に重要ですし、感心しました。

種橋：いろいろな学科の学生さんと一緒に協働しているということですが、それをリードしているのは建築を学んでいる学生なのでしょうか？

発表者：はい、建築の学生がリードしています。

種橋：やはり建築を学んだ人がこういうプロジェクトをリードしていくことが、本来の姿であり建築の役割だなとあらためて思いました。

漫画 『理想的ヴィラの数学』
(p.299)

種橋：二次的な翻案かと思いきや、もう少し複雑なのですね。

発表者：原著の翻訳が少し読みづらいのと、作者であるコーリン・ロウの書き口も難しいため、ただ漫画にするだけではなくて、わかりやすく提示するとともに、私たちがそれを読んでどう解釈したかを示すために時代を分けています。たとえば、

原著をわかりやすく解説する部分に関してはテレビ番組のなかで話が展開していくようにし、私たちの解釈の部分はそれを見ている現代パートというかたちにして、レイヤ状に話を構成しています。

種橋：手が込んでいるうえに、非常に知的な作業をしていますね。

綿引：難しい原著を建築的に紐解いて、漫画というアウトプットに落とし込むというアイデアは素晴らしいと思います。これは建築を理解するためにこういう作業をしたいと思っているのか、それとも自分たちで建築をつくる過程の一部なのか、動機を教えてください。

発表者：私たちは建築史・建築論の研究室なのですが、歴史は過去のものではなくて、現代・未来にも役立てていけると考えています。なので、わかりやすく提示することで、それを現代の建築にどう使うことができるかを含めて意識しています。今回の場合は、世界を等価に見ることと、建築を形で見るフォルマリズムの概念を提示しています。このフォルマリズムは、日本が西洋に比べて弱い分野なので、この漫画で紐解くことによって議論のきっかけにしてもらいたいという思いが根本にあります。

和田：建築に関わるメディアのあり方はさまざまありますが、たとえば雑誌の『Casa BRUTUS』は、かつてのアカデミズムから読者層をも変えて、建築

界に大きな影響を与えました。こちらも読み方の新たなエンターテインメント性と同時に、今後のあり方を変えていけるような可能性を感じました。

地方大学における 総合的な地域資料の 展示公開モデルの構築(p.300)

種橋：展示も結局のところ編集作業ですよね。今ある文脈から外して、組み替えて、新たな意味を見い出す。先程のコーリン・ロウの翻案プロジェクトと同じ研究室かと思いました(笑)。

綿引：地域にあるものと現代アートって融合性があるのか疑問に思ってしまうのですが、一緒に展示することで化学反応はありましたか？

発表者：たとえば、一般的な土器の展示だと、それがつくられた文脈や歴史を時代ごとに辿っていくようなものになると思いますが、「宛先のない作用」展では、大学の所蔵する土器を3Dプリンタで複製し、複製に失敗したものもあえて展示することで、成功したものと失敗したものそれぞれにある形の面白さを表現できたと思います。「先史のかたち」展では、土器を形で分類し、形のグラデーショナルな差異とそのなかにある共通性を表現していくような展示になりました。

福原：展示は誰にどんなふうに届いたでしょうか？

発表者：山形ビエンナーレ2022では、細部を詳細に分析して、新たな発見が多々あったので、文翔館で働いている人も驚きがあったようでした。普段訪れている人たちに向けても新たな見方を提示できたのではないかと思います。

紀美野町そらのまプロジェクト (p.301)

和田：地域の人との関わり方をもう少し詳しく教

えていただけますか？

発表者：まずプロジェクトをつくるにあたり、家探しや材料の提供、工事などをすべて地域の方にお願いしています。それに対する還元として、スペースにご招待してかまどで食事会をしたり、地域の方が営むお店に学生がお客として通ったり、地元の名産をアピールする看板を制作したりしています。地域の方からこういうことをやってほしいと依頼されることも、こちらから提案することもあります。

綿引：和紙の床で、さらに9層も重なっているというのはすごいですね。

発表者：最初は隣の和紙工房の方から和紙床を提案いただきました。韓国のオンドルや日本でも昔は使われていたそうです。大学の関係者に壁や天井の素材として和紙を扱う建築家がいたので、相談して和紙の床をつくりました。刷毛で水を引き、でんぷん糊を塗って乾かすシンプルな工程で、手触りが毛羽立たないようにコーティングとして、水を弾くオスモカラーを上に塗っています。

福原：普段はどんな使い方をされているのですか？

発表者：今は隣の和紙工房が手すき和紙の体験をやっていて、サテライトのように使ったり、週末には月に1回程度学生が援農で訪れたりバーベキューをして遊んだりしています。

福原：地域の人が有効に使えて、すでにまちに溶け込んだ状態になっているのですね。

発表者：これからもっと使っていただけるようにさらに企画を考えていこうと思っています。

東伊豆に新たな 「集まる・出会う・訪れる」 をつくる2つのプロジェクト (p.282)

種橋：随分コスパが良いプロジェクトですね。

発表者：店舗のプロジェクトでは、内装の解体と改

修の材料費で50万円程かかりました。学生だけで
やっているプロジェクトなので、限られた財源で、
端材をなくす工夫をしながらデザインしました。
最初はまちの間伐材を使わないかと森林組合から話
をいただきましたが、プロジェクト始動の初年度と
いうこともあり、まずはつくることに集中しました。
来年度以降は間伐材を使うことも考えています。

綿引：元からベンチもあったようですが、それを
なぜ新しくすることになったのですか？

発表者：毎年、次の年に何をするかフィールド
ワークをしてまちの方とお話する機会があります。
私たちの団体は元々空き家を改修する団体として
スタートしたのですが、まちの人からすると、工具
が使えるお兄ちゃんお姉ちゃんみたいな存在のよ
うで（笑）。建築に関わらず、工具を使ってできるも
のをつくってほしいと声をかけていただいたうち
の一つに、ベンチも含まれていました。自分たちと
しては空き家に目がいってしまうところもあるの
ですが、まちの小さな需要にも着目して活動する
ことが地域活性化につながるように思っています。
同じデザインのベンチがまちに点在しているので、
知り合いから「つくったの見たよ」「壊れていたから
直しなよ」と声をかけられるのも嬉しいです。

和田：いろいろな人との関わりをもちながら、でも
間違いなく自分たちのアクションが周りの人たち
にも変化を与え、さらに次の価値につながる実感
があるのではないでしょうか。

発表者：まちの人も最初の方はよくわからない学生
が何かやっているなという感じだったと思いますが、
つなぎを着て施工し続けて、1年もいると段々覚
えていただけて、施工のアドバイスや気にかけて
差し入れをして下さるようになりました。それか
らお昼ご飯を食べにまちの飲食店に行くと、また
つなぎの集団が来たぞという感じで、来年うちも
やってほしいという声があったり、あるお店の看
板をつくったらこっちもお願いしたいという依頼
がきたり、どんどん輪が広がっていく手応えはあ
ります。

社会との接点をいかにもつか
（賞発表・総評）

種橋：別室での最終審査が終わりましたので、各賞
の発表を行いたいと思います。まずは個人賞です。

和田：私からの賞は「割竹を用いた仮設建築物『竹
筬舎』を用いた野外演劇公演の上演」に贈りたいと
思います。竹を軸に、地域課題から環境問題へと
視野を広げつつ、構造・構法に至るまで、建築的な
眼差しを活かした、非常に完成度の高いプロジェ
クトだと思いました。おめでとうございます。

種橋：私の個人賞は「東伊豆に新たな『集まる・出会う・
訪れる』をつくる2つのプロジェクト」です。ずっと
その地で取り組んで、蓄積を重ねて今に至っている
というストーリーも合わせて、みんなに知ってもら
いたい素晴らしいプロジェクトだと思います。

綿引：個人賞は「Cafeteria for the Deaf」です。
障害があるからこそできる設計が広がっていくと、
彼らだけではなくあらゆる人にとって魅力のある
建築になっていくのではないでしょうか。そうい
うプロジェクトが出てきたこと自体、私は評価し
たいし、これからの世の中を少しでも暮らしやす
くするための大きなきっかけになると思いました。

福原：「サイト・リノベーション『三茶っ子のウチ』」
へ個人賞を贈ります。三茶に限定されていましたけ

れど、竹細工というキーワードからいろいろな空間を考案していて、動きのあるインテリア内装という視点でも空間の居心地の良さが伝わってきました。

種橋：グランプリは、「ヤマガタストリート リノベーションプロジェクト」です。私たち企業人の観点から見ても、事業としてしっかりとかたちになっていることへの評価も高く、全会一致で決まりました。今後の継続も期待しています。おめでとうございます。最後に一人ずつ総評をお願いいたします。

和田：皆さんお疲れさまでした。一つひとつ熱を感じるプロジェクトで、その気持ちに私も心を動かされました。こういう活動は社会に出ても必ず活きていくと思いますし、この想いこそが世の中を変えていく源泉になると思います。

福原：皆さんが長年培ってきたもの、あとこれから後輩に引き継ぐものも多々あると思いますが、その積み上げをどんどん育てていってほしいなと思います。これから未来の設計者として、ぜひすばらしい空間をつくってください。

綿引：評価や比較なんてしていいのだろうか、というのが正直な感想ですが、社会では、必ず良いものが勝つというわけではありません。その時々の

スタンダードに乗っているかどうかで勝負が決まることもあります。そういった点で今日、審査の過程で我々が選ぶものにも方向性があったことをご理解いただければと思います。このような場が長く継続しますように願っています。

種橋：私はトウキョウ建築コレクションに17年間関わってきましたが、一番社会と接点をもちながら活動してきたのがプロジェクト展です。今日の発表で社会に発信する意味のあるものがたくさんあったと思っていますし、多様な方法で発信していけるのだなとあらためて思いました。皆さんが提案したなかのどこかの場所でみんなで合宿をして、語り明かすようなこともできたらいいですけどね。そんな日が訪れることを期待しています。この後の交流の時間も大いに語り合っていただきたい。それからこのプロジェクト展を開催したこと自体が大きなプロジェクトだったと私は思っています。この講評会自体をあらためて社会に発信していくことで、さらに意味が重なっていくことを期待しています。ありがとうございました。

＊「せとうちの瀬戸際けんちく、船の体育館展の裏側」(p.290)　は当日欠席のため質疑なし

プロジェクト展

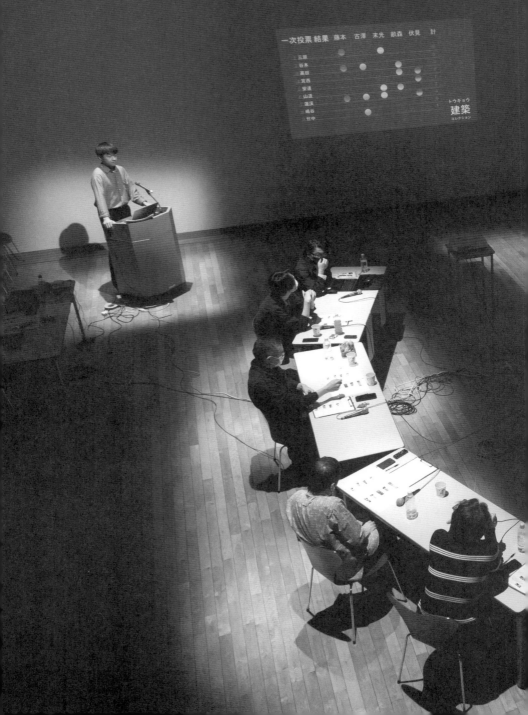

トウキョウ建築コレクション2023
全国修士設計展一次審査採点表

氏名	所属大学	作品タイトル	藤本	古澤	末光	萩森	伏見	計
高田勇哉	東京工芸大学	ナンドとコヤ Box and Hut	5	5		3		13
三原陽莉	武蔵野美術大学	tuuuuube	5		5			10
山道里来	東京理科大学	「循環」に浮かぶ建築 ゆるやかに開かれたインフラ	5	1		3	1	10
嶋谷勇希	神奈川大学	開拓される鉄道土木 民芸的工法に基づく「関わりしろ」をもつ廃線跡地の建築提案	3	3	3		1	10
安達慶祐	法政大学	落語的建築	1	5			3	9
蓮溪芳仁	東京藝術大学	隣寺 僧侶と旅する歩く寺	3		1		5	9
谷本優斗	神奈川大学	人間のためでもある建築 Architecture not only for humans		1	5	1	1	8
宮西夏里武	信州大学	繕うことと建築 令和元年東日本台風被災後の自主的な 住居修繕プロセスを活用した地域拠点再生計画	1			1	5	7
竹中 樹	金沢工業大学	不気味な建築の詩学		3	3	1		7
西本昌平	信州大学	地方都市の時間世界			5	1		6
内山媛理	法政大学	まち、或いは母 京都岩倉の地域医療から考える		1			5	6
藤井雪乃	東京藝術大学	シン・ケンチク	3		3			6
酒井弘靖	芝浦工業大学	正しい図面の壊し方		5			1	6
坂田雄志	横浜国立大学	生きた痕跡を残す都市 西成 中動的集団のための建築				5	1	6
藤本翔大	東京藝術大学	GIANT STEPS		3	1		1	5
酒井洵挙	千葉工業大学	ちょっと動かしたくなる建築 場所をつくり育てるサーキュラー・デザイン		1	1		3	5
荻野 紗	東京藝術大学	都市のプンクトゥム 石として世界をとらえ直すことから				5		5
間杉 杏	東京藝術大学	Dentro de las manzanas 都市の中庭設計コード					5	5
近藤直輝	武蔵野美術大学	解体の実像化 / Realization of demolition	3				1	5
西片万葉	慶応義塾大学	褪せ重なる街の裏 尾道市土堂の区画内部の未来について	1				3	4
川島昂次朗	東京理科大学	3D スキャンを用いた空間の採集と構築		1	3			4

※採点方法は一人あたり、5点×3票、3点×5票、1点11票を基準に投票、得点数の高い9名を一次審査通過とした。
※応募作品の内、得点の入ったもののみ掲載。

氏名	所属大学	作品タイトル	藤本	古澤	末光	敏森	伏見	計
八木このみ	東京理科大学	創生物尺度による設計論		1		3		4
松本玖留光	早稲田大学	漂いの隙間 潜在的弱さを受容する 四ツ谷駅プラットホームの計画	1				3	4
黄 裕貴	神戸芸術工科大学	コンピューテーショナルデザインを用いた 緑化建築の設計手法に関する研究 神戸市中心部における都市・建築緑化の提案			3		1	4
麻生美波	奈良女子大学	金魚bio-tope 環境と産業が共生する小さな水域の風景			1	3		4
菊地佑磨	東京藝術大学	スペクトラムをあるく The City of the Spectrum		1		1	1	3
井川直樹	東京都市大学	雑記:姉の家		3				3
岡田大志	滋賀県立大学	春 記憶から蠢き、生じる。 廃村集落・男鬼における土地の記憶の継承による複数の 空間性を持つ水インフラの再構築				3		3
後藤田祐登	大阪市立大学	徳島市における「分散」を用いた市役所再考計画					3	3
角張 渉	京都工芸繊維大学	小舟の夢、あるいは受難。		3				3
岩間創吉	近畿大学	環境と呼応する建築 都市型集合住宅における内外の繋がりの再考	1	1	1			3
林 淳平	神奈川大学	空間から人間へのトポス 暮らしの豊かさを求める、人為的連想空間の探求	3					3
宗形雅彦	前橋工科大学	超能力 環境トマソン ベッドタウンの人・家・町を明かすエスパーアーバニズムの提案	1					2
西川裕知	名古屋工業大学	日本におけるモダンムーブメントの建築の適応型再利用手法 大阪府立総合青少年野外活動センターを対象として				1	1	2
坂口 智	日本大学	TRANSPLANTARCHITECTURE 東日本製鉄所京浜地区高炉の解体移築における地域適応性の研究				1		2
黒木雄一朗	東京都市大学	渡跡想ん トマソンの美の性質を活用した改修の可能性				1	1	2
髙橋昂大	近畿大学	宮川都市軸への更新 町が持つ領域の微分と再構築による行動範囲の編集			1			1
若杉 陸	武蔵野美術大学	Models for Architecture and Sculpture			1			1
山根啓昴	広島工業大学	生			1			1
楊 頌南	芝浦工業大学	TSUKISHIMA CYCLE 「表層空間」を用いて空地の活用				1		1
江馬良祐	京都工芸繊維大学	桜島と対峙し受容する 日常的に利用できる退避壕としての在り方	1					1
不破光梨	金沢工業大学	使い倒される住宅					1	1

※採点方法は一人あたり、5点×3票、3点×5票、1点11票を基準に投票、得点数の高い9名を一次審査通過とした。
※応募作品の内、得点の入ったもののみ掲載。

氏名	所属大学	作品タイトル	藤本	古澤	末光	飯森	伏見	計
小島健士朗	芝浦工業大学	mix works! スタジオ 知的障害者の歩行圏と建築空間の研究	1					1
永井博章	金沢工業大学	不便のある家 不便益を介在させた建築空間のデザイン				1		1
石井健成	工学院大学	保存から継承へ 関係性の構造を引き継ぐ通時的な建築	1					1
伊藤雄大	信州大学	住宅のアドホクラシー 即興的更新手法の提案				1		1
黒木みどり	東京理科大学	主体のスケール差を用いた多義的認識を有する建築 部位構成による視覚的印象に着目して	1					1
伊藤万由子	日本女子大学	イメージの中で再構築できる建築			1			1
林 奈々緒	東洋大学	RC ラーメン構造の躯体から設計する建築の可能性 躯体拡充計画			1			1
渡部泰宗	大阪市立大学	ニュータウン20 年計画 郊外住宅地における新近隣住区の設計提案					1	1

トウキョウ建築コレクション2023
全国修士論文展一次審査採点表

分野	氏名	所属大学	作品タイトル	池田	西田	藤田	鈴木	栢木	計
建築計画	清水俊祐	慶應義塾大学	木造建築の参加型施工・運営手法に関する研究 シュトゥットガルト大学の学生寮「バウホイズレ」を事例として		5	5	3	3	16
歴史	柿島静哉	明治大学	近代建築のコンクリート型枠に適用された規矩術について	3	1	3	1	5	13
その他	石渡萌生	慶應義塾大学	中山間地域内で自然形状木の建材利用を容易にする情報技術の研究	5	1	1	5		12
歴史	中西勇登	明治大学	モダン・ムーブメントのなかで構成された「装飾批判者アドルフ・ロース」の虚像 20世紀美術雑誌に現れる複数の同時代性をめぐって	3	3	3	3		12
建築計画	米ケ田里奈	東京電機大学	場所を介したネットワーク「Self-Place identified Network」の概念構築 A地区の子育て支援を起点とした地域拠点の運営者を対象として	1	5		3	1	10
材料施工	渡邊顕人	慶應義塾大学	自律飛行するドローンを利用して空中架構物を建築するシステムの研究	1	1	5	1	1	9
都市計画	山口乃乃花	早稲田大学	都市のオーセンティシティの文脈化を通した河川空間整備のあり方に関する研究 愛知県岡崎市乙川リバーフロント地区を対象として	1	3		5		9
構造	白鳥寛	工学院大学	汎用有限要素解析コードを用いた木造籠目格子シェルの形状解析と座屈解析	3		5			8
歴史	山下耕生	早稲田大学	南都食堂の研究 規律/僧団/儀式にみる食堂空間の特質		3			5	8
建築計画	関拓海	関東学院大学	領域横断のコラボレーションを促すワークプレイスの視覚特性 3D Visibility Graphを用いた建築空間の分析を通して	5	1	1			7
建築計画	渡邊麻里	明治大学	戦後の店舗付き住宅の形態的特徴に基づく類型化とその変遷 東京都杉並区荻窪駅周辺を対象として	1	5			1	7
歴史	山﨑晃	明治大学	大戦下企業勃興と建築家武田五一における歴史主義以降の建築表現 産業ネットワークの結節点としての建築家	3			1	3	7
都市計画	河井優	早稲田大学	住環境に対する価値観の再生産と脱胎 青春時代の家庭環境・都市環境・都市経験に着目して			3	3		6
建築計画	奥野湧太	大阪市立大学	住宅を開き合う自治組織の実態と活動の効果に関する研究 グループ・スコーレを対象として				5	1	6
歴史	大塚光太郎	東京大学	北進の暖房史（1905-1957）「満州」から長野県野辺山開拓へ		3	1	1	1	6
その他	鳥羽潤	千葉大学	深層学習と最適化を組み合わせた木漏れ日を感じるデザインの生成	5				1	6
歴史	勝部直人	明治大学	持続する建築形態群としてのカルチェラタン 旧パリ大学ソルボンヌ校舎を中心とした歴史的変転の復元作業から				1	5	6
都市計画	今野琢音	信州大学	長野市人口集中地区の発展と歩行者専用道路との関係		3			3	6
建築計画	村山香菜子	千葉大学	町工場における動線と外部空間からみた外観のジェスチャーに関する研究——ものづくりのまち墨田区における旧向島地区を中心とした金属業を対象として	3	1	1			5
建築計画	榊原佑基	東洋大学	空き家や空きテナントを活用した分散型宿泊施設の空間構成と宿泊者の行動との関係に関する研究 東大阪市のSEKAI HOTELをケーススタディとして	1			3		4

※採点方法は一人あたり、5点×3票、3点×5票、1点10票
を持ち点とし、得点数の高い12名を一次審査通過とした。
※応募作品の内、得点の入ったもののみ掲載。

分野	氏名	所属大学	作品タイトル	池田	西田	藤田	鈴木	栃木	計
歴史	髙橋一仁	東京藝術大学	都市空間における「舗装デザイン」の決定要因 銀座の街路空間を対象として		3			1	4
建築計画	波多剛広	芝浦工業大学	階段の系譜学		1	3			4
建築計画	奥川航大	広島工業大学	デジタル・ファブリケーションを用いた自由度の高い ものづくりの実現と、設計・生産工程に関する研究	1		3			4
都市計画	杉浦虎太郎	信州大学	石造祠からみる民間信仰が形成する空間認知の都市イデア 安曇野市道祖神信仰を対象に	1				3	4
歴史	三谷望	東京大学	虚構的現実としての「昭和レトロ」 豊後高田「昭和の町」にみる近過去志向の修景と 建築継承への価値	1			1	1	3
都市計画	金子広季	東京大学	うごめく局所と貫く秩序、折り合いとしてのグリッド 北海道殖民区画制度とその実施事例としての 根釧東部地域に着目して	1		1			2
建築計画	奥山翔太	日本大学	東日本大震災後に福島県内に建設された ログハウス型仮設住宅の移設再利用の評価の研究 移設再利用前後の建築主の意識を中心とした分析		1		1		2
歴史	鈴木友也	京都大学	日本のモダニズム建築黎明期における「構成」概念の 受容過程に関する研究	1			1		2
歴史	大桐佳奈	東京大学	別荘地開発の生態学的評価と人々の認識 蓼科高原別荘地にみる生物と人の環世界の齟齬	1				1	2
その他	鈴木俊介	慶應義塾大学	住宅地の緑地維持管理と住民の共同体意識に関する研究 徳島県神山町「大埜地の集合住宅」を対象として		1			1	2
建築計画	谷田部僚太	東京都市大学	Abstract Architecture: Representation of Architecture through Brick Toy		1				1
都市計画	興梠卓人	京都大学	風景印に表れる地域イメージ 地域資源の階層性の分析・抽出と絵入り消印の活用		1				1
建築計画	八木美咲	九州大学	ポリカーボネート建築史				1		1
歴史	小野田英佑	明治大学	小説における近代建築の描かれ方に関する研究 世紀転換期のアメリカを舞台とした小説に登場する 建築要素の描写方法の分析を通して		1				1
歴史	尼﨑大暉	東京工業大学	江戸末期から明治末期の東京府荏原郡における 神社の管理・運営方法の転換と神社境内の変化					1	1
歴史	菅原淳史	大阪公立大学	ガラスブロックの生産と建築設計の相互展開	1					1
歴史	鈴木ひなた	日本大学	「開かれた美術館」の概念に関する建築史的研究 20世紀後半の日本の公立美術館を中心に				1		1
建築計画	竹内渉	名古屋工業大学	欠点の許容により獲得する利点を組み込む建築設計手法	1					1

あとがき

『トウキョウ建築コレクション2023オフィシャルブック』をお手に取り、ここまで読んでくださった皆さま、誠にありがとうございます。本展覧会は、2007年から活動を始め、今年で17年目を迎えることができました。出展してくださる学生も年々増え、その規模は国外にも波及する兆候を見せており、まさに建築業界に「攻め入る」ことができたと実感しています。

　本展覧会は開催にあたり、多くの方々のご支援、ご協力のもとに実現することができました。お力添えいただいた審査員の皆さま、出展者の皆さま、ならびにご来場いただいた皆さまに心より御礼申し上げます。とくに出展者の方々、大変お疲れ様でした。我々実行委員も委員会や展示を通じて、本展だからこその体験を多くさせていただきました。一同、どの作品も素晴らしかったと感じております。皆さまの今後のご活躍を心よりお祈りいたします。

　また、初年度から会場を貸してくださっている代官山ヒルサイドテラスさまをはじめ、協力団体、協賛企業、後援団体の皆さま、特別協賛の株式会社建築資料研究社／日建学院の皆さまに心より感謝申し上げます。実行委員のみんなとは何度も企画内容に関しての議論を重ね、会の実現に向けて尽力してまいりました。設計展・論文展・プロジェクト展・その他雑務、今回のこのメンバーと一緒に仕事ができたことを大変嬉しく感じるとともに、深く感謝しています。

　17年目となるトウキョウ建築コレクションは「攻める建築、守る建築」というテーマで開催いたしました。建築物は本来、自然災害から私たちの人命や財産などを守ってくれるものです。しかし、時として私たち自身を攻めるものにもなり得ます。歴史や文化を継承する建築がある一方、革新的な意匠で攻める建築もあるように、さまざまな視点において「守る」と「攻める」の両面性を有する建築に対し、是非ともこの本を機会に、あらためてそのあり方について深く考えていただければと思います。

　これからもトウキョウ建築コレクションに、変わらぬお引き立てを賜りますよう、よろしくお願いいたします。

トウキョウ建築コレクション2023実行委員一同

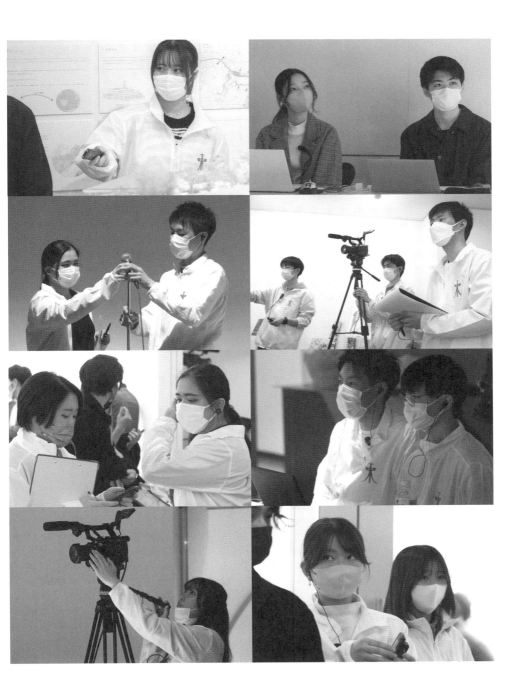

建築土木学生向け就活総合サービス

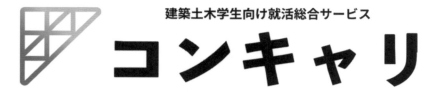
コンキャリ

MAKE BEYOND つくるを拓く

大 林 組

〒108-8502 東京都港区港南 2-15-2　TEL 03-5769-1111　（代表）

子どもたちに誇れるしごとを。

SHIMIZU CORPORATION
清水建設

https://www.shimz.co.jp/

TAISEI

大成建設

For a Lively World

想いをかたちに 未来へつなぐ

TAKENAKA

竹中工務店

〒541-0053 大阪市中央区本町 4-1-13 tel: 06-6252-1201
〒136-0075 東京都江東区新砂 1-1-1　tel: 03-6810-5000

未来を共創する。
Chuo Nittochi
中央日本土地建物グループ

NIKKEN

EXPERIENCE, INTEGRATED

日建設計

三菱地所設計

＋EMOTION 心を動かし、未来をつくる。

VECTORWORKS
教育支援プログラム
OASIS（オアシス）

今日は何を学びますか？
Vectorworks University
Vectorworksを学ぶためのコンテンツを集約した、24時間いつでも学習ができるeラーニングです。

A&A エーアンドエー

屋根で守り、床で支える。

https://tajima.jp

まかせられる人が、いる。

西松建設
150th Anniversary

think

NIHON SEKKEI
www.nihonsekkei.co.jp

前田建設
MAEDA
https://www.maeda.co.jp

「トウキョウ建築コレクション2023」は、以上13社の企業様からの協賛により、運営することができました。
また、以下の企業、団体様からは後援、協賛、協力をいただきました。

[後援]一般社団法人東京建築士会｜一般社団法人日本建築学会

[特別協賛・副賞提供]株式会社建築資料研究社／日建学院

[特別協力]代官山ヒルサイドテラス

[協力]株式会社鹿島出版会｜株式会社レントシーバー

この場を借りて感謝申し上げます。

トウキョウ建築コレクション2023実行委員会

トウキョウ建築コレクション2023実行委員会

実行委員会代表:若月文奈(工学院大学)

副代表:松本泰知(工学院大学)

企画:[設計展]高橋侑臣(日本大学)、岡 千咲(芝浦工業大学)、国本春樹(東京都立大学)、
　　　　小林愛里(釧路工業高等専門学校)、渡邉芽(近畿大学)

　　　[論文展]向井陸斗(工学院大学)、徳家世奈(東京電機大学)、豊栄太晴(工学院大学)、
　　　　松本泰知(工学院大学)、宮本寧々 (工学院大学)

　　　[プロジェクト展]中村文彦(工学院大学)、廣澤陸(芝浦工業大学)、藤澤綾香(日本大学)、宮本大地(工学院大学)

運営:[監理]安藤貴弘(工学院大学)、池田隆一(工学院大学)、岩田理紗子(芝浦工業大学)、宇野晃平(工学院大学)、
　　　　古賀大嵩(工学院大学)、田畑快人(東京都立大学)、山神直央(工学院大学)

　　　[協賛・会計]井上夏綸(工学院大学)、高橋翼(武蔵野大学)、秋本野杏(工学院大学)

　　　[書籍]鍛冶奈津子(工学院大学)、宮本寧々 (工学院大学)

　　　[広報]豊栄太晴(工学院大学)、馬渡初音(工学院大学)

　　　[制作]笠原夕莉(工学院大学)、佐藤仁斉(工学院大学)

　　　[機材]佐藤仁斉(工学院大学)

　　　[映像]豊栄太晴(工学院大学)

このままじゃいけない。
とことん攻めます。

攻めの学習を

株式会社建築資料研究社　東京都豊島区池袋2-50-1　https://www.ksknet.co.jp/nikken

天職・転職・適職
あなたの仕事はここにある。

新卒、第二新卒、留学生、社会人
建築・不動産業界に興味のある方の学びから就労までをサポート

株式会社ニッケン・キャリア・ステーション

171-0014　東京都豊島区池袋2-38-1　日建学院ビル2F

京／横浜／大阪／岡山／北九州

業紹介事業許可 13-ユ-090149　労働者派遣事業許可 派13-090147

総合受付（平日 9:00〜18:00 ）
0120-810-298
https://nikkencs.co.jp

［図版クレジット］
内野秀之：出展者顔写真および会場写真

トウキョウ建築コレクション2023 Official Book
全国修士設計展・論文展・プロジェクト展

トウキョウ建築コレクション2023実行委員会編
2023年8月1日　初版第1刷発行

編集 ： フリックスタジオ（高木伸哉＋平尾 望＋椙原 彩）
編集協力 ： 菊地尊也（全国修士設計展／論文展）、阪口公子（全国修士設計展）、
　　　　　　長谷川智大（全国修士設計展）、植本絵美（全国修士論文展）、
　　　　　　平田美聡（全国修士論文展）、元行まみ（全国修士論文展／プロジェクト展）
アートディレクション＆デザイン ： 爲永泰之（picnique Inc.）
デザインアシスタント ： カミヤエリカマダウィン（picnique Inc.）
製作 ： 種橋恒夫、三塚里奈子（建築資料研究社／日建学院）
発行人 ： 馬場圭一（建築資料研究社／日建学院）
発行所 ： 株式会社 建築資料研究社
　　　　　〒171-0014 東京都豊島区池袋2-38-1-3F
　　　　　TEL 03-3986-3239　FAX 03-3987-3256
　　　　　https://www.ksknet.co.jp/
印刷・製本 ： シナノ印刷株式会社
©トウキョウ建築コレクション2023実行委員会
ISBN978-4-86358-891-2